W0207414

Klett

Birgit Willing
Außendienstmitarbeiterin
Bayern
Realschule | Gymnasium

Jahnstraße 66
96050 Bamberg

Telefon 09 51 · 2 99 47 98
Telefax 09 51 · 2 99 48 89
b.willing@klett.de

deutsch.kompetent

Trainingsheft schriftliches Abitur

Bayern

Erarbeitet von:
Peter Jansen
Stephanie Weiser

- **Aufgaben im Format der bayerischen Abituraufgaben bearbeiten**
- **Langfristige und systematische Abiturvorbereitung**
- **Die für das bayerische Abitur relevanten Aufsatzformen Schritt für Schritt trainieren**
- **Literarische und pragmatische Texte angeleitet erschließen**

Ernst Klett Verlag
Stuttgart · Leipzig

Bildquellen:

Umschlag Rücken li: Klett-Archiv (Peter Franke/PUNCTUM), Stuttgart; **Umschlag hinten re und vorn li:** Getty Images (Alex and Laila), München; **Umschlag vorn Mitte:** Avenue Images GmbH (Laura Doss), Hamburg; **Umschlag re:** Corbis (Will & Deni McIntyre), Düsseldorf; **6** Corbis (Catherine Karnow), Düsseldorf; **8** AKG, Berlin; **20** dfd Deutscher Fotodienst GmbH, Hamburg (Madame Bovary, D: Isabelle Huppert, R: Claude Chabrol, Frankreich 1991); **44** Cinetext GmbH, Frankfurt; **46** AKG, Berlin; **63** AKG, Berlin; **63.u.** © VG Bild-Kunst, Bonn 2011 [Georges Grosz: Straßenszene]; **69** Heinz Zack, Scharnitz; **70** www.drama-berlin.de, Berlin; **88** iStockphoto (Jim Larkin), Calgary, Alberta; **95** Ullstein Bild GmbH (Peters), Berlin; **110** TV-yesterday, München; **124** WILDLIFE Bildagentur GmbH (M.Harvey), Hamburg

Sollte es in einem Einzelfall nicht gelungen sein, den korrekten Rechteinhaber ausfindig zu machen, so werden berechtigte Ansprüche selbstverständlich im Rahmen der üblichen Regelungen abgegolten.

1. Auflage 1 5 4 3 2 1 | 15 14 13 12 11

Alle Drucke dieser Auflage sind unverändert und können im Unterricht nebeneinander verwendet werden.
Die letzte Zahl bezeichnet das Jahr des Druckes.

Autoren: Peter Jansen, Köln; Stephanie Weiser, München
Berater: Jörg Ulrich Meyer-Bothling, Gleichen
Redaktion: Annika Beckmann, Berlin; Jana Schumann
Herstellung: Carina Riehl

Umschlaggestaltung und Layout: Petra Michel, Bamberg
Satz: Büro für typografische Dienstleistungen Markus Schmitz, Altenberge
Reproduktion: Meyle + Müller GmbH + Co. KG, Pforzheim
Druck: Druckhaus Götz GmbH, Ludwigsburg

Printed in Germany
ISBN 978-3-12-350485-3

9 783123 504853

Inhalt

Vorwort

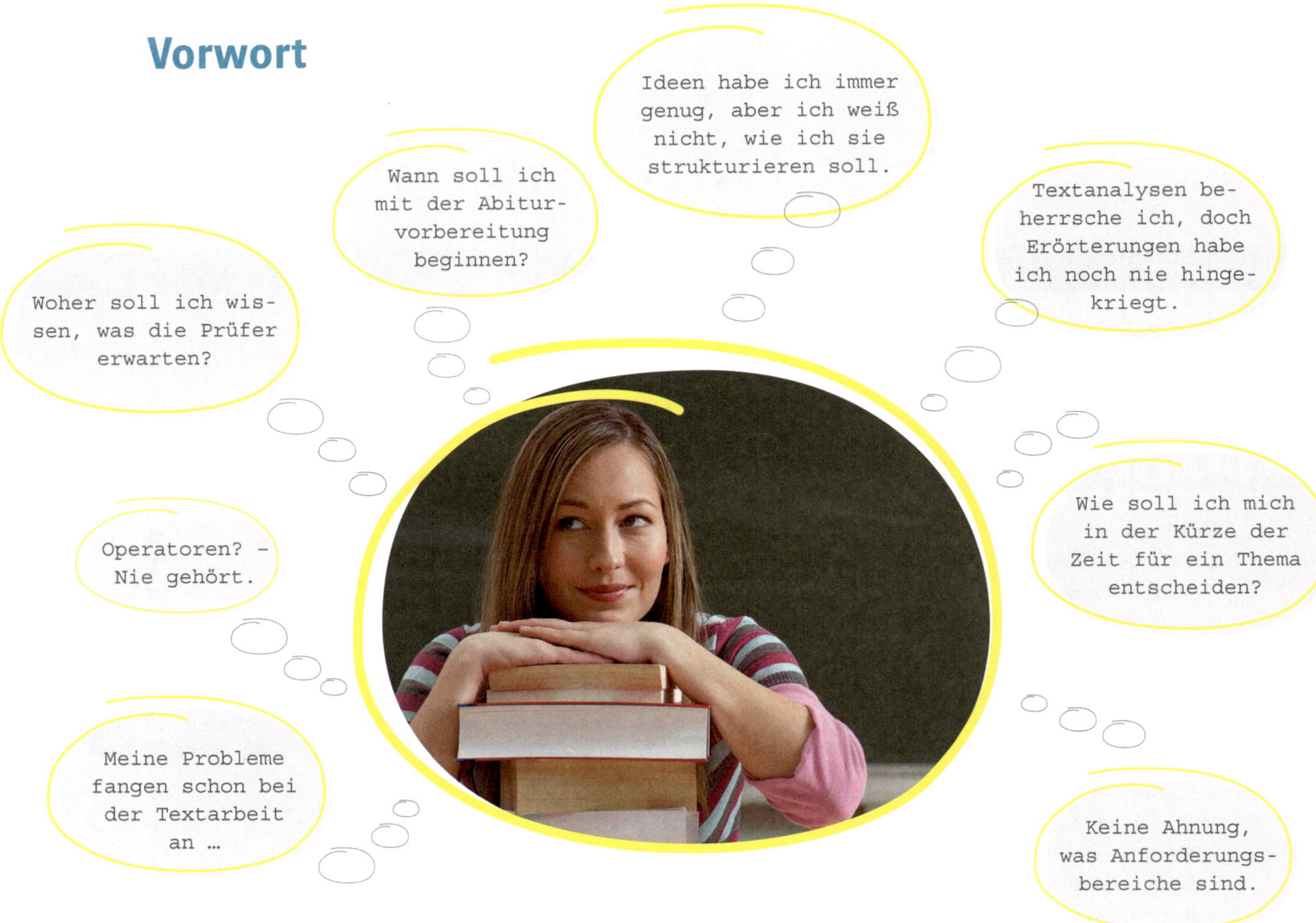

Liebe Schülerinnen und Schüler,

so oder so ähnlich mag das Gedanken- und Gefühlschaos in Ihnen aussehen, je mehr Sie sich dem Abitur nähern.

Viele Fragen, aber auch Ängste und Sorgen sind damit verbunden – bei jedem Prüfling. Dieses Heft will helfen, Fragen zu klären und manche Sorgen zu beseitigen. Dass auch alle Ängste ausgeräumt werden, das können wir Ihnen freilich nicht versprechen.

Unsere Überzeugung ist allerdings, dass man Ängste durch Fähigkeiten und Fertigkeiten ausbalancieren und beherrschen kann. Je sicherer Sie sich am Prüfungstag in der Sache fühlen, umso leichter können Sie mit Ihren Ängsten umgehen.

Dieser Überzeugung entsprechend haben wir das Arbeitsheft aufgebaut: Es dient nicht als Notbremse um fünf vor zwölf, sondern der **langfristigen Vorbereitung** und der schrittweisen Verbesserung Ihrer Analyse- und Schreibkompetenzen. Schließlich kommt es darauf an, dass sich die erforderlichen Arbeitsprozesse so einschleifen, dass Sie im Ernstfall routiniert darüber verfügen können.

Die Trainingsprogramme umfassen die in der Oberstufe und im Abitur **relevanten Text-** und **Aufsatzarten:**

Erschließen und Interpretieren	› Erschließung und Interpretation epischer Texte › Erschließung und Interpretation lyrischer Texte › Erschließung und Interpretation dramatischer Texte
Analysieren	› Analyse von Sachtexten
Erörtern	› Erörterung (auf der Grundlage von literarischen Texten und Sachtexten)
Gestalten	› Adressatenbezogenes Schreiben

Dem Training dieser Aufsatzarten ist in unserem Heft das **Basistraining** vorgeschaltet. Hier werden solche Fähigkeiten eingeübt, die für alle Klausurtypen wichtig sind:

- die gründliche Textarbeit
- der systematische Umgang mit Aufgabenarten und Aufgabenstellungen
- das Bewerten und Überarbeiten einer Klausur

Die Übungen des Basistrainings liegen allen Aufgaben des Aufsatztrainings zugrunde und werden dort nicht eigens wieder aufgegriffen. Wenn Sie die Textarbeit, die Aufgabenanalyse und das Überarbeiten schon beherrschen, können Sie das Basistraining vernachlässigen und gleich in das spezielle Aufsatztraining einsteigen.

Am Anfang jeder dieser Trainingseinheiten stehen die **Aufgaben zur Selbsteinschätzung**. Hier können Sie Ihren Fachwortschatz und Ihre Kenntnisse zum methodischen Umgang mit den unterschiedlichen Textarten überprüfen und gegebenenfalls mithilfe unseres **Basislexikons** ergänzen.

Dann beginnt das eigentliche **Training**. Die einzelnen Trainingseinheiten sind systematisch aufgebaut. Folgen Sie einfach den **sechs Arbeitsschritten** mit den zugehörigen Aufgaben und schreiben Sie Ihre Ergebnisse direkt ins Heft. Das ausführliche Lösungsheft soll dabei Ihr ständiger Begleiter sein: Hier können Sie unmittelbar überprüfen, ob Ihre Ausarbeitungen in die richtige Richtung zielen.

Sehr wichtig scheint es uns zu sein, dass Sie sich auf die angebotenen Themen und Texte wirklich einlassen. Methoden ohne Inhalte zu üben – das wäre wie Trockenschwimmen. Gleichwohl sind selbstverständlich die Texte und Themen so ausgewählt, dass mit ihnen exemplarisches Üben tatsächlich praktikabel ist.

Sie müssen also die Texte, um die es geht, durchaus nicht vollständig gelesen haben, um die Trainingseinheiten nutzbringend zu durchlaufen: Sämtliche Materialien sind so aufbereitet, dass sie für sich sprechen und keiner Ergänzung bedürfen. Und wenn Sie durch das Material in diesem Heft Lust bekommen sollten, ein Thema zu vertiefen oder einen Text vollständig kennenzulernen – umso besser!

Während die einzelnen Trainingseinheiten in der Regel bestimmte Aufgabenstellungen isoliert behandeln und damit Vorstufen zu den eigentlichen Abituraufgaben darstellen, finden Sie zum Abschluss jedes Kapitels jeweils eine Aufgabe in Umfang und Format einer offiziellen **Abituraufgabe**. An dieser Stelle können Sie mithilfe der ausführlichen Erwartungshorizonte im Lösungsheft Ihre Lernfortschritte selbstständig überprüfen.

Mit dem **Trainingsheft schriftliches Abitur** durchlaufen Sie also ein planmäßig aufgebautes Schreibtraining.

Es kann Sie zur Klausurvorbereitung während der gesamten Oberstufe (Gymnasium oder FOS/BOS) begleiten und Ihnen helfen, Ihre Analyse- und Schreibfähigkeiten systematisch zu verbessern.

Sie können es aber ebenso gut in einer mittelfristig angelegten Vorbereitungsphase zum schriftlichen Abitur komplett durcharbeiten.

Immer aber sollte eine Trainingseinheit als ganze angeeignet werden: Innerhalb einer Einheit durchlaufen Sie eine Progression, die Sie jeweils vom Einfacheren zum Komplexen führt.

Dann doch noch ein Wort an jene, die um fünf vor zwölf in Panik geraten sind: Auch Ihnen kann geholfen werden – vorausgesetzt, Sie haben in letzter Minute ein ganz bestimmtes, umgrenztes Defizit erkannt und wollen dieses gezielt ausgleichen. In diesem Fall leiten Sie das Inhaltsverzeichnis oder das Stichwortverzeichnis zu Ihrem Problem und dessen Lösung weiter.

Schließlich wünschen wir Ihnen gutes Gelingen bei der Arbeit mit diesem Heft und in der Abiturprüfung viel Erfolg!

Peter Jansen
Stephanie Weiser

Basistraining

Die Schreibforscherin Regina Klein vergleicht das Verfassen von Texten mit dem Jonglieren von Bällen:
„Wie beim Jonglieren hat man beim Schreiben mehrere Bälle in der Luft und muss mehrere Aufgaben gleichzeitig verrichten“: die Inhalte klären, fachsprachlich formulieren, den Adressaten im Blick behalten und auch noch auf die Zeit achten. Aufgrund mangelnder Schreiberfahrungen verlangten die meisten dennoch von sich, auf Anhieb druckreife Texte formulieren zu können: „Ihnen ist in der Regel nicht bewusst, dass es von der ersten Idee bis zum gelungenen Text vieler Arbeitsschritte bedarf.“

Wenn einer alles auf einmal beherrschen wolle, seien Verunsicherungen, Blockaden und Fluchtverhalten vorherbestimmt. Oft werde es als persönliches Versagen gedeutet, wenn ein Text nicht gleich beim ersten Versuch gelingt. Deshalb sollte man beim Jonglieren den Ball flachhalten und die Menge der Bälle reduzieren, d.h. den komplexen Vorgang des Schreibens in überschaubare Teilprozesse zerlegen.

Drei dieser Teilprozesse sind bei jeder Aufsatzart erforderlich: die gründliche Erarbeitung des Textes, der der Aufgabenstellung zugrunde liegt, das genaue Verstehen der Klausuraufgabe, die Ihnen gestellt wird, und die Überarbeitung Ihrer Klausur. Diese Prozesse finden im Vorfeld bzw. im Anschluss an die eigentliche Konzeptions- und Schreibarbeit statt und sind schon deshalb unabdingbar – eben die Basis aller weiteren, spezielleren Kompetenzen.

Das folgende Kapitel will

- **verschiedene Möglichkeiten des Markierens und Erschließens von Sachtexten und literarischen Texten wiederholen,**
- **Ihnen die Bedeutung von Operatoren ins Bewusstsein rufen und die Analyse von Aufgaben üben,**
- **Ihnen realistische Wege der Klausurüberarbeitung aufzeigen.**

Textarbeit

→ Lösungsheft S. 1–3

Im Folgenden stellen wir zwei Möglichkeiten der vorbereitenden Textarbeit dar: das Markieren und Erschließen von Sachtexten und das Markieren und Erschließen von literarischen Texten. Sie haben jeweils eine andere Funktion:

- Bei Sachtexten dient die Arbeit am Text der Klärung des inhaltlichen Gerüsts, der zentralen Thesen und des Argumentationsganges.
- Der literarische Text stellt Figuren dar, arbeitet mit Bildern, Motiven und Verweisen. In diesem Fall dient das Markieren vor allem dazu, sich ein solches sprachliches Gewebe zu vergegenwärtigen und zu veranschaulichen.

Erarbeitung von Sachtexten

Markieren und Unterstreichen

Markierungen im Text dienen der gezielten Hervorhebung zentraler Begriffe, Wortfelder, Gedanken oder Bilder. Sie ersparen Ihnen bei der Erschließung und bei der schriftlichen Abfassung (vor allem beim Zitieren) längere Sucharbeit nach Kernformulierungen des Textes. Bei den späteren Arbeitsgängen sollten die Hervorhebungen ins Auge springen, weshalb grelle Farben (Neonfarben) zu bevorzugen sind. Im Text sollten Sie sparsam und gezielt markieren. Weitflächige Hervorhebungen ganzer Abschnitte in einer einzigen Farbe sind nutzlos, weil auf diese Weise alles gleich wichtig erscheint. Kennzeichnen Sie also nur einzelne Wörter oder Wortgruppen. Darüber hinaus können Sie z. B. die folgenden Markierungsweisen verwenden:

Zentrale Begriffe oder Schlüsselwörter eines Abschnittes werden unterstrichen.

Positionen, mit denen sich der Autor auseinandersetzt, werden unterschlängelt.

Textstellen, die die persönliche Meinung oder die Position des Autors erkennen lassen, werden eingekreist.

Randzeichen

Um Wichtiges, Zweifelhaftes oder Unklares hervorzuheben, können Sie am Rand des Textes eigene Zeichen setzen. Sie können derartige Zeichen und Symbole für sich selbst definieren. Vielfach werden die folgenden benutzt:

|	So streichen Sie eine wichtige Textaussage an.
(	So kennzeichnen Sie eine zweifelhafte These oder fragwürdige Argumente.
?	So markieren Sie (noch) nicht Verstandenes.
!	So zeichnen Sie Aussagen aus, denen Sie in besonderer Weise zustimmen.

Wenn Sie einen argumentierenden Text erarbeiten und sich die Struktur der Argumentation vor Augen führen wollen, so empfiehlt es sich, Kürzel zu verwenden:

T	These
A	Argument
E	Erläuterung
B	Beleg, Beispiel
Zit	Zitat

Schlüsselwortmethode

Bei dieser Methode werden zunächst alle Begriffe unterstrichen, die für die Textaussage zentral sind. In einem zweiten Schritt lassen sich die unterstrichenen Begriffe innerhalb des Textes durch Pfeile miteinander vernetzen oder als Gegensätze kennzeichnen.

Konspektmethode

Bei diesem Verfahren wird der Text in Abschnitte gegliedert, die dann mit Überschriften versehen werden. Die Überschriften sollen den Inhalt möglichst knapp und präzise zusammenfassen.

TIPP

Unter Klausurbedingungen empfiehlt es sich, die den Text gliedernden Schlagwörter unmittelbar am Rand zu notieren. Die Vorteile einer solchen Inhaltsübersicht:

- **Sie erleichtert den Zugang zum Text, da durch die Verkürzung auf alles stilistische und rhetorische Beiwerk verzichtet wird.**
- **Sie dient einer schnelleren Orientierung.**
- **Sie hilft beim Schreiben, da sie Formulierungen vorgibt, die bei der Textbeschreibung wieder aufgenommen und miteinander verknüpft werden können.**

1. Lesen Sie den folgenden Text einmal zügig durch.

ALBERTO MANGUEL (* 1948)

Lesen lernen

Darstellung des Lesenlernens, Kolorierter Holzschnitt, um 1480

In jeder Schriftkultur kommt das Lesenlernen einer Initiation gleich, einem ritualisierten Übergang vom Zustand der Unselbstständigkeit und der beschränkten Verständigung zur Fähigkeit, mit Hilfe der Bücher am kollektiven Gedächtnis teilzuhaben und sich mit einer kulturellen Tradition vertraut zu machen, die sich mit jedem Leseakt weiter erschließt.

`Lesenlernen als Erwachsenwerden (T)`

In der jüdischen Gemeinschaft des Mittelalters zum Beispiel wurde das Ritual des Lesenlernens ausdrücklich gefeiert. Beim Fest des Schawuot, das an den Tag erinnert, da Moses die Thora aus Gottes Händen empfing, wurde der Junge, der in die Gemeinschaft aufgenommen werden sollte, in einen Gebetsschal gehüllt und von seinem Vater zum Lehrer gebracht. Der Lehrer nahm den Jungen auf den Schoß und zeigte ihm eine Schieferplatte, auf der das hebräische Alphabet, ein Vers aus der Heiligen Schrift und die Worte „Möge die Thora dein Beruf sein" geschrieben waren. Der Lehrer las jedes Wort vor, und das Kind wiederholte es. Dann wurde die Tafel mit Honig bestrichen, das Kind leckte sie ab und nahm so die heiligen Worte in sich auf. Desgleichen wurden Bibelsprüche auf hart gekochte Eier und Honigkuchen geschrieben, die das Kind essen durfte, nachdem es dem Lehrer die Sprüche vorgelesen hatte.

`Lesenlernen als Ritual im Judentum (B)`

Obwohl es schwierig ist, über viele Jahrhunderte und Ländergrenzen hinweg zu verallgemeinern, war das Lesen und Schreiben in der christlichen Gesellschaft des späten Mittelalters und der Frührenaissance – abgesehen von der Kirche – fast ausnahmslos das Privileg des Adels und, nach dem 13. Jahrhundert, der bürgerlichen Oberklasse. Auch wenn es Aristokraten und Patrizier gab, die Lesen und Schreiben als niedere Tätigkeiten betrachteten, für die allein arme Kleriker taugten, lernten die meisten Jungen und nicht wenige Mädchen, die in diese Gesellschaftsschicht hineingeboren wurden, das Alphabet sehr früh. Die Amme des Kindes begann, wenn sie selbst lesen konnte, mit dem Unterricht, und sie wurde mit größter Umsicht ausgewählt, da sie nicht nur für die Milch, sondern auch für die richtige Wortwahl und Aussprache der Kinder sorgen musste […].

Obwohl im 15. Jahrhundert die meisten reichen Häuser ausreichend Platz für einen Unterricht im Hause boten und auch für die erforderliche Ruhe und die Ausrüstungen sorgen konnten, empfahlen die Gelehrten gewöhnlich, dass die Jungen außerhalb der Familie, in der Gesellschaft anderer Jungen erzogen werden sollten; andererseits debattierten die mittelalterlichen Moralisten hitzig über den Nutzen der privaten oder öffentlichen Erziehung von Mädchen. „Es schickt sich nicht für Mädchen, lesen und schreiben zu lernen, falls sie nicht Nonnen werden wollen, da sie sonst von einem bestimmten Alter an Liebesbriefe schreiben und empfangen könnten", warnte der Adlige Philippe de Novare, aber manche Zeitgenossen widersprachen ihm. […]

Im Wesentlichen bestand die scholastische Lehrmethode in der Behandlung der Lehrtexte nach feststehenden, offiziell beglaubigten Kriterien, die den Schülern gründlich und schmerzhaft eingepaukt wurden. Beim Lesenlernen hing der Erfolg der Methode mehr von der Ausdauer als von der Intelligenz der Schüler ab.

In der Mitte des 13. Jahrhunderts befasste sich der spanische König Alfons der Weise mit diesem Problem: „Gut und wahrhaftig sollen die Lehrer ihr Wissen den Schülern zeigen, indem sie ihnen Bücher vorlesen und nach Kräften zu deren Verständnis beitragen; [...] Und wenn sie bei Gesundheit sind, sollen sie niemand anderen zum Lesen vorschicken, es sei denn, um ihm Ehre zu erweisen, aber nicht, um sich der Aufgabe des Lesens zu entziehen." [...]

Die wenigsten Studenten konnten sich Bücher leisten, und oft besaß nur der Lehrer die teuren Bände. Er schrieb die komplizierten Grammatikregeln an die Tafel – gewöhnlich ohne sie zu erklären, da gemäß der scholastischen Pädagogik das Verständnis kein unerlässlicher Bestandteil des Wissens war. Die Schüler waren dann gezwungen, die Regeln auswendig zu lernen. Wie zu erwarten, waren die Ergebnisse oft enttäuschend. [...]

(1996)

2. Beginnen Sie nun mit der intensiven Textarbeit. Markieren Sie innerhalb des Textes *sparsam*, d. h. heben Sie nur die Schlüsselwörter hervor, die den jeweiligen Abschnitt charakterisieren.

Siehe Schlüsselwortmethode → **S. 7**

3. Kennzeichnen Sie Ihnen unbekannte Begriffe und versuchen Sie, ihre Bedeutung aus dem Zusammenhang zu erschließen. Schlagen Sie nur dann in einem Fremdwörterbuch nach, wenn es wirklich nötig ist.

Initiation (Z. 2): ______________________________

Thora (Z. 11): ______________________________

scholastisch (Z. 52): ______________________________

____

____

4. Setzen Sie die Inhaltsübersicht (den Konspekt) am rechten Rand fort.

Siehe Konspektmethode → **S. 7**

5. Unterscheiden Sie im Text Thesen, Beispiele und Zitate, indem Sie entsprechende Kürzel an den Rand schreiben.

Klärung schwieriger Textstellen

Um vor allem wissenschaftliche Texte zu verstehen, reicht es nicht immer, die Verwendung von Begriffen (Fachwörtern, Fremdwörtern) geklärt zu haben. Nicht selten ist auch der überdehnte oder komplizierte Satzbau, der sich erheblich von der Normalsprache unterscheidet, ein Hemmnis auf dem Weg zum angemessenen Verstehen. Die Darstellung eines komplizierten Sachverhalts macht jedoch oft eine komplexere Darstellungsform erforderlich. Ein Beispiel:

ARTHUR SCHOPENHAUER (1788–1860)

Selbstdenken

Lesen heißt mit einem fremden Kopfe, statt des eigenen, denken. Nun ist aber dem eigenen Denken, aus welchem allemal ein zusammenhängendes Ganzes, ein, wenn auch nicht streng abgeschlossenes, System sich zu entwickeln trachtet, nichts nachteiliger, als ein, vermöge beständigen Lesens, zu starker Zufluss fremder Gedanken; weil diese, jeder einem andern Geiste entsprossen, einem andern Systeme angehörend, eine andere Farbe tragend, nie von selbst zu einem Ganzen des Denkens, des Wissens, der Einheit und Überzeugung zusammenfließen, vielmehr eine leise babylonische Sprachverwirrung im Kopfe anrichten und dem Geiste, der sich mit ihm überfüllt hat, nunmehr alle Einsicht benehmen und so ihn beinahe desorganisieren.

(1851)

Um Klarheit über dieses durch ungewöhnliche Kommasetzung noch stärker verstörende Satzgebilde zu gewinnen, empfehlen sich zwei Methoden: die Weglassprobe und die Ersatzprobe.

Weglassprobe

Zum Verständnis kompliziert gebauter Sätze **streichen Sie** zunächst alle oder die meisten Nebensätze und Appositionen. Bei Aufzählungen lassen Sie nur das erste Glied stehen. In der Regel entspricht das grammatische Gerüst, das danach noch übrig bleibt, inhaltlich der Kernaussage der Sätze.

6. Wenden Sie die Weglassprobe auf den Text von Schopenhauer an.

Lesen heißt mit einem fremden Kopfe~~, statt des eigenen,~~ denken. Nun ist aber dem eigenen Denken, aus welchem allemal ein zusammenhängendes Ganzes, ein, wenn auch nicht streng abgeschlossenes, System sich zu entwickeln trachtet, nichts nachteiliger, als ein, vermöge beständigen Lesens, zu starker Zufluss fremder Gedanken; weil diese, jeder einem andern Geiste entsprossen, einem andern Systeme angehörend, eine andere Farbe tragend, nie von selbst zu einem Ganzen des Denkens, des Wissens, der Einheit und Überzeugung zusammenfließen, vielmehr eine leise babylonische Sprachverwirrung im Kopfe anrichten und dem Geiste, der sich mit ihm überfüllt hat, nunmehr alle Einsicht benehmen und so ihn beinahe desorganisieren.

Anschließend **rekonstruieren Sie** den Satz oder die Sätze, indem Sie dem Kernsatz die gestrichenen Nebensätze, Appositionen etc. wieder zuordnen. Inhaltlich handelt es sich dabei in der Regel um Erläuterungen und Ergänzungen der Kernaussage. Im ersten Schritt beschränken Sie sich dabei auf die wichtigsten Satzergänzungen. Zum Beispiel können Sie Nebensätze *innerhalb* eines Nebensatzes noch unberührt lassen.

7. Rekonstruieren Sie die Sätze, indem Sie die wichtigsten der gestrichenen Satzergänzungen farbig markieren.

Je nach Komplexität des Satzgefüges können Sie nun die Sätze beim Lesen bereits als ganze erfassen, oder aber Sie schließen zuvor einen weiteren Ergänzungsschritt an.

Ersatzprobe

Oft sind es auch unklare Bezüge, die den Sinn eines Satzes verdunkeln, z. B., wenn auf ein Substantiv, das an früherer Stelle in einem Satz steht, an späterer Stelle mithilfe eines Pronomens verwiesen wird. In solchen Fällen kann es hilfreich sein, die entsprechenden Pronomina durch das gemeinte Substantiv zu ersetzen.

8. Wenden Sie die Ersatzprobe auf den Text von Schopenhauer an.

Lesen heißt mit einem fremden Kopfe, statt des eigenen, denken. Nun ist aber dem eigenen Denken, aus welchem allemal ein zusammenhängendes Ganzes, ein, wenn auch nicht streng abgeschlossenes, System sich zu entwickeln trachtet, nichts nachteiliger, als ein, vermöge beständigen Lesens, zu starker Zufluss fremder Gedanken; weil ~~diese~~ [______________________], jeder einem andern Geiste entsprossen, einem andern Systeme angehörend, eine andere Farbe tragend, nie von selbst zu einem Ganzen des Denkens, des Wissens, der Einheit und Überzeugung zusammenfließen, vielmehr eine leise babylonische Sprachverwirrung im Kopfe anrichten und dem Geiste, der sich mit ~~ihm~~ [______________________] überfüllt hat, nunmehr alle Einsicht benehmen und so ~~ihn~~ [______________________] beinahe desorganisieren.

Erarbeitung von literarischen Texten

Gabriele Wohmann stellt in ihrer Kurzgeschichte *Flitterwochen, dritter Tag* aus dem Jahre 1968 die Beziehung eines frisch vermählten Paares dar, das an der spanischen Mittelmeerküste einen scheinbar entspannten Urlaubstag verbringt. Die ganz aus der Perspektive der Frau erzählte Geschichte deckt aber die tatsächlichen Beziehungsprobleme des Paares auf, das sich wenige Tage nach der Eheschließung schon entfremdet ist. Der Mann verplant das Leben seiner Frau und beobachtet gleichzeitig andere Frauen am Strand, die Frau kämpft mit dem körperlichen Ekel, den ihr der Mann bereitet.

1. Lesen Sie die Kurzgeschichte und überlegen Sie, welche der folgenden Motive besonders wichtig sind:

Spanien – der heimische Garten – das Meer – der Strand – das Wetter – das Bier – der Tee – die Warze – Antonio Gaudí – das Fernglas – der Polyp – die Hühnerhaut – die Bierkneipenterrasse

GABRIELE WOHMANN (* 1932)

Flitterwochen, dritter Tag

Reinhard am dritten Tag gegen fünf, auf der Bierkneipenterrasse: du wirst deine Arbeit aufgeben. Du wirst einfach kündigen. Es war fast windstill, die Luft feucht. Ich kam aber nicht ganz dahinter, ob es mir richtig behagte. Ich starrte immer weiter den Mann mit der Warze an. Reinhard hob sein Glas, trank mir zu, mit irgendeinem Trinkspruch auf unsere Zukunft. Die Warze sah wie ein Polyp aus. Reinhard schlug vor, so wie jetzt an der See auch später regelmäßig abends spazieren zu gehen. Ja. Warum nicht? Schließlich: die Wohnung mit ihrer günstigen Lage. Unterm Hemd würde die Warze sich auch bemerkbar machen. Sie war mehr als einen Zentimeter lang. Seitlich vom Schlüsselbein stand sie senkrecht ab. Prost, Schatz, cheerio! Vielleicht, bei diesem Unmaß, hieß das nicht mehr Warze, was ich immer noch anstarrte. Liebling, he! Wir sind getraut! Du und ich, wir zwei – was man sich so zunuschelt kurz nach der Hochzeit. Reinhards Lieblingsgerichte, dann meine. Durch die Fangarme sah die Warze einer Narrenkappe ähnlich. Die Wohnung werden wir nach deinem Geschmack einrichten: der Garten – bloß Wildnis. Tee von Reinhards Teegroßhändler. Nett, so einig zu sein. Abwegiges Grau der See, und mein zweites Glas leer. Die Oberfläche der Warze war körnig, wie die Haut auf Hühnerbeinen. Reinhard hat noch zwei Stella Artois bestellt, ich fühlte nun doch ziemlich genau, dass es mir zusagte, das Ganze, Bier, diese Witterung, dies bemerkenswerte Meer und unser Gerede über alles, zum Beispiel: Hauptsache, du bist dein blödes Büro los. Das schrundige Ding auf der Schulter, erstarrtes Feuerwerk, stand nicht zur Debatte. Reinhard schützte wiedermal ein Schiff vor und starrte durchs Fernglas runter auf den Strand. Gewitter stand unmittelbar bevor, unser Zusammenleben auch, auch Abendspaziergänge, Teebestellungen, Leibgerichte, die Warze war immer noch sichtbar nun unterm Hemd, das der Mann anzog. Antonio Gaudi[1] hätte sie geträumt haben können. Reinhard redete, und ich habe eine Zeitlang nicht zugehört, weil ich – ich hätte schon ganz gern gewusst, ob das nicht wehtat, wenn mehr als nur ein Hemd auf die Warze Druck ausübte. Organisation, Schatz, sagte Reinhard, und er ist nicht nur billiger bei diesem Großhändler, es ist einfach besserer Tee. Weitere Stella Artois, die Schwüle war mir recht, das Meer lieb und wert, egal Reinhards Seitensprünge durchs Fernglas. Die leicht bekleidete Krake, der vertrauliche Vielfuß, Verruca[2] die Warze. Freust du dich, Schatz? Reinhard war mir jetzt näher. Auf alles, Schatz? Und was man so sagt. Es war nett. Der Mann mit der neukatalanischen Warze bezahlte. Dann verstaute er sein Fernglas in einem etwas abgeschabten Lederetui. Er stand auf. Da stand auch ich auf. Der Mann mit der Warze bahnte sich den besten Weg zwischen den Korbsesseln. Ich hinterher. Er brauchte nicht weiter auf mich zu warten, ich habe kaum gezögert, er wartete, wieder mir zugekehrt, die Warze, das Wappen, er wartete, Reinhard wartete, mein Mann mit der Warze.

(1968)

1 **Antonio Gaudí:** Spanischer Architekt (1852–1926), schuf den neukatalanischen Baustil, eine spanische Variante des Jugendstils, die sich durch geschwungene Linien, ungerade Grundrisse, schräge Bauelemente und florale Motive auszeichnete. Sein bekanntestes Werk ist die Kathedrale der Sagrada Familia in Barcelona.

2 **Verruca vulgaris** (lat.): die Hautwarze

2. Markieren Sie im obigen Text wichtige Stellen und ordnen Sie dabei diese Stellen verschiedenen Analyse-Aspekten zu, indem Sie verschiedene Farben nutzen. Hier ein Vorschlag, wie Sie dabei vorgehen können:

- rot: direkte Rede Reinhards
- blau: gedankliche Reaktionen der Ich-Erzählerin
- gelb: die Warze
- grün: das Meer/die Witterung

Reinhard am dritten Tag gegen fünf, auf der Bierkneipenterrasse: du wirst deine Arbeit aufgeben. Du wirst einfach kündigen. Es war fast windstill, die Luft feucht. Ich kam aber nicht ganz dahinter, ob es mir richtig behagte. Ich starrte immer weiter den Mann mit der Warze an. Reinhard hob sein Glas, trank mir zu, mit irgendeinem Trinkspruch auf unsere Zukunft. Die Warze sah wie ein Polyp aus. Reinhard schlug vor, so wie jetzt an der See auch später regelmäßig abends spazieren zu gehen. Ja. Warum nicht? Schließlich: die Wohnung mit ihrer günstigen Lage.

TIPP

Durch farbige Markierungen können Sie sich die weitere Erschließungsarbeit wesentlich erleichtern.

- **Sie können die einzelnen Aspekte, die später in der schriftlichen Interpretation eine wichtige Rolle spielen werden, auf einen Blick überschauen und zuordnen.**
- **Sie können auch Veränderungen schnell wahrnehmen, die ein Motiv (wie z. B. hier das der Warze) im Verlauf der Erzählung erfährt, oder zusätzliche Bedeutungen (Konnotationen) erkennen, mit denen es aufgeladen wird.**
- **Sie haben einen präzisen Zugriff auf Textbelege, wenn es beim Schreiben darum geht, aussagekräftige Zitate zu finden.**

Siehe Konspektmethode → S. 7

Die **Konspektmethode** lässt sich auch bei literarischen Texten anwenden, wenn Sie den Inhalt und Aufbau klären wollen.

3. Lesen Sie das Gedicht.

JOHANN CHRISTIAN GÜNTHER (1695–1723)

Als er der Phillis einen Ring mit einem Totenkopfe überreichte

Erschrick nicht vor dem Liebeszeichen,
Es träget unser künftig Bild,
Vor dem nur die allein erbleichen,
Bei welchen die Vernunft nichts gilt.
Wie schickt sich aber Eis und Flammen?
Wie reimt sich Lieb und Tod zusammen?
Es schickt und reimt sich gar zu schön,
Denn beide sind von gleicher Stärke
Und spielen ihre Wunderwerke
Mit allen, die auf Erden gehn.

Ich gebe dir dies Pfand zur Lehre:
Das Gold bedeutet feste Treu,
Der Ring, dass uns die Zeit verehre,
Die Täubchen, wie vergnügt man sei;
Der Kopf erinnert dich des Lebens,
Im Grab ist aller Wunsch vergebens,
Drum lieb und lebe, weil[1] man kann,
Wer weiß, wie bald wir wandern müssen!
Das Leben steckt im treuen Küssen,
Ach, fang den Augenblick noch an!
(1721)

1 „weil": solange

```
1.   das „Bild" des Ringes

1.1  Anrede an die Geliebte:
     kein Erschrecken vor dem Bild des
     Todes

1.2  Fingierte Fragen nach der Vereinbar-
     keit von Tod und Liebe
1.3  Antwort: als Schicksalsmächte beide
     unausweichlich

2.   die Lehre
```

4. Markieren Sie mittels eckiger Klammern inhaltlich zusammengehörige Verse.

5. Setzen Sie in der rechten Spalte die Gliederungsübersicht fort.

Aufgabenanalyse

→ Lösungsheft S. 3

Im Rahmen des Zentralabiturs kommt es darauf an, mit einer exakt formulierten Aufgabenstellung eine möglichst große Eindeutigkeit zu erreichen. Besonders wichtig sind dabei die Handlungsanweisungen, die im Prädikat zum Ausdruck kommen: Sie müssen genau definiert sein, damit alle Schüler und Schülerinnen bei demselben Auftrag auch ein und dieselbe Handlung ausführen.

Operatoren exakt umsetzen

ABI

Operatoren sind Arbeitsanweisungen. Sie werden mit Schlüsselwörtern formuliert, die eine Aufforderung enthalten wie z. B. „erschließen Sie", „zeigen Sie auf", „beurteilen Sie".

Operatoren haben den Zweck, so exakt und eindeutig wie möglich die Aufgabe zu bestimmen, die in der Klausur erfüllt werden soll. Vor allem im Abitur müssen die erwarteten Leistungen klar formuliert sein, damit die Bewertung auf einer allgemeingültigen Grundlage erfolgen kann.

Was bedeutet das für Sie?

Die Operatoren sagen Ihnen, welche Tätigkeiten bei der Lösung einer Aufgabe von Ihnen erwartet werden. Sie sollten sich daher schon frühzeitig mit den Operatoren und ihren Definitionen befassen, damit Sie in der Prüfungssituation wissen, was Sie zu tun haben – ohne lange darüber nachdenken zu müssen.

Die Operatoren sind nach drei „Anforderungsbereichen" geordnet:

- Anforderungsbereich I: Wiedergabe von Kenntnissen
- Anforderungsbereich II: Anwenden von Kenntnissen
- Anforderungsbereich III: Problemlösen und Werten

Hier nur je ein Beispiel für jeden Anforderungsbereich. Weitere Operatoren finden Sie im vorderen Umschlag.

Siehe Operatorenliste → vorderer Umschlag

Operator	*festgelegte Bedeutung*	*Beispiel*
Anforderungsbereich I		
beschreiben	einen Sachverhalt, Gegenstand bzw. eine Struktur darstellen, ggf. unter Verwendung von Fachsprache	„Beschreiben Sie den Aufbau des Gedichts …"
Anforderungsbereich II		
erschließen	aus Texten Sachverhalte, Problemstellungen oder Textaussagen anhand von Kriterien bzw. Aspekten herausarbeiten	„Erschließen Sie den Textauszug unter besonderer Berücksichtigung der Figurenkonstellation und der Konfliktgestaltung."
Anforderungsbereich III		
erörtern	eigene Gedanken zu einer Problemstellung argumentativ entwickeln, d. h. auch unterschiedliche Standpunkte prüfen, und ein abgewogenes Urteil fällen	„Erörtern Sie die Frage, ob …" „Erörtern Sie Ursachen und Gefahren …"

Übergeordnete Operatoren eingrenzen

Die Operatoren „erschließen“, „interpretieren“ und „analysieren“ sind wohl am häufigsten in Aufgabenstellungen vertreten. Es handelt sich um „übergeordnete“ Operatoren oder „Leitoperatoren“, die Leistungen in allen drei Anforderungsbereichen verlangen.

Die **Analyse** (griechisch: „Auflösung“, „Zerlegung“) bezeichnet die systematische Untersuchung des Textes, die diesen in seine Bestandteile zerlegt und diese Bestandteile auswertet, ordnet und in einen Zusammenhang bringt. Auf **Sachtexte** wird ausschließlich der übergeordnete Operator **„analysieren“** bezogen.

Im Bezug auf **literarische Texte** wird hingegen von **„erschließen“** gesprochen. Eine **Erschließung** bedeutet, einen Text nach vorgegebenen oder selbst gewählten Kriterien zu untersuchen und dadurch seine Besonderheiten herauszuarbeiten.

Die **Interpretation** (lateinisch: „Auslegung“, „Erklärung“, „Übersetzung“) umfasst die systematische Erschließung des Textes, geht aber in einem ganzheitlichen Prozess der Sinnentfaltung darüber hinaus. (Im Sinne der hermeneutischen Methode bringt das Subjekt sich selbst in den Verstehensprozess ein.) Die Interpretation eröffnet damit einen Deutungsspielraum oder stellt Zusammenhänge her, die über den Text hinausführen. Im bayerischen Abitur wird in Bezug auf **literarische Texte** von **„interpretieren“** gesprochen.

1. Untersuchen Sie die folgenden Arbeitsanweisungen, indem Sie jeweils zuerst den Operator oder die Operatoren unterstreichen und anschließend ankreuzen, welche der angeführten Tätigkeiten von Ihnen verlangt werden.

a

Erschließen und interpretieren Sie den vorliegenden Romanausschnitt.

- ☐ die Erzählsituation und Erzählhaltung untersuchen
- ☐ die Biografie des Autors wiedergeben
- ☐ den Inhalt des Ausschnitts zusammengefasst wiedergeben
- ☐ einen Zusammenhang zwischen Erzählhaltung und Wirkung herstellen
- ☐ den Stil untersuchen und seine Wirkung beschreiben
- ☐ zum Verhalten der Figuren moralisch Position beziehen

b

Zeigen Sie ausgehend von Ihren Ergebnissen vergleichend auf, wie das Thema „Generationenkonflikt“ in einem anderen literarischen Werk gestaltet wird.

- ☐ zum Vergleich ein Werk derselben Gattung heranziehen
- ☐ den Epochenkontext beider Werke berücksichtigen
- ☐ formale Unterschiede zwischen beiden Werken benennen
- ☐ Gemeinsamkeiten in der Themengestaltung herausarbeiten
- ☐ den Inhalt des Vergleichstextes zusammengefasst wiedergeben
- ☐ darlegen, welches Werk Ihnen besser gefällt

c

Analysieren Sie den vorliegenden Artikel hinsichtlich seiner Argumentation und hinsichtlich seiner Darstellungsweise.

- ☐ das Thema des Textes nennen
- ☐ den Artikel Absatz für Absatz paraphrasieren
- ☐ sprachliche Besonderheiten und ihre Wirkung darstellen
- ☐ alle vorkommenden rhetorischen Figuren aufzählen
- ☐ die Hauptthese herausarbeiten
- ☐ untersuchen, wie die einzelnen Argumente begründet werden

Klausurüberarbeitung

→ Lösungsheft S. 4–5

Die eigenen Texte angemessen oder gar objektiv einzuschätzen fällt niemandem leicht. Vor allem im unmittelbaren Anschluss an den Schreibprozess fehlt dazu die nötige Distanz. Als Verfasser sind wir mehr als befangen, denn der Text ist das Ergebnis unserer Gedankenarbeit - als wäre er ein Stück von uns. Oft sind wir nach der Abgabe einer Klausur oder Prüfungsarbeit von unserem Produkt ausgesprochen überzeugt und wundern uns oder fühlen uns ungerecht beurteilt, wenn wir später die Korrektur und die Bewertung durch den Lehrer oder die Lehrerin in Händen halten.

Woran liegt das? Man spricht in diesem Zusammenhang von „selektiver Wahrnehmung". Mit besonderer Vorliebe blenden wir unangenehme Wahrnehmungen aus, wenn es um uns selbst geht. Wir schauen dann, ohne zu sehen.

Auch professionelle Schreiber kommen deshalb ohne eine wichtige Korrekturinstanz nicht aus: den Lektor. Der Lektor soll den Autor nicht nur vor Schnitzern bewahren, sondern auch die Lücken ausfüllen, die sich in der subjektiven Wahrnehmung des Autors automatisch einstellen, wenn er seinen eigenen Text liest. Wer würde sich einen solchen Lektor in einer Prüfungssituation nicht herbeiwünschen?

Tatsächlich sind Sie aber als Prüfling gezwungen, Ihr eigener Lektor zu sein. Das ist schwierig und auch nur zum Teil zu verwirklichen. Denn es bedeutet ja, dass Sie die Perspektive vom befangenen Verfasser zum kritischen Leser wechseln müssen. Hinzu kommt der Zeitdruck, unter dem Sie während der Klausur stehen. Umso wichtiger ist es, in der Vorbereitungsphase durch das Überarbeiten von Übungsklausuren eine gewisse Routine zu gewinnen und die eigenen Schwächen genauer kennenzulernen.

Distanz gewinnen

Versuchen Sie zunächst einmal, eine solche distanzierte Einstellung zu der folgenden Einleitung aus einer Schülerklausur einzunehmen.

> In dem Gedicht „Als er der Phillis einen Ring mit einem Totenkopfe überreichte" von Johann Christian Günther, welches 1721 verfasst wurde werden 2 bedeutsame Themen hervorgehoben: Das Leben - und damit auch die Liebe - und der Tod. Inwiefern aber das Symbol des Todes hier als der Liebe förderlich dargestellt wird, zeigt die folgende Untersuchung.
>
> Günther beschreibt anfangs, in den Zeilen 1-10, die Begriffe Liebe und Tod und vergleicht diese miteinander. Dafür verwendet er Metaphern, wie Eis und Flammen, die verbildlichen sollen, wie unterschiedlich, jedoch durch ihre Stärke auch gleich sind. Hierbei steht Eis für den Tod, da er genauso kalt und gefühlslos ist. Die Flammen hingegen stehen für die Liebe, die aufregend und emotional warm ist. Diese Antithese zeigt also, wie unterschiedlich und zugleich gleich die Begriffe zueinander stehen. In dem darauf folgenden Teil von Zeile 11-20 wird näher auf den Ring eingegangen, den das lyrische Ich Phillis geschenkt hat.

1. Unterstreichen Sie alle Formulierungen, die Sie sprachlich oder sachlich für falsch halten, sowie Interpunktionsfehler und kennzeichnen Sie diese Fehler mit den Ihnen bekannten Korrekturzeichen.

Siehe Korrekturzeichen → S. 18

2. Schreiben Sie auf ein separates Blatt eine verbesserte Version dieser Einleitung.

3. Falls Sie eine eigene Deutsch-Klausur zur Hand haben, untersuchen und überarbeiten Sie Ihre Einleitung in derselben kritischen Weise.

Fehleranalyse

Generell gilt die Regel: Nach der Klausur ist vor der Klausur. Die Vorbereitung auf die Abiturklausur beginnt weit im Vorfeld, auch wenn es um das Thema Textüberarbeitung geht. Es hilft Ihnen nicht weiter, wenn Sie nur einen vagen Eindruck von Ihren individuellen Stärken und Schwächen beim Verfassen von Deutsch-Klausuren haben. Wichtig ist, dass Sie schon früh beginnen, Ihre Probleme bei der Verstehens- und der Darstellungsleistung einzugrenzen und zu diagnostizieren.

TIPP

Klausuren gehören nach der Rückgabe nicht in den Papierkorb!

Vom Lehrer oder der Lehrerin korrigierte und kommentierte Klausuren sind für Sie eine ergiebige Fundgrube, mögen Sie sich auch noch so sehr über die Zensur geärgert haben.

Wenn Sie Ihre alten Klausuren auswerten, gewinnen Sie einen systematischen Überblick über Ihre Fehlerschwerpunkte, an deren Verbesserung Sie arbeiten können. Außerdem gelangen Sie zu Kriterien, mit deren Hilfe Sie in Klausuren gezielt Ihre Schwachstellen ins Auge fassen können.

Siehe Aufsatzarten → S. 4

1. Untersuchen Sie die Randbemerkungen und die Kommentare des Deutschlehrers/der Deutschlehrerin unter Ihren Klausuren und tragen Sie die zentralen Informationen in die Tabelle ein:

Halbjahr	*Aufsatzart*	*Kommentare* *1. Begründungen für die Bewertung* *a. Stärken* *b. Schwächen* *2. Ratschläge für zukünftige Klausuren*
		1. a. ______ b. ______ 2. ______
		1. a. ______ b. ______ 2. ______
		1. a. ______ b. ______ 2. ______
		1. a. ______ b. ______ 2. ______

Siehe Korrekturzeichen → S. 18

2. Erfassen Sie nun die Korrekturzeichen am Rand der Klausuren tabellarisch und stellen Sie fest, wo Ihre Fehlerschwerpunkte liegen.

Art des Fehlers	*Klausur 1*	*Klausur 2*	*Klausur 3*	*Klausur 4*
Aufbau und Gedankenführung				
Denkfehler				
sachlicher Fehler				

Art des Fehlers	*Klausur 1*	*Klausur 2*	*Klausur 3*	*Klausur 4*
fehlender Absatz				
fehlende Begründung				
Ausdruck und Satzbau				
Wortwahl				
Ausdruck				
unnötiges Füllwort				
Wiederholung				
Beziehung				
Satzbau				
Wortstellung				
Grammatik und Rechtschreibung				
Grammatikfehler				
Tempus				
Modus				
Zitierfehler				
Orthografie, Interpunktion				

Textlupe

Ein wichtiges Mittel, um bei der konkreten Textkorrektur die Wahrnehmungsschärfe zu erhöhen, ist die Aufgliederung des Korrekturvorgangs in mehrere Einzelabläufe: Sukzessive werden ausschließlich einzelne Bauelemente des Textes „unter die Lupe genommen" und andere Aspekte bewusst ausgeblendet.

TIPP

Es empfiehlt sich, den Korrekturvorgang in drei verschiedenen Abläufen zu organisieren:

- **Sprachprüfung: Sie kontrollieren, ob Ihre Formulierungen sich an den sprachlichen Normen orientieren.**
- **Plausibilitätsprüfung: Sie überprüfen ausschließlich die sachliche Richtigkeit der Argumentation oder der Analyse.**
- **Kohärenzprüfung: Sie konzentrieren sich auf die Stimmigkeit des Gedankengangs: den Aufbau, die Reihenfolge der Gedankenschritte, die sinnvolle Integration der Zitate.**

Im Folgenden werden Sie alle drei Korrekturvorgänge anhand einer vollständigen schriftlichen Gedichtinterpretation durchlaufen. Das ist ein umfangreicher Prozess, für den Sie sich die nötige Zeit nehmen sollten. Wenn Sie auf diese Weise Ihre Übungsklausuren regelmäßig überarbeiten,

- lernen Sie, das Korrekturverfahren besser und zügiger anzuwenden,
- schärft sich Ihr Blick für sprachliche Korrektheit, Plausibilität und Kohärenz derart, dass Sie zunehmend besser schon beim Schreiben darauf achten können,
- lernen Sie Ihre persönlichen Schwächen besser kennen, auf die Sie dann gezielter achten können.

Von diesen Lerneffekten profitieren Sie dann im Ernstfall, in dem aller Wahrscheinlichkeit nach die für eine gründliche Überarbeitung notwendige Zeit nicht bleiben wird.

1. Korrigieren Sie die folgende Klausur einer Schülerin zu der Aufgabe: „Erschließen und interpretieren Sie Johann Christian Günthers Gedicht *Als er der Phillis einen Ring mit einem Totenkopfe überreichte*."

   a. Überprüfen Sie zunächst nur die **sprachliche Richtigkeit und Angemessenheit** und korrigieren Sie mit den angegebenen Zeichen oder schreiben Sie gleich die richtige Form an den Rand:
      - Rechtschreibfehler (R)
      - Zeichensetzungsfehler (Z)
      - formale Zitierfehler (Zit)
      - Grammatikfehler (Gr)
      - Wortwahl, Ausdruck (W, A)
      - Satzbau (Sb)

   b. Überprüfen Sie nun die **Plausibilität** der Ergebnisse. Mögliche Leitfragen:
      - Wird eine klare These formuliert?
      - Wird die These begründet?
      - Belegen die Argumente die These?
      - Sind die Beispiele/Belege/Zitate den Argumenten sinnvoll zugeordnet und stützen sie die zentralen Thesen?
      - Wird die Deutung durch die Einbeziehung von Kontexten differenziert und vernetzt?
      - Sind Begriffe und Fachtermini richtig verwendet?

   c. Analysieren Sie zum Schluss die **Kohärenz** des Textes, indem Sie sich an folgenden Leitfragen orientieren:
      - Ist die Gliederung stimmig?
      - Wird sie eingehalten?
      - Ist der Text aus sich heraus verständlich?
      - Gibt es einen roten Faden?
      - Sind die Ergebnisse schlüssig miteinander verknüpft?
      - Wird eine einheitliche, sachlich-analytische Stilebene eingehalten oder gibt es Stilbrüche?

Siehe
Johann Christian Günther: Als er der Phillis einen Ring mit einem Totenkopfe überreichte
→ **S. 12**

Johann Christian Günthers Gedicht „Als er der Phillis einen Ring mit einem Totenkopfe überreichte" stammt aus dem Jahre 1721 und gehört in die Zeit des Spätbarock. Das aus zwei Strophen bestehende Gedicht handelt davon, dass das lyrische Ich einem Mädchen einen Ring schenkt, auf dem ein Totenkopf zu sehen ist. Indem das lyrische Ich erklärt was der Totenkopf repräsentiert, beschreibt es die Vanitas, also die Vergänglichkeit des Lebens.

Am Anfang des Gedichts rechtfertigt sich das lyrische Ich für sein Geschenk, das die Geliebte verstören und ängstigen könnte. Es möchte dazu auffordern, das Leben zu genießen, denn der Totenkopf „träget unser künftig Bild" (V. 2). Das Gedicht widerspiegelt also das Carpe diem. Die beiden rethorischen Fragen in den Versen 5 und 6 enthalten jeweils Gegensätze: „Eis und Flammen" sowie „Lieb und Tod" sind Antithesen. Doch wird in den Versen 7 – 10 erklärt, dass die Gegensatzpaare bei all ihrer Unterschiedlichkeit darin übereinstimmen, dass sie das menschliche Schicksal unausweichlich bestimmen.

So rechtfertigt das lyrische Ich sein befremdliches Geschenk. Das Gedicht ist eine Erklärung für den Ring mit dem Totenkopf. Dieser Gegenstand wird in der zweiten Strophe mit vielen Metaphern gedeutet, die seine Besonderheit demonstrieren sollen. So heißt es in Vers 12, dass der Ring aus Gold gemacht ist, und dieses Element wird als Bild der Treue ausgelegt, weil es zu den beständigsten Metallen zählt. Die Tauben (vgl. V. 14), Symbole des Friedens und unschuldiger Liebeständelei, sollen als Zeichen der vergnügten Freude dienen. „Der Kopf erinnert dich des Lebens" ist eine Mahnung an die Beschenkte, das Leben zu ehren und zu nutzen, bevor dazu durch den jederzeit möglichen Tod keine Gelegenheit mehr besteht.

Die letzten vier Verse des Gedichts enthalten einen Appell an die Geliebte, der aber von allen Menschen beherzigt werden sollte. Diese Verse halten dazu an, sich selbst einen Gefallen zu tun, sein Leben so sinnvoll und glücklich wie möglich zu gestalten („Drum lieb und lebe", V. 17). Verstärkt durch eine Apostrophe endet das Gedicht mit dem Aufruf, keine Zeit mehr zu vergeuden, sondern sofort („den Augenblick", V. 20) damit zu beginnen.

Aufgrund des Reimschemas gliedert sich das Gedicht in zwei Strophen. Das Reimschema der Verse 1-10 (ababccdeed) wird in den Versen 11-20 wieder aufgegriffen. In der ersten Strophe wird die Situation (die Übergabe des Rings) geschildert und das vermeintliche Gegensatzpaar Liebe und Tod in den Mittelpunkt gestellt. In der zweiten Strophe werden die Bilder des Rings ausgelegt und daraus wird eine Schlussfolgerung gezogen.

Wenngleich das Gedicht den Tod thematisiert, vermittelt es doch dank des Aufrufs am Schluss eine zuversichtliche Stimmung. An dieser Haltung ist erkennbar, dass das Gedicht gegen Ende der Barockzeit entstanden ist, da es Hoffnung widerspiegelt, die die Menschen zurzeit des Dreißigjährigen Krieges nicht hatten.

Klausurüberarbeitung im Abitur

Im Abitur befinden Sie sich, wie bei jeder Klausur, in einer für das Schreiben ganz untypischen Situation. Für das alltägliche wie für das professionelle Schreiben ist es in der Regel kennzeichnend, dass sich die Gedanken beim Schreiben derart weiterentwickeln, dass oft umfangreichere Überarbeitungen, im Zweifelsfall auch Verwerfungen ganzer Textteile erforderlich werden. Viele Schriftsteller z. B. schreiben selbst umfangreiche Romane zigmal um, korrigieren, streichen, erweitern, komponieren neu und suchen immer wieder nach dem treffenden Ausdruck.

Diese Gesetze des Schreibens finden in den Bedingungen des Abiturs leider keine Berücksichtigung. Der feste zeitliche Rahmen, der Ihnen gesetzt ist, lässt Ihnen nicht die Muße, jeden Gedanken noch einmal aufs genaueste zu überprüfen, eine einmal erstellte Gliederung umzuwerfen oder bei der Überarbeitung Ihres Textes ganze Absätze umzuschreiben.

Wichtig ist es, daraus nicht die falsche Schlussfolgerung zu ziehen und in dem Glauben, das eigentliche Schreiben sei letztlich das Wichtigste, sich einerseits für die wichtigen Vorarbeiten kaum Zeit zu nehmen, andererseits die kurze Zeit, die am Ende noch bleibt, zur inhaltlichen Ergänzung und Ausweitung zu nutzen, statt sich auf die Redaktion des bereits Geschriebenen zu konzentrieren.

Sinnvoller wäre folgendes Vorgehen:

- Nehmen Sie sich trotz des Zeitdrucks **ausreichend Zeit für die Vorarbeiten**: für die Textarbeit, die Stoffsammlung, die Strukturierung Ihrer Gedanken und die Erstellung einer Gliederung. Denn das sind keineswegs verzichtbare Nebensachen, sondern die wesentlichen Pfeiler, auf denen der Aufsatz letztlich ruht.
- Verschieben Sie die Korrektur nicht auf die Zeit nach dem Klingeln, sondern **überlesen Sie den Text nach Abschluss jedes Gedankenganges (Abschnitts)**. Dieses Vorgehen dient nicht nur der Korrektur des schon Geschriebenen, sondern auch der Kohärenz des Ganzen. Der Anschluss des neuen Gedankenganges gelingt leichter und Wiederholungen werden vermieden.
- Reservieren Sie schon bei der Schreibplanung **mindestens 20 Minuten für eine letzte Durchsicht**.
- Nutzen Sie **die abschließende Durchsicht nicht für größere Umarbeitungen** oder Ergänzungen, sondern zur gezielten Verbesserung des bereits Geschriebenen. Lesen Sie Ihren Aufsatz in Ruhe noch einmal durch und gehen Sie möglichst gelassen über Unstimmigkeiten hinweg, für die Ihnen nicht zügig eine nicht zu umfangreiche Korrektur einfällt. Achten Sie auf das, was jetzt noch sinnvoll machbar ist: z. B. das Einfügen von Strukturwörtern („daher", „dennoch", …) zur Hervorhebung des Gedankengangs, das Ersetzen umgangssprachlicher Ausdrücke, ggf. die Ergänzung eines Zitats und die Korrektur von Rechtschreib- und Grammatikfehlern. Haben Sie während der Abiturvorbereitung besondere individuelle Schwächen festgestellt, dann konzentrieren Sie sich am besten auf diese.

Erschließung und Interpretation epischer Texte

Isabelle Huppert als Madame Bovary in Claude Chabrols Film *Madame Bovary*, 1991

Die ehemalige Klosterschülerin Emma Rouault heiratet den braven Landarzt Charles Bovary.
Die öde französische Provinz und der zwar liebevolle, aber banale, geradezu dumpfe Ehemann können ihre Erwartungen an ein ereignisreiches, auch erotisch aufregendes Leben nicht erfüllen.
Emma Bovary flüchtet in kitschige Romane, die ihre Fantasie mit Wunschbildern so beflügeln, dass sie am Ende die schöne, fiktive Welt ihrer Liebesgeschichten von ihrer realen, durch gesellschaftliche Zwänge geprägten Umgebung nicht mehr unterscheiden kann. Wie die empfindsamen Frauen ihrer Romane beginnt sie, ehebrecherische Beziehungen mit verschiedenen Liebhabern einzugehen. Als sie erkennt, dass ihre Liebhaber-Helden in Wahrheit fade Gewohnheitsmenschen sind, vergiftet sie sich mit Arsen und stirbt einen brutalen Tod.
So erzählt Gustave Flaubert in seinem Roman *Madame Bovary* (1856). Noch heute ist der „Bovarismus" in Frankreich sprichwörtlich. Er bezeichnet die Unfähigkeit, zwischen Fiktion und Realität zu unterscheiden. Die Faszination wie auch die Gefahr des Erzählens liegen ja darin, dass eine erfundene Welt simuliert und der Leser verführt wird, lesend in ihr und mit ihren fiktiven Figuren zu leben – ein Vorgang, der vom Surfen in den virtuellen Welten des Internets nicht wesentlich unterschieden ist. Dem „Bovarismus" sind auch heute noch viele Amateur-Leser verfallen. Sie fühlen sich in die Figuren ein und identifizieren sich rückhaltlos mit ihnen.
Der professionelle Leser jedoch, der erzählende Texte nicht nur zur Unterhaltung liest, schaut anders auf die fiktive Wirklichkeit: Er schafft Distanz, indem er den Text zum Gegenstand seiner Analyse und seines Schreibens macht. Gleichzeitig muss er aber genügend Einfühlungsvermögen besitzen, um die Charaktere, ihre Motive und Handlungen nachvollziehen zu können. Dieser Spagat zwischen Einfühlung und Distanzierung wird auch in der Schule erwartet: vor allem dann, wenn eine Klausuraufgabe die Erschließung und Interpretation eines epischen Textes verlangt.

Aus diesem Grund will das folgende Kapitel

- **Ihnen helfen, Ihr Wissen über erzählende Texte einzuschätzen und aufzufrischen,**
- **Ihnen die Fachbegriffe ins Bewusstsein rufen, die man braucht, um epische Gestaltungsmittel zu erkennen und zu beschreiben,**
- **Ihnen zeigen, wie man Schritt für Schritt einen epischen Text erschließt,**
- **mit Ihnen zusammen die sinnvollen Arbeitsschritte hin zu einem gelungenen Interpretationsaufsatz gehen,**
- **Ihnen ermöglichen, eine Aufgabe im Format der offiziellen Abituraufgaben zu bearbeiten.**

Aufgaben zur Selbsteinschätzung

→ Lösungsheft S. 6

Hier können Sie Ihr Vorwissen zu den Grundbegriffen der Erzähltheorie aktivieren und Ihre Kenntnisse selbst überprüfen.

In Günter Grass' Roman *Die Blechtrommel* (1959) kündigt der Erzähler an:

Ich beginne weit vor mir; denn niemand sollte sein Leben beschreiben, der nicht die Geduld aufbringt, vor dem Datieren der eigenen Existenz wenigstens der Hälfte seiner Großeltern zu gedenken. Ihnen allen, die Sie außerhalb meiner Heil- und Pflegeanstalt ein verworrenes Leben führen müssen, Euch Freunden und allwöchentlichen Besuchern, die Ihr von meinem Papiervorrat nichts ahnt, stelle ich Oskars Großmutter mütterlicherseits vor.

Meine Großmutter Anna Bronski saß an einem späten Oktobernachmittag in ihren Röcken am Rande eines Kartoffelackers.

1. Handelt es sich hierbei um ein auktoriales, personales oder neutrales Erzählverhalten? Begründen Sie Ihre Meinung.

   Erzählverhalten: ____________________

   Begründung: ____________________

2. Formen Sie den Romanauszug in eine personale Er-Erzählung um.

3. Erklären Sie an diesem Beispiel, warum Autor und Erzähler nicht identisch sind.

4. Ordnen Sie die verschiedenen Formen der Rede- und Gedankenwiedergabe den folgenden Beispielen aus der Literatur zu und notieren Sie stichwortartig, welche Merkmale und Wirkungen die jeweilige Form der Rede- und Gedankenwiedergabe hat.

a

Die Sehnsucht nach Tat, Sieg und Macht, die Begier, das Glück auf die Knie zu zwingen, flammte kurz und heftig in seinen Augen auf. Er [Thomas Buddenbrook] fühlte die Blicke aller Welt auf sich gerichtet, erwartungsvoll, ob er das Prestige der Firma, der alten Familie zu fördern und auch nur zu wahren wissen werde.

b

„Amen“, sagte sie [die achtjährige Antonie Buddenbrook], „ich weiß was, Großvater!“
„Tiens! Sie weiß was!“ rief der alte Herr und tat, als ob ihn die Neugier im ganzen Körper plage. „Hast du gehört, Mama? Sie weiß was! Kann mir denn niemand sagen ...“
„Wenn es ein warmer Schlag ist“, sprach Tony und nickte bei jedem Wort mit dem Kopfe, „so schlägt der Blitz ein. Wenn es aber ein kalter Schlag ist, so schlägt der Donner ein!“

c

Herr Buddenbrook aber war böse auf diese Weisheit, er verlangte durchaus zu wissen, wer dem Kinde diese Stupidität beigebracht habe, und als sich ergab, Ida Jungmann, die kürzlich für die Kleinen engagierte Mamsell aus Marienwerder, sei es gewesen, musste der Konsul diese Ida in Schutz nehmen.

d

Wie lange wird denn das noch dauern? Ich muss auf die Uhr schauen ... schickt sich wahrscheinlich nicht in einem so ernsten Konzert. Aber wer sieht's denn? Wenn's einer sieht, so passt er gerade so wenig auf, wie ich, und vor dem brauch' ich mich nicht zu genieren ... Erst viertel auf zehn? ... Mir kommt vor, ich sitz' schon drei Stunden in dem Konzert. Ich bin's halt nicht gewohnt ... Was ist es denn eigentlich? Ich muss das Programm anschauen ... Ja, richtig: Oratorium? Ich hab' gemeint: Messe. Solche Sachen gehören doch nur in die Kirche! Die Kirche hat auch das Gute, dass man jeden Augenblick fortgehen kann.

e

K. lebte doch in einem Rechtsstaat, überall herrschte Friede, alle Gesetze bestanden aufrecht, wer wagte, ihn in seiner Wohnung zu überfallen? Er neigte stets dazu, alles möglichst leicht zu nehmen, das Schlimmste erst beim Eintritt des Schlimmsten zu glauben, keine Vorsorge für die Zukunft zu treffen, selbst wenn alles drohte. Hier schien ihm das aber nicht richtig, man konnte zwar das Ganze als Spaß ansehn, als einen groben Spaß, den ihm aus unbekannten Gründen, vielleicht weil heute sein dreißigster Geburtstag war, die Kollegen in der Bank veranstaltet hatten [...].

f

frsiiiiiiifronnnng ein Zug irgendwo der pfeift also was diese Lokomotiven für Kraft in sich haben wie große Riesen und das Wasser läuft auf allen Seiten über sie und aus ihnen raus wie am Schluss von Loves old sweet sonnnng die armen Männer die da draußen sein müssen die ganze Nacht weg von ihren Frauen und Familien in diesen Backöfen von Maschinen zum ersticken wars heute wieder ich bin froh dass ich die Hälfte der alten Freemans und Foto Bits verbrannt hab wo er die Sachen immer so rumliegen lässt

Bewusstseinsstrom	direkte Rede	indirekte Rede
erlebte Rede	Gedankenbericht	innerer Monolog

Basislexikon Erzähltextanalyse

Arbeitsschritte zum Verfassen einer Interpretation

1. Verstehenshypothese formulieren → 2. Text aspektorientiert untersuchen → 3. These formulieren → 4. Gliederung erstellen → 5. Klausur schreiben → 6. Klausur überarbeiten

1. Verstehenshypothese formulieren: Diesen Schritt sollten Sie sofort tun, nachdem Sie den Text einmal gelesen haben: Die ersten Einfälle sind meist die besten.

2. Text aspektorientiert untersuchen: Welche Aspekte sinnvoll und lohnend untersucht werden können, hängt vom Text und von der Aufgabenstellung ab. Sie sollten also den Text noch einmal gründlich lesen (Basistraining, S. 7–12) und die Aufgabenstellung analysieren (Basistraining, S. 13–14), bevor Sie sich auf Untersuchungsaspekte festlegen. Beachten Sie auch den Aspektestern unten.

3. These formulieren: Hier kann eine schriftliche Ausformulierung in einem Satz sinnvoll sein: Je prägnanter Sie Ihre These vor Augen haben, desto leichter fällt es Ihnen später beim Schreiben, einen roten Faden in Ihre Klausur zu bringen.

4. Gliederung erstellen: Für diesen Schritt sollten Sie ausreichend Zeit einplanen: Mit einer detailliert ausgearbeiteten Gliederung kann der eigentliche Schreibprozess leichter bewältigt werden.

5. Klausur schreiben: Lesen Sie jeden neu geschriebenen Absatz einmal durch, bevor Sie weiterschreiben. Fehler können Sie auf diese Weise sofort korrigieren. Außerdem gelingt der Anschluss des neuen Gedankens leichter, und Wiederholungen werden vermieden.

6. Klausur überarbeiten: Gehen Sie in der Übungsphase hier gründlich vor; konzentrieren Sie sich dagegen in der Klausursituation auf Ihre Schwachstellen und auf die Korrektur gröberer Schnitzer (Basistraining, S. 15–17).

Mögliche Aspekte zum Erschließen eines epischen Textes

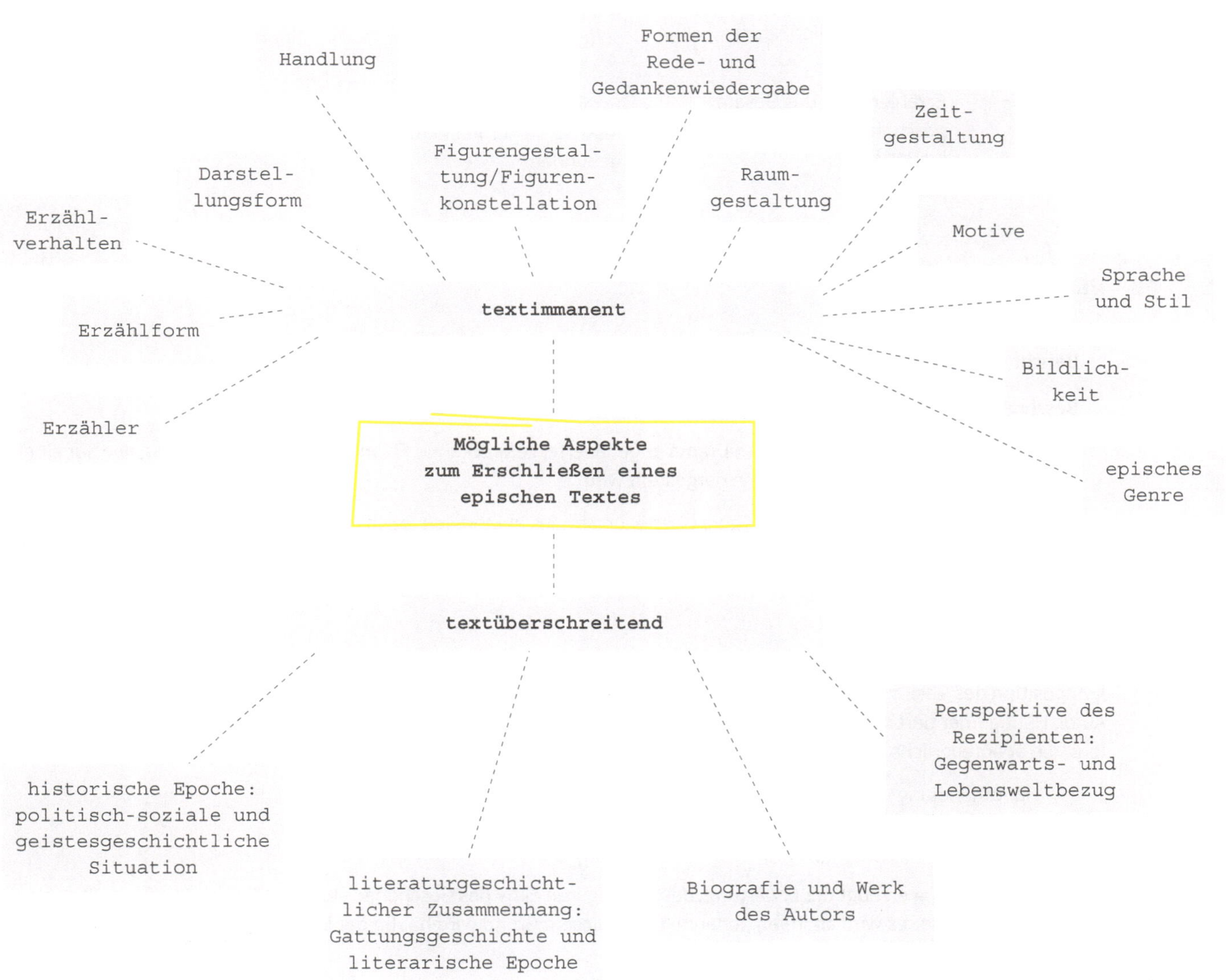

Autor – Erzähler

Autor und **Erzähler** sind nicht identisch. Der reale Autor erschafft eine Erzählstimme, die manchmal, aber nicht immer als fiktive Erzählerfigur zu identifizieren ist. Die Werte und die Weltsicht, die implizit oder explizit durch diese Erzählstimme vermittelt werden, dürfen nicht mit den tatsächlichen Ansichten des Autors gleichgesetzt werden.

Erzählformen

Der Autor wählt mit dem Erzähler auch eine bestimmte Erzählform. Der **Er-/Sie-Erzähler** redet über seinen Protagonisten in der Er- oder Sie-Form. Beim **Ich-Erzähler** sind Protagonist und Erzähler identisch: Das „Ich" fungiert sowohl als erlebende Figur (erlebendes Ich) als auch als erzählende Stimme (erzählendes Ich).

Erzählverhalten

	auktorial	*personal*	*neutral*
Standort	Erzähler steht über dem erzählten Geschehen („Vogelperspektive")	Erzähler ist über seine Reflektorfigur (die Figur, aus deren Perspektive er erzählt) am Geschehen unmittelbar beteiligt („Normalsicht")	Erzähler steht an einem fixen Punkt außerhalb des Geschehens („Kamera-Auge")
Wissen	Erzähler kennt Hintergründe, Zusammenhänge und den Ausgang des fiktiven Geschehens	Erzähler weiß nur das, was seine Reflektorfigur über das Geschehen weiß	Erzähler weiß nur das, was von außen zu sehen ist
Innensicht	Erzähler kann die Innenperspektive aller Figuren annehmen	Erzähler kennt nur das Innere seiner Reflektorfigur	Erzähler hat überhaupt keine Innenperspektive
Wertung	Erzähler kann das Gesamtgeschehen kommentieren und bewerten	Erzähler ist an die Weltauffassung seiner Reflektorfigur gebunden	Erzähler wertet nicht, erzählt sachlich und „neutral"

Darstellungsformen

Bericht	geraffte Darstellung des Geschehens in zeitlicher Reihenfolge
Beschreibung	anschauliche Darstellung von Schauplätzen, Figuren, Gegenständen
szenische Darstellung	der Darbietung im Drama angenäherte, zeitdeckende Erzählweise, in der der Dialog wie auf einer imaginären Bühne dargestellt wird
Kommentar	Urteile, Bewertungen, Überlegungen des auktorialen Erzählers, die seinen Standpunkt verraten

Handlung

Komposition des Gesamtgeschehens (das meist auf einem **Stoff** als Ausgangs- und Rohmaterial beruht) durch den Autor. Häufig orientiert an bestimmten **Handlungsmustern**, die sich über Jahrhunderte in der Literatur entwickelt haben (z. B. die abenteuerliche Reise, die unglückliche Liebe, der Kampf gegen das Böse). Man kann unterscheiden zwischen:

- Haupthandlung und Nebenhandlung(en)
- Rahmenhandlung und Binnenhandlung
- äußerer Handlung (Ereignisse) und innerer Handlung (Gefühle und Gedanken)

Der Begriff **Handlung** erzeugt die Erwartung, dass die Figuren aktiv das Geschehen steuern. Vielfach aber verhalten sie sich eher passiv, oder es wird an ihnen gehandelt. Aus diesem Grund wird häufig der Begriff **Plot** bevorzugt.

Figurengestaltung

Ein epischer Text entsteht erst dadurch, dass in einer Erzählung ein Subjekt auftritt, das handelt oder leidet und für das sich ein Leser interessieren kann. Es kann sich dabei um einen fiktiven Menschen, ein (meist mit menschlichen Eigenschaften ausgestattetes) Tier oder ein Fantasiegeschöpf handeln. Die Subjekte innerhalb einer Erzählung heißen Figuren oder Charaktere.

Flache Charaktere

sind Gestalten, die nicht mit vielfältigen Eigenschaften ausgestattet sind, sondern *einen* wesentlichen Charakterzug verkörpern. Entweder repräsentieren sie eine allgemeinmenschliche Eigenschaft – und heißen deshalb **Typen** (z. B. die neugierige Alte) – oder sie sind **Sonderlinge**, die durch einen exzentrischen Wesenszug gekennzeichnet sind (z. B. der Bücherwurm).

Runde Charaktere

weisen eine komplexe Charakterstruktur auf, sind differenziert und realitätsnah dargestellt. Sie geben einen Einblick in die menschliche Psyche und erleben im Laufe der Erzählung oft eine Entwicklung.

Reduzierte Charaktere

In der Moderne hat sich das Menschenbild wesentlich gewandelt. Die Einsicht, dass das Ich keine unproblematische Einheit bildet, sondern immer wieder in verschiedene Komponenten zerfällt, hat auch in der Erzählkunst zu der Erfahrung geführt, dass geschlossene oder sich stetig entwickelnde Charaktere kaum noch glaubwürdig dargestellt werden können. Oft sind die Charaktere in modernen Romanen reduzierte oder verfremdete Figuren, manchmal auch bloße Rollenspieler.

Charakterisierung

Literarische Figuren können **direkt** (durch den Erzähler, durch eine andere Figur oder durch die Figur selbst) oder **indirekt** charakterisiert werden, so dass der Leser den Charakter erschließen muss. Eine indirekte Charakterisierung benennt nicht den Charakter der Figur, sondern vermittelt ein Bild von ihr, indem sie z. B. folgende Merkmale und Eigenschaften beschreibt oder sie mittels Figurenrede hervortreten lässt:

Erscheinungsbild	Alter, Aussehen, Kleidung, …
Verhalten	Sprechweise, Mimik und Gestik, Handeln, …
Einstellung	Interessen, Absichten, Gedanken, Gefühle, …
Lebensumstände	gesellschaftliches Umfeld, Beruf, ökonomische Lage, …

Formen der Rede- und Gedankenwiedergabe

Siehe
Beispiele für Formen der Rede- und Gedankenwiedergabe
→ **S. 22**

direkte Rede

- wörtliche Wiedergabe der Figurenrede
- mit Doppelpunkt und Anführungszeichen
- erzeugt Unmittelbarkeit, wirkt szenisch
- zeitdeckend

indirekte Rede

- Wiedergabe von Äußerungen der Figuren durch den Erzähler
- Konjunktiv I (ersatzweise Konjunktiv II); Einleitung durch ein Verb des Sagens, Meinens oder Denkens
- erzeugt Distanz
- oft zeitraffend

Rede-/Gedankenbericht

- durch den Erzähler wiedergegebene Rede, Gedanken oder Gefühle einer Figur
- kommentierende und wertende Einschübe des Erzählers in den Bericht möglich
- enthält oft Bewusstseinsinhalte, die die Figur nicht preisgeben will oder kann
- zeitraffend

erlebte Rede

- wörtliche, aber nicht direkte Wiedergabe von Gedanken einer Figur
- ohne Anführungszeichen
- oszilliert zwischen direkter Rede und Gedankenbericht: Innensicht, die durch den Erzähler vermittelt wird
- Nähe zur direkten Rede durch Interjektionen, Floskeln, hinweisende Zeit- und Raumadverbien
- Nähe zum Gedankenbericht durch Präteritum und dadurch, dass sich der Erzähler in der Er-Form auf die Figur bezieht

innerer Monolog

- Wiedergabe von unausgesprochenen Gedanken, Assoziationen etc. der Figur
- Innensicht, ohne Vermittlung des Erzählers
- Ich-Form; Präsens als Haupttempus
- Unmittelbarkeit; auf Mitfühlen, Mitdenken des Lesers hin angelegt

Bewusstseinsstrom

- Wiedergabe aller das Bewusstsein einer Figur durchströmenden Inhalte: Spiegelung der Wahrnehmungen, Empfindungen, Assoziationen, Erinnerungen
- Innensicht, direkte Figurenrede, ohne Vorbereitung durch den Erzähler
- Ich-Form; Präsens als Haupttempus
- im Unterschied zum inneren Monolog keine lineare Ordnung, Verzicht auf Strukturierung, Auflösung des syntaktischen Gefüges

Raumgestaltung

Schauplatz, Ort	Schauplatz der Handlung (z.B. Innenraum, öffentlicher Raum, Außenwelt); kann bedeutungskonstituierend sein und Aufschluss über Figurenkonstellationen und Handlungszusammenhänge geben
Ambiente	Darstellung des gesellschaftlichen Lebensstils und der Umwelt (Wohnung, Garten, Wohngegend) einer Figur, spiegelt deren sozialen Status (Kleinbürger, Provinzler etc.) wider
soziales Milieu	die die Figuren prägende, sie bedingende soziale Umgebung: Während das Ambiente weitgehend von der Figur bestimmt wird, bestimmt das Milieu die Figur, ihr Verhalten, Denken, Sprechen
Stimmungsraum	effektvolle Schilderung einer Kulisse, die den Gemütszustand einer Figur unterstreicht; Projektion der inneren Zustände in Witterungsverhältnisse, Landschaftsformen oder Gebäude; oft als Schauerkulisse
symbolischer Raum	nicht nur Untermalung der Handlung, sondern Verdichtung der Thematik einer Erzählung in bedeutungsvollen Raumbildern und (Stadt-)Landschaften, die in symbolischer Weise Verweisfunktion besitzen

Zeitgestaltung

- **Zeitgestaltung**
  - **Erzählzeit:** die Zeit, die man zum Vortragen oder Lesen der erzählten Geschichte braucht (in Minuten oder Seiten)
  - **erzählte Zeit:** der Zeitraum, über den sich das erzählte Geschehen erstreckt – markiert durch Anfang und Ende der Geschichte (in Tagen, Monaten, Jahren)
    - **Zeitdehnung:** Die Erzählzeit ist länger als die erzählte Zeit.
    - **Zeitdeckung:** Die Erzählzeit und die erzählte Zeit sind gleich lang.
    - **Zeitraffung:** Die Erzählzeit ist kürzer als die erzählte Zeit.
    - **zeitneutrales Erzählen:** Das Geschehen steht still, die Erzählung geht weiter (weil eine Landschaft beschrieben wird, der Erzähler einen Kommentar abgibt, ein Bewusstseinszustand geschildert wird).
    - **Zeitsprung:** Die Erzählung steht still, das Geschehen geht weiter (ein Ereignis wird – z.B. um die Spannung zu erhöhen – ausgespart; radikalste Form der Zeitraffung).
    - **Abweichungen von der Chronologie**
      - **Rückblende:** Nachholen zurückliegender Ereignisse – als Erinnerung oder als Erklärung für Ereignisse in der Erzählgegenwart
      - **Vorausdeutung:** Verweis auf künftiges Geschehen

Epische Genres

- **Epische Genres, z.B.**
  - Erzählung
  - Prosafabel
  - Roman
  - Kurzgeschichte
  - Märchen
  - Parabel
  - Kalendergeschichte
  - Legende
  - Sage
  - Novelle

Training 1: Erschließung und Interpretation einer Parabel

→ Lösungsheft S. 6–8

ARTHUR SCHOPENHAUER (1788–1860)

[Parabel von den Stachelschweinen]

Eine Gesellschaft Stachelschweine drängte sich, an einem kalten Wintertage, recht nahe zusammen, um, durch die gegenseitige Wärme, sich vor dem Erfrieren zu schützen. Jedoch bald empfanden sie die gegenseitigen Stacheln; welches sie dann wieder voneinander entfernte. Wann nun das Bedürfnis der Erwärmung sie wieder näher zusammen brachte, wiederholte sich jenes zweite Übel, so dass sie zwischen beiden Leiden hin und hergeworfen wurden, bis sie eine mäßige Entfernung von einander herausgefunden hatten, in der sie es am besten aushalten konnten. – So …

(1851)

Erschließen und interpretieren Sie Schopenhauers Parabel von den Stachelschweinen.

1. Verstehenshypothese formulieren →	**2.** Text aspektorientiert untersuchen →	**3.** These formulieren →	**4.** Gliederung erstellen →	**5.** Klausur schreiben →	**6.** Klausur überarbeiten

1. Mit dem verknüpfenden „So" (Z. 11) wird die Deutung der Parabel eingeleitet. Versuchen Sie zunächst selbst, das Bild von den Stachelschweinen zu erklären.

So verhalten sich auch ______________________________

____

____

____

____

____

2. Vergleichen Sie Ihre eigene Deutung mit der des Originals:

… So treibt das Bedürfnis der Gesellschaft, aus der Leere und Monotonie des eigenen Innern entsprungen, die Menschen zu einander; aber ihre vielen widerwärtigen Eigenschaften und unerträglichen Fehler stoßen sie wieder voneinander ab. Die mittlere Entfernung, die sie endlich herausfinden, und bei welcher ein Beisammensein bestehn kann, ist die Höflichkeit und feine Sitte. Dem, der sich nicht in dieser Entfernung hält, ruft man in England zu: keep your distance! – Vermöge derselben wird zwar das Bedürfnis gegenseitiger Erwärmung nur unvollkommen befriedigt, dafür aber der Stich der Stacheln nicht empfunden. – …

Aspekt: Bildlichkeit

1. Untersuchen Sie nun die Bedeutung der Bildelemente und des Bildaufbaus genauer, indem Sie die Sprachbilder in begriffliche Sprache übertragen:

Bildebene	*Bedeutungsebene*
Schweine	
Stacheln	
kalter Wintertag	Langeweile, Isolation in der Gesellschaft
Wärme	
mittlere Entfernung	

Aspekt: episches Genre

2. Lesen Sie die folgende Definition der Parabel. Welche Aufgabe kommt beim Schreiben bzw. Lesen einer Parabel dem Autor, welche dem Leser zu?

INFO

Die Parabel (griechisch παραβολή, *parabolé* – wörtlich *das Daneben-Geworfene, Daneben-Gestellte; der Vergleich*) ist eine dem Gleichnis verwandte Form von Literatur, eine lehrhafte und kurze Erzählung. Ihr Anliegen ist die Vermittlung von Erkenntnissen oder ethischen Grundsätzen, welche durch Übertragung in einen anderen Vorstellungsbereich, die Bedeutungsebene, begreifbar werden. Das im Vordergrund stehende Geschehen (Bildebene) steht der Vorstellungswelt des Lesers nahe. Dieser muss die Arbeit des Autors umgekehrt nachvollziehen und von der Bildgeschichte auf die vermittelte Erkenntnis zurückschließen.

Aspekt: Erzählverhalten

3. Unterstreichen Sie in der Parabel alle Formulierungen, die Wertungen und Urteile des Erzählers enthalten.

4. Beschreiben Sie das Erzählverhalten und seine Wirkung. Lässt der Erzähler dem Leser Freiheiten der Deutung oder lenkt er ihn?

Siehe Erzählverhalten → S. 24

1. Verstehens-hypothese formulieren → 2. Text aspekt-orientiert untersuchen → **3. These formulieren** → 4. Gliederung erstellen → 5. Klausur schreiben → 6. Klausur überarbeiten

1. Welche Erkenntnis oder „Moral" will die Parabel vermitteln?

Für den Durchschnittsmenschen gilt ______________________________

____

____

Schopenhauer hat seiner Parabel noch eine weitere Lehre hinzugefügt. Die Parabel endet mit dem Satz:

> … Wer jedoch viel eigene, innere Wärme hat bleibt lieber aus der Gesellschaft weg, um keine Beschwerde zu geben, noch zu empfangen.

2. Formulieren Sie diese zweite „Moral", indem Sie das Bild der inneren Wärme in begriffliche Sprache übertragen.

Für den Ausnahmemenschen gilt ______________________________

____

____

3. Nehmen Sie abschließend Stellung zu den beiden Lehren.
   - Stimmen sie mit Ihren eigenen Erfahrungen überein?
   - Welche Bereiche zwischenmenschlicher Erfahrungen und Beziehungen werden in ihnen ausgeschlossen?

____

____

____

1. Verstehens-hypothese formulieren → 2. Text aspekt-orientiert untersuchen → 3. These formulieren → **4. Gliederung erstellen** → 5. Klausur schreiben → 6. Klausur überarbeiten

Dem Arbeitsschritt „Klausur schreiben" liegt die folgende Gliederung zugrunde:

1. Einleitung

2. Hauptteil

   2.1 Beschreibung der Handlungsmomente und des Aufbaus der Parabel

   2.2 Untersuchung der Übertragung der Bild- auf die Bedeutungsebene

   2.3 Erzählverhalten und Leserbezug

3. Schluss: Stellungnahme zur Aussageabsicht der Parabel

1. Verstehenshypothese formulieren → 2. Text aspektorientiert untersuchen → 3. These formulieren → 4. Gliederung erstellen → **5. Klausur schreiben** → 6. Klausur überarbeiten

Einleitung

TIPP

Folgende Elemente sollten in Ihrer Einleitung enthalten sein:

- **Beantwortung der W-Fragen: Nennung von Autor, Entstehungszeit, Textart, Thema**
- **kurze Orientierung über die Absicht des Textes**
- **kurze Orientierung über die eigene Vorgehensweise**

1. Formulieren Sie die folgende Einleitung auf einem eigenen Blatt weiter aus.

> In seiner Parabel „Die Stachelschweine", die 1851 veröffentlicht wurde, stellt der Philosoph Arthur Schopenhauer alternative Lebensformen vor Augen ...

Hauptteil

2. Untersuchen Sie diese Textbeschreibung, indem Sie den Abschnitten am Rand Überschriften geben. Versuchen Sie danach, die Gesamtstruktur der Parabel, so wie sie hier beschrieben wird, in einer Gliederung darzustellen.

> Auf den ersten Blick scheint diese Tierparabel in zwei Abschnitte gegliedert zu sein. Im ersten wird das Verhalten der Stachelschweine dargestellt, im zweiten wird die Bildebene auf die Bedeutungsebene übertragen, wobei die Handlungsweisen der Fabeltiere nicht nur beschrieben, sondern auch deutlich bewertet werden. Offensichtlich soll der Leser gelenkt und zum richtigen Verstehen angeleitet werden.
> In der Bildhälfte der Parabel lassen sich einzelne Phasen im Verhalten der Stachelschweine feststellen: Da sind zum einen zwei Extremzustände, zum anderen ein mittlerer Zustand: Winterliche Kälte – erstes Extrem – lässt die Stachelschweine zusammenrücken, doch der Schmerz, den sie sich mit ihren Stacheln verursachen, treibt sie in das andere Extrem großer Distanz. Aufgrund dieser Erfahrungen stellt sich im Laufe der Zeit eine mittlere, „mäßige" Entfernung (Z. 9) ein, die ein erträgliches Leben gestattet, jedoch eine Nähe der Stachelschweine ausschließt.
> Der zweite Abschnitt, der die Bildwelt auf die menschliche Gesellschaft überträgt, ist analog gegliedert: Die beiden Extremzustände Ferne und Nähe werden als Langeweile und Abstoßung durch unerträgliche menschliche Fehler erklärt. Die Flucht vor der Monotonie bringt die Menschen zueinander, doch ihre „widerwärtigen Eigenschaften" (Z. 14 f.) stoßen sie wieder voneinander ab. Die mittlere Entfernung, die sie finden, wird als „Höflichkeit und feine Sitte" (Z. 18) bezeichnet.

3. Die Struktur eines Textes darzustellen, ist nicht ganz einfach. Charakterisieren Sie mithilfe der folgenden Liste die Beispiele für sprachliche und gedankliche Fehler. Korrigieren Sie die Fehler anschließend auf einem eigenen Blatt.

- falsches Tempus
- unpassendes Prädikat
- Vermischung von Form- und Inhaltsebene
- unkorrekte Verknüpfung
- Umgangssprache

a Der zweite Abschnitt geht von Zeile 11 bis 23.

b Im ersten Absatz drängt sich eine Herde Stachelschweine eng zusammen, in Zeile 5 streben sie wieder auseinander.

c Wenn nun das Bedürfnis der Erwärmung sie wieder näher zusammenbrachte, spürten sie ihre gegenseitigen Stacheln.

d Im ersten Abschnitt wird vom Verhalten der Stachelschweine berichtet.

e Folgend kommt der Erzähler zu dem Schluss, dass die mittlere Entfernung zwischen Menschen die richtige Kompromisslösung ist.

Die Textbeschreibung (S. 31) beginnt mit der Formulierung „Auf den ersten Blick". Damit wird im Leser eine Erwartungshaltung erzeugt. Der Verfasser will andeuten, dass der Aufbau auf den zweiten Blick einen überraschenden oder ungewöhnlichen Aspekt bereithält. Gemeint ist der Schluss-Satz der Parabel (S. 30).

4. Setzen Sie die Analyse des Aufbaus fort.

Doch die Parabel bleibt nicht bei dieser Kompromisslösung stehen. Genau betrachtet lässt sich noch ein dritter Abschnitt feststellen:

Nachdem Sie die Handlungsmomente und die Struktur der Parabel beschrieben haben, stellen Sie die Übertragung der Bildebene auf die Bedeutungsebene dar. Zu diesem Zweck sollten Sie jetzt jene Aspekte der Untersuchung aufgreifen, die geeignet sind, Ihre These zur Textabsicht zu stützen.

5. Vergegenwärtigen Sie sich zunächst, welche Aspekte Sie im Arbeitsschritt 2 (S. 28–29) genauer untersucht haben:

6. Wie könnte man im Anschluss an die Textbeschreibung fortfahren? Ergänzen Sie den folgenden Vorschlag, in dem die Übertragung der Bild- auf die Bedeutungsebene genauer untersucht wird.

Mit dem Vergleichswort „so" wird der Übergang von der Bildebene auf die Bedeutungsebene signalisiert. Zug um Zug wird in diesem zweiten Teil die Bildebene ausgelegt:

____

____

____

____

____

Der „Lösungsvorschlag", die Balance zwischen Nähe und Ferne, kann unter der Voraussetzung dieses Menschenbildes nur ein Notbehelf sein: Die Gesellschaft reglementiert die Umgangsformen – durch „Höflichkeit und feine Sitte" (Z. 18) –, um das Zusammenleben erträglich zu gestalten.

7. Um den Schlusssatz zu erläutern, könnte man folgendermaßen überleiten. Ergänzen Sie das Beispiel.

Die eigentliche Pointe folgt jedoch am Schluss: Es gibt nach Ansicht des Erzählers offensichtlich Ausnahmen von dieser Regel.

____

____

____

____

Der Verfasser des folgenden Ausschnittes hat sich entschieden, den Aspekt des Erzählverhaltens und des Leserbezugs genauer darzustellen:

An dem Schlusssatz der Parabel lässt sich ablesen, dass der Erzähler eine ironische Grundhaltung gegenüber dem Leser einnimmt: Er steht weder auf einer Ebene mit ihm noch ist er ein freundlicher Lehrer. Er gibt sich elitär. Das spiegelt sich in seinem Erzählverhalten: Als auktorialer Erzähler, der aus olympischer Warte beschreibt und urteilt, ist er selbst isoliert von der Gesellschaft und blickt auf diese herab. Da er sich als einer von denjenigen präsentiert, die die Fähigkeit haben, die Natur des Menschen und die Mechanismen der Gesellschaft zu durchschauen, ist er besonders geeignet, den Durchschnittsmenschen aufzuklären. Deshalb lenkt er dessen Leseprozess. Mit seiner gesamten Bildwelt, insbesondere der Wahl der Schweine als Bild für den Menschen, hat er ja deutlich gemacht, was er von seinen Mitmenschen hält: Durch bissige Wertungen qualifiziert er den vergesellschafteten Menschen ab („widerwärtig", „unerträglich", „Leere") und gibt durch seinen Sarkasmus zu erkennen, dass er selbst nicht zu diesem Rudel gezählt werden möchte, sondern zu den wenigen großen Einzelnen gehört, die genug „innere Wärme" besitzen, um auf menschliche Gesellschaft verzichten zu können.

8. Beschreiben Sie,

› welche wesentlichen Merkmale der Erzählweise der Verfasser berücksichtigt:

› wie er seine Beobachtungen miteinander verknüpft:

› wie er sie einem leitenden Gesichtspunkt unterordnet:

Schluss

Siehe → S. 62

Sie können sich im Kapitel „Erschließung und Interpretation lyrischer Texte" über verschiedene Möglichkeiten informieren, wie ein Schluss gestaltet werden kann. Vielleicht helfen Ihnen auch die folgenden Lösungsvorschläge weiter.

Die Lehre der Parabel distanziert sich im Grunde von der Moral des Christentums. Während dieses die Nächstenliebe fordert, ist hier das höchste Maß an Nähe die Höflichkeit. Es ist paradox, dass diese menschenfeindliche Moral in derselben Form vorgetragen wird wie die Lehren Jesu: als Parabel.

Der Hochmut Schopenhauers provoziert mich als Leser; denn er stellt mich ja als Stachelschwein dar, sich selbst aber grenzt er von den Stachelschweinen ab und erteilt sich dadurch selbst die Lizenz, angeblich objektiv über die Gesellschaft und damit über den Leser zu urteilen. Wenn der Leser nun seinerseits abwehrend und ausgrenzend auf Schopenhauer reagieren möchte, kann er diesen überhaupt nicht treffen, denn der hat solchen Versuchen schon vorgebeugt, indem er sich selbst als Außenseiter darstellt.

Ich teile Schopenhauers „Lehre" nicht. Wenn er recht hätte, dürfte es keine Freundschaft und keine Liebe unter den Menschen geben. Dem widerspricht aber meine alltägliche Erfahrung. Schopenhauer muss viel Böses erlebt haben, dass er zu einem solchen Menschenfeind wurde.

9. Charakterisieren Sie die Schlussteile jeweils mit einem der folgenden Oberbegriffe.

Kritik am Autor – Resümee der wichtigsten Aspekte – Vergleich/Kontrast mit einer anderen Moral/Auffassung vom Menschen – Überprüfung der Verstehenshypothese – Einordnung in die Biografie des Autors – Zuordnung zu einer literarischen Epoche – begründete Gegenposition zur Lehre der Parabel

Training 2: Erschließung und Interpretation einer Erzählung

→ Lösungsheft S. 8–12

FRANZ KAFKA (1883–1924)

Die Verwandlung

[...] Es verging eine kleine Weile, Gregor lag matt da, ringsherum war es still, vielleicht war das ein gutes Zeichen. Da läutete es. Das Mädchen war natürlich in ihrer Küche eingesperrt und Grete musste daher öffnen gehen. Der Vater war gekommen. „Was ist geschehen?", waren seine ersten Worte; Gretes Aussehen hatte ihm wohl alles verraten. Grete antwortete mit dumpfer Stimme, offenbar drückte sie ihr Gesicht an des Vaters Brust: „Die Mutter war ohnmächtig, aber es geht ihr schon besser. Gregor ist ausgebrochen." „Ich habe es ja erwartet", sagte der Vater, „ich habe es euch ja immer gesagt, aber ihr Frauen wollt nicht hören." Gregor war es klar, dass der Vater Gretes allzu kurze Mitteilung schlecht gedeutet hatte und annahm, dass Gregor sich irgendeine Gewalttat habe zuschulden kommen lassen. Deshalb musste Gregor den Vater jetzt zu besänftigen suchen, denn ihn aufzuklären hatte er weder Zeit noch Möglichkeit. Und so flüchtete er sich zur Tür seines Zimmers und drückte sich an sie, damit der Vater beim Eintritt vom Vorzimmer her gleich sehen könne, dass Gregor die beste Absicht habe, sofort in sein Zimmer zurückzukehren, und dass es nicht nötig sei, ihn zurückzutreiben, sondern dass man nur die Tür zu öffnen brauche, und gleich werde er verschwinden.

Aber der Vater war nicht in der Stimmung, solche Feinheiten zu bemerken; „Ah!", rief er gleich beim Eintritt in einem Tone, als sei er gleichzeitig wütend und froh. Gregor zog den Kopf von der Tür zurück und hob ihn gegen den Vater. So hatte er sich den Vater wirklich nicht vorgestellt, wie er jetzt dastand; allerdings hatte er in der letzten Zeit über dem neuartigen Herumkriechen versäumt, sich so wie früher um die Vorgänge in der übrigen Wohnung zu kümmern, und hätte eigentlich darauf gefasst sein müssen, veränderte Verhältnisse anzutreffen. Trotzdem, trotzdem, war das noch der Vater? Der gleiche Mann, der müde im Bett vergraben lag, wenn früher Gregor zu einer Geschäftsreise ausgerückt war; der ihn an Abenden der Heimkehr im Schlafrock im Lehnstuhl empfangen hatte; gar nicht recht imstande war, aufzustehen, sondern zum Zeichen der Freude nur die Arme gehoben hatte, und der bei den seltenen gemeinsamen Spaziergängen an ein paar Sonntagen im Jahr und an den höchsten Feiertagen zwischen Gregor und der Mutter, die schon an und für sich langsam gingen, immer noch ein wenig langsamer, in seinen alten Mantel eingepackt, mit stets vorsichtig aufgesetztem Krückstock sich vorwärts arbeitete und, wenn er etwas sagen wollte, fast immer stillstand und seine Begleitung um sich versammelte? Nun aber war er recht gut aufgerichtet; in eine straffe blaue Uniform mit Goldknöpfen gekleidet, wie sie Diener der Bankinstitute tragen; über dem hohen steifen Kragen des Rockes entwickelte sich sein starkes Doppelkinn; unter den buschigen Augenbrauen drang der Blick der schwarzen Augen frisch und aufmerksam hervor; das sonst zerzauste weiße Haar war zu einer peinlich genauen, leuchtenden Scheitelfrisur niedergekämmt. Er warf seine Mütze, auf der ein Goldmonogramm, wahrscheinlich das einer Bank, angebracht war, über das ganze Zimmer im Bogen auf das Kanapee hin und ging, die Enden seines langen Uniformrockes zurückgeschlagen, die Hände in den Hosentaschen, mit verbissenem Gesicht auf Gregor zu. Er wusste wohl selbst nicht, was er vorhatte; immerhin hob er die Füße ungewöhnlich hoch, und Gregor staunte über die Riesengröße seiner Stiefelsohlen. Doch hielt er sich dabei nicht auf, er wusste ja noch vom ersten Tage seines neuen Lebens her, dass der Vater ihm gegenüber nur die größte Strenge für angebracht ansah. Und so lief er vor dem Vater her, stockte, wenn der Vater stehen blieb, und eilte schon wieder vorwärts, wenn sich der Vater nur rührte. So machten sie mehrmals die Runde um das Zimmer, ohne dass sich etwas Entscheidendes ereignete, ja ohne dass das Ganze infolge seines langsamen Tempos den Anschein einer Verfolgung gehabt hätte. Deshalb blieb auch Gregor vorläufig auf dem Fußboden, zumal er fürchtete, der Vater könnte eine Flucht auf die Wände oder den Plafond für besondere Bosheit halten. Allerdings musste sich Gregor sagen, dass er sogar dieses Laufen nicht lange aushalten würde; denn während der Vater einen Schritt machte, musste er eine Unzahl von Bewegungen ausführen. Atemnot begann sich schon bemerkbar zu machen, wie er ja auch in seiner früheren Zeit keine ganz vertrauenswürdige Lunge besessen hatte. Als er nun so dahintorkelte, um alle Kräfte für den Lauf zu sammeln, kaum die Augen offenhielt; in seiner Stumpfheit an eine andere Rettung als durch Laufen gar nicht dachte; und fast schon vergessen hatte, dass ihm die Wände freistanden, die hier allerdings mit sorgfältig geschnitzten Möbeln voll Zacken und Spitzen verstellt waren – da flog knapp neben ihm, leicht geschleudert, irgend etwas nieder und rollte vor ihm her. Es war ein Apfel; gleich flog ihm ein zweiter nach; Gregor blieb vor Schrecken stehen; ein Weiterlaufen war nutzlos, denn der Vater hatte sich entschlossen, ihn zu bombardieren. Aus der Obstschale auf der Kredenz hatte er sich die Taschen gefüllt und warf nun, ohne vorläufig scharf zu zielen, Apfel für Apfel. Diese kleinen roten Äpfel rollten wie elektrisiert auf dem Boden herum und stießen aneinander. Ein schwach geworfener Apfel streifte Gregors Rücken, glitt aber unschädlich ab. Ein ihm sofort nachfliegender drang dagegen förmlich in Gregors Rücken ein; Gregor wollte sich weiterschleppen, als könne der überraschende unglaubliche Schmerz mit dem Ortswechsel vergehen; doch fühlte er sich wie festgenagelt und streckte sich in vollständiger Verwirrung aller Sinne. Nur mit dem letzten Blick sah er noch, wie die Tür seines Zimmers aufgerissen wurde, und vor der schreienden Schwester die Mutter hervoreilte, im Hemd, denn die Schwester hatte sie entkleidet, um ihr in der Ohnmacht Atemfreiheit zu verschaffen, wie dann die Mutter auf den Vater zulief und ihr auf dem Weg die aufgebundenen Röcke einer nach dem anderen zu Boden glitten, und wie sie stolpernd über die Röcke auf den Vater eindrang und ihn umarmend, in gänzlicher Vereinigung mit ihm – nun versagte aber Gregors Sehkraft schon – die Hände an des Vaters Hinterkopf um Schonung von Gregors Leben bat. [...]

(1915)

› Erschließen und interpretieren Sie den Ausschnitt aus Franz Kafkas Erzählung *Die Verwandlung*.

› Beurteilen Sie auf Grundlage des Textausschnitts und der Erläuterungen in dem Info-Kasten, ob die 1915 erschienene Erzählung der expressionistischen Literatur zugeordnet werden kann.

INFO

Zum Handlungskern der Erzählung

Gregor Samsa, von Beruf Vertreter, wacht eines Morgens verspätet auf und findet sich in ein riesiges Ungeziefer verwandelt. Er ist unfähig, sein Zimmer zu verlassen, während er dringend im Geschäft erwartet wird. Als Alleinversorger seiner Familie (der Eltern und der jüngeren Schwester) arbeitet er sehr hart, um die Schulden seiner Eltern bei seinem Arbeitgeber begleichen zu können.

Nicht nur Gregor verwandelt sich, sondern auch seine Familie. Da der Sohn aufgrund seiner Arbeitsunfähigkeit diese nicht mehr ernähren kann, kehren sich die Machtverhältnisse um: Solange Gregor seine Familie ernährte, war er die dominante Figur, Vater und Mutter ordneten sich dienstwillig unter, und die Schwester Grete schien ihm in Liebe zugetan zu sein. Je mehr Gregor aber nun in seiner Existenzweise als überdimensionaler Käfer auf die Hilfe anderer angewiesen ist, immer unbeweglicher wird und immer mehr vertiert, desto entschiedener wenden sich die Familienmitglieder von ihm ab. Während die Mutter ihre Zuflucht vor der entsetzlichen Wirklichkeit in Ohnmachten sucht, wird der Vater, bisher ein kleiner Bankdiener, zunehmend autoritär, übernimmt die Leitung der Familie und nimmt dem Sohn mehr und mehr sein Existenzrecht. Die Schwester zeigt zunächst noch Fürsorge für den Bruder, kann aber Abscheu und Ekel nicht unterdrücken und betreibt schließlich die Isolation des Insekts.

Die vorerst noch menschlichen Züge Gregors werden nach und nach gänzlich durch tierische Verhaltensweisen ersetzt, und er beginnt, an Wänden und Decke zu kriechen. Als seine Mutter und seine Schwester – angeblich aus Fürsorge – sein Zimmer ausräumen, versucht Gregor, ein Bildnis an der Wand zu retten, das eine in Pelzwerk gekleidete Dame darstellt. Während die Mutter beim Anblick des obszön über die Pelzdame kriechenden Käfers zum wiederholten Male in Ohnmacht fällt, tritt der Vater aggressiv auf, inszeniert eine Verfolgungsjagd auf Gregor und wirft nach ihm mit Äpfeln, von denen einer im Rücken des Ungeziefers stecken bleibt; nur der Intervention der Mutter ist es zu verdanken, dass der Vater den Sohn nicht erschlägt.

Nach dieser letzten Attacke des Vaters zieht sich Gregor immer weiter in seinem Zimmer zurück, versucht aber einen letzten Ausbruch, als die Schwester, der er in inzestuöser Liebe anhängt, vor drei Untermietern, die sich zwischenzeitlich einquartiert haben, Geige spielt. Nun ist es die Schwester, die kategorisch die Entfernung des „Es" fordert. Gregor stirbt noch in derselben Nacht; seine Reste entsorgt das Dienstmädchen, während die Familie in einer ironisch gezeichneten biedermeierlichen Idylle die Erlösung von dem Übel feiert und zu einem sonnenbeglänzten Frühjahrsspaziergang aufbricht.

1. Verstehens-hypothese formulieren → **2.** Text aspekt-orientiert untersuchen → **3.** These formulieren → **4.** Gliederung erstellen → **5.** Klausur schreiben → **6.** Klausur überarbeiten

1. Notieren Sie knapp Ihr erstes Textverständnis und erste Ideen.

2. Bereiten Sie die Textbeschreibung vor, indem Sie folgende Aspekte klären:

- Ort und Zeit des Geschehens:
- beteiligte Personen:
- ihre Rolle im Textauszug:

- Entwicklung des Geschehens (in Form einer Zusammenfassung, die sich an den Abschnitten des Textes orientiert):

Z. 1-12: Ankunft des Vaters und Gretes Mitteilung von Gregors Ausbruchsversuch

1. Verstehens-hypothese formulieren → **2. Text aspekt-orientiert untersuchen** → 3. These formulieren → 4. Gliederung erstellen → 5. Klausur schreiben → 6. Klausur überarbeiten

Aspekt: Figurengestaltung

Siehe Figuren-gestaltung → S. 25

1. Vervollständigen Sie die folgende Stoffsammlung zur Beschreibung und Charakterisierung des Vaters:

vor der Verwandlung	*nach der Verwandlung*
äußeres Erscheinungsbild, äußeres Verhalten	
Schlafrock,	
sitzend, stehend, gebückt	
beinahe unfähig aufzustehen: Lehnstuhl, Bett	großer Bewegungsradius
farblos,	Goldapplikationen,
	energische Schritte
Charakterzüge	
Fassaden-Ich	*eigentliches Ich*
schwach, matt, träge, energielos	männlich, vital, selbstbewusst
passiv	
unterlegen,	
friedfertig	
trotz der Schwäche gleichzeitig Ausbeuter des Sohnes	
→ Autorität des Vaters „vergraben" (Z. 35)	→ Vater entpuppt sich als Patriarch

2. Untersuchen Sie nun die Figurenkonstellation zwischen Vater und Sohn im vorliegenden Textausschnitt:

Vater	*Sohn*
Dominanz	Abhängigkeit, Unterlegenheit
	Gehorsam
Tyrann	Opfer
	Vereinzelung, Isolation, Außenseitertum

Aspekt: Bildlichkeit

3. Notieren Sie zunächst Ihre Assoziationen zu den zentralen Motiven des Textausschnittes.

Käfer: ______________________________

____

____

Apfel: ______________________________

____

____

4. Vergleichen Sie Ihre Assoziationen mit den folgenden Materialien und ergänzen Sie in Ihren Notizen die Punkte, die Ihnen wichtig erscheinen.

MATERIAL

Zum Verwandlungsmotiv bei Kafka

„Berücksichtigt man für den Fall der *Verwandlung*, dass das ‚Geschäft' bei Kafka nie konkret ein wirtschaftliches Unternehmen, sondern das Leben in der Realität schlechthin meint [...], so stellt sich die existentielle Alternative dar als ein Entweder-Oder von Leben draußen (als ‚Reisender') oder Rückzug ins Innere (als ‚Ungeziefer'). Allerdings erfolgt der Rückzug nicht aufgrund eines freien Entschlusses, sondern als Zwangsmaßnahme einer anonymen Instanz, über die – erstaunlicherweise – weder von Gregor noch von der Familie reflektiert wird. Zwar wird im Rahmen dieser Erzählung der Vater für die Verurteilung Gregors zur Ungezieferexistenz nicht direkt verantwortlich gemacht, aber immerhin verschärft er die Strafe durch die Wunde, die er Gregor beibringt. Er ist es auch, der Gregors Ausbruchsversuch zunichte macht und ihn mit dem Stock ins Zimmer zurückdrängt." (Reinhard Meurer)

MATERIAL

Zum Apfel-Symbol

In verschiedenen Kulturen ist der Apfel Symbol des Lebens und der Sexualität. Im nordischen Sagenkreis verleiht die Göttin Idun mit goldenen Äpfeln ewiges Leben, im griechischen Mythos sind es die Hesperiden. Der biblische Baum des Lebens – er wird später mit einem Apfelbaum gleichgesetzt – wächst inmitten des Paradieses und verleiht Unsterblichkeit; er wird zum Todesbaum, als Adam und Eva gegen das Verbot Gottes davon essen.

MATERIAL

Zur Deutung des Apfel-Symbols

„Als Symbole lassen sich diese Äpfel unschwer mit dem Baum der Erkenntnis, dem verlorenen Paradies und der Erbsünde in Zusammenhang bringen. Dies jedoch sind freie Assoziationen, mit Absicht ins Spiel gebracht, um unsere Blicke nach dem Religiösen als nach einem völlig ins Dunkle verschwimmenden Hintergrund schweifen zu lassen. Freilich bedeuten diese Anklänge an Urschuld und Sühne nichts mehr als Gregors Ausrufe: ‚Der Teufel soll das alles holen!' und ‚Himmlischer Vater!' zu Beginn der Erzählung, nämlich artistisch-spielerische Hinweise auf die in der Erzählung angelegten Möglichkeiten einer metaphysischen Interpretation [...]." (Heinz Politzer)

Aspekte: Erzählverhalten und Formen der Gedankenwiedergabe

TIPP

Vermeiden Sie bei der Analyse von literarischen Gestaltungsmitteln das Aufzählen sämtlicher Formelemente, die Sie im Text finden. Gehen Sie lieber *exemplarisch* vor.

- **Suchen Sie Beispiele aus, die besonders aussagekräftig oder repräsentativ sind.**
- **Kombinieren Sie verschiedene sprachliche Phänomene und ordnen Sie sie einem leitenden Gesichtspunkt unter.**

Siehe Erzählverhalten **→ S. 24**
Formen der Rede- und Gedankenwiedergabe **→ S. 25 f.**

5. Markieren Sie im Text Passagen, die besonders charakteristisch sind für Erzählhaltung, Gedankenwiedergabe und Sympathielenkung. Machen Sie sich anschließend Notizen zu den unterstrichenen Stellen:

Erzählhaltung: ______

______

______

Gedankenwiedergabe: ______

______

______

Sympathielenkung: ______

______

______

Aspekt: Sprache und Stil

6. Untersuchen Sie den letzten Satz des Erzählungsausschnittes, indem Sie sich fragen, warum Kafka nicht einfach schreibt: „Die Mutter eilte auf den Vater zu und bat ihn, Gregors Leben zu schonen." Worin besteht das ‚Plus' in Kafkas Darstellung?

Benennung des Phänomens/Beobachtung	*Funktion*
weit geschwungene Periode, komplexe Satzstruktur, Reihung („wie …, … wie … und wie …")	Spannungskurve durch Reihung der Nebensätze: Ergebnis der Handlung erst am Schluss der Periode
Hypotaxe, ungewöhnliche, zusätzliche Kommasetzung	
Einschub, Parenthese („– nun versagte aber Gregors Sehkraft schon –")	Hinweis auf die begrenzte Perspektive Gregors, Relativierung des Vorgangs
Raumaufteilung, Anordnung der Figuren (die Mutter zwischen Sohn und Vater)	
Groteske (die Mutter im Hemd, einen Rock nach dem anderen abwerfend, stolpernd, sich an des Vaters Hals hängend)	
Wortwahl („entkleidet", „die aufgebundenen Röcke", „auf den Vater eindrang", „in gänzlicher Vereinigung mit ihm")	

Aspekt: biografischer Kontext

Kafka ist oft vorschnell mit seinen Figuren identifiziert worden, was zu verwegenen Hypothesen geführt hat. Doch gibt es in unmittelbarer zeitlicher Nähe zur Abfassung der Erzählung im November/Dezember 1912 oder in verblüffender motivischer Übereinstimmung mit ihr wichtige briefliche Zeugnisse, die zeigen, dass Kafka seiner Figur sehr nah ist und seine Lebensprobleme in einem ästhetischen Probehandeln durchgespielt hat. – Den auf 103 Seiten handschriftlich niedergeschriebenen *Brief an den Vater* hat Kafkas Vater nie erhalten und gelesen. Der Text gilt in der literaturwissenschaftlichen Forschung als ein fiktionales Werk mit autobiografischen Zügen.

7. Untersuchen Sie die folgenden brieflichen Äußerungen Kafkas und stellen Sie Beziehungen zur Erzählung her.

MATERIAL

„Ich bin nicht so entschlossen wie Du, ich wollte nicht nach Berlin fahren, ich war bloß entschlossen, nicht früher aus dem Bett zu gehn ehe der Brief kam und zu diesem Entschluss gehörte keine besondere Kraft, ich konnte einfach vor Traurigkeit nicht aufstehn. [...] Ich werde Dir übrigens heute wohl noch schreiben, wenn ich auch noch heute viel herumlaufen muss und eine kleine Geschichte [*Die Verwandlung*] niederschreiben werde, die mir in dem Jammer im Bett eingefallen ist und mich innerlichst bedrängt." (an die Verlobte Felice Bauer, 17. November 1912)

„Ich habe die Eltern immer als Verfolger gefühlt, bis vor einem Jahr vielleicht war ich gegen sie vielleicht gegen die ganze Welt gleichgültig wie irgendeine leblose Sache, aber es war nur unterdrückte Angst, Sorge und Traurigkeit, wie ich jetzt sehe. Nichts wollen die Eltern als einen zu sich hinunterziehn, in die alten Zeiten, aus denen man aufatmend aufsteigen möchte, aus Liebe wollen sie es natürlich, aber das ist ja das Entsetzliche." (an Felice Bauer, 21. November 1912)

„Das Schimpfen verstärktest du mit Drohen [...]. Schrecklich war es auch, wenn Du schreiend um den Tisch herumliefst, um einen zu fassen, offenbar gar nicht fassen wolltest, aber doch so tatest und die Mutter einen schließlich scheinbar rettete. Wieder hatte man einmal, so schien es dem Kind, das Leben durch Deine Gnade behalten und trug es als Dein unverdientes Geschenk weiter." (*Brief an den Vater*, 1919)

„Warum also habe ich nicht geheiratet? [...] Die Heirat ist gewiss die Bürgschaft für die schärfste Selbstbefreiung und Unabhängigkeit. [...] ich wäre Dir ebenbürtig, alle alte und ewig neue Tyrannei wäre bloß noch Geschichte. [...] So wie wir aber sind, ist mir das Heiraten dadurch verschlossen, dass es gerade Dein eigenstes Gebiet ist. Manchmal stelle ich mir die Erdkarte ausgespannt und Dich quer über sie hin ausgestreckt vor. Und es ist mir dann, als kämen für mein Leben nur die Gegenden in Betracht, die Du entweder nicht bedeckst oder die nicht in deiner Reichweite liegen. [...] Ich habe schon angedeutet, dass ich im Schreiben und in dem, was damit zusammenhängt, kleine Selbständigkeitsversuche, Fluchtversuche mit allerkleinstem Erfolg gemacht [...]." (*Brief an den Vater*, 1919)

Aspekt: Epochenkontext

8. Bereiten Sie den zweiten Teil der Aufgabenstellung, die Erörterung der Epochenzugehörigkeit der Erzählung, vor, indem Sie aus dem Material-Kasten zum Expressionismus die Aspekte auswählen, die Ihrer Ansicht nach auf sie zutreffen.

MATERIAL

Orientierungsverlust – Zivilisationskritik – Nihilismus – Menschheitsdämmerung, Apokalypse – Ich-Zerfall – Sehnsucht nach einem neuen Menschen – Wahnsinn – Selbstmord – Vater-Sohn-Konflikte – Bruch mit der Vätergeneration – Vatermord – Aufbruch der Jugend – ‚Söhne aus zu gutem Hause', akademisch gebildet, aber auf gegenbürgerlichen Abwegen – Künstler-Bürger-Problem – Aufbruchsbewusstsein – Rebellion – Provokation des bürgerlichen Lesepublikums – gesellschaftliches Außenseitertum – Frontstellung gegen Mechanisierung und Enthumanisierung – Metropolis: Großstadtthematik – Dämonisierung der Stadt – Verkehr – Prostitution, Bordelle – Subkultur, Bohème – Ästhetik des Hässlichen vs. bürgerliche, klassizistische Ästhetik – Groteskes – Regressionsfantasien (Rückzug auf eine frühere Stufe der Persönlichkeitsentwicklung als Abwehrmechanismus gegen gesellschaftliche Verpflichtungen) – Formzertrümmerung – Diskrepanz von Inhalt und Form – vorwiegende Ausdrucksform des Expressionismus: Lyrik – Subjektivismus – Gefühlsüberschwang – neues Pathos – grelle, schockierende Bilder – Farbmetaphern als Stimmungsträger – Chiffren – Zeilenstil – Simultaneität des Heterogenen – sprachliche Dynamik (Interjektionen, rhetorische Formen der Reduktion: Synekdoche, Ellipsen, Störung der Syntax, Sprachfetzen) – neue Ausdrucksmöglichkeiten, Sprachexperimente: Neologismen, Paradoxe, Verfremdung, Sprachspiele, Montage, Collage

Für den Expressionismus charakteristische Gedichte finden Sie im Kapitel *Erschließung und Interpretation lyrischer Texte* (S. 63, S. 66).

9. Ergänzen Sie die Pro- und Kontra-Argumente.

Die Verwandlung – eine expressionistische Erzählung?

PRO	KONTRA
– Gregors Vereinsamung, Isolation – Verdinglichung, Animalisierung des Menschen – groteske Verfremdung der Wirklichkeit	– keine Formzertrümmerung, keine Sprachfetzen – Vaterproblem als individuelle Problematik, keine Zeitgeistproblematik – Unterkühltheit, scheinbare Sachlichkeit der Sprache

1. Verstehenshypothese formulieren → 2. Text aspektorientiert untersuchen → **3. These formulieren** → 4. Gliederung erstellen → 5. Klausur schreiben → 6. Klausur überarbeiten

Besonders, wenn Sie eine Frage schriftlich erörtern sollen, ist es wichtig, dass Sie schon vor dem Schreiben eine klare Position haben und von vornherein das Ziel Ihrer Argumentation kennen.

1. Formulieren Sie Ihre These zum zweiten Teil der Klausuraufgabe.

1. Verstehenshypothese formulieren → 2. Text aspektorientiert untersuchen → 3. These formulieren → **4. Gliederung erstellen** → 5. Klausur schreiben → 6. Klausur überarbeiten

1. Gliedern Sie den ersten Teil Ihres Hauptteils (die Interpretation des Textes) und nutzen Sie dazu die Aspekte, die Sie im Vorfeld untersucht haben (S. 38–41).

Im zweiten Teil der Aufgabenstellung soll Ihr Vorrat an Pro- und Kontra-Argumenten in eine angemessene sprachliche Darstellung gebracht werden. Dabei ist das Ordnen und Gewichten der Argumente von besonderer Bedeutung.

2. Entscheiden Sie sich für eine der Gliederungsmöglichkeiten für erörternde Texte und erstellen Sie eine entsprechende Gliederung für den zweiten Teil Ihrer Klausur.

Siehe Gliederungsmöglichkeiten für Erörterungen → S. 94

1. Verstehenshypothese formulieren → 2. Text aspektorientiert untersuchen → 3. These formulieren → 4. Gliederung erstellen → **5. Klausur schreiben** → 6. Klausur überarbeiten

ABI

Worauf es nicht ankommt:
- **die Auffassungen der Prüfer zu erahnen**
- **zu rekonstruieren, welche Beziehungen Kafka im Jahr 1912 zu den Expressionisten hatte**
- **Spekulationen anzustellen**

Worauf es ankommt:
- **Ihre Position klar zu artikulieren**
- **die Begründungen für diese Position folgerichtig zu entwickeln**
- **These, Argument und Belege stimmig miteinander zu verknüpfen**
- **ein dazu passendes Resümee auf der Basis der Belege und Argumente zu formulieren**

1. Lesen Sie das folgende Beispiel für den Anfang und das Ende einer nach dem Sanduhrmodell aufgebauten Erörterung. Achten Sie dabei auch auf die sprachliche Umsetzung der Wiedergabe der gegnerischen Argumente und Belege.

Siehe Sanduhrmodell → S. 94

Manche Interpreten behaupten, *Die Verwandlung* sei ein typisches literarisches Produkt des expressionistischen Jahrzehnts. **(1. gegnerisches Argument:)** Der Aufstand gegen die Väter habe die Epoche geprägt, eine junge Generation mit bürgerlichem und akademischem Hintergrund habe die bürgerliche Kultur als Entfremdung erlebt und sich dagegen aufgelehnt. **(Beleg:)** Nicht anders ergehe es Gregor Samsa: Er entscheidet sich eines Morgens gegen den bürgerlichen Beruf, die Routine der Arbeitswelt, er verweigert sich den Ansprüchen des Vaters und zieht sich auf sein eigenes Ich zurück.

Ferner verweist man darauf **(2. gegnerisches Argument:)**, dass Kafka wie die Expressionisten sich von einer realistischen oder naturalistischen Darstellung der Wirklichkeit abgewandt habe. Die groteske Verzerrung der Wirklichkeit, die Erschütterung des naiven Blicks auf die Welt, sei ein wesentliches Ziel der expressionistischen Literatur gewesen. **(Beleg:)** Dieses Ziel teile Kafka mit ihr, wenn er Samsa in einen überdimensionalen Käfer verwandle und aus dessen (zuletzt) tierischer, immer beschränkterer Perspektive die Welt beschreibe.

[...]

(Entscheidung:) Ich bin der Auffassung, dass man mit der Zuordnung der Erzählung zu einer Epoche oder „Bewegung" das Besondere der Einfälle und der Sprache dieser Erzählung verwischt. Das Irrationale und Verstörende, das die Erzählung ausmacht, wird so eingeebnet. Diese Irritation ist mir wichtiger als die Einordnung Kafkas in eine Epochen-Schublade.

2. Formulieren Sie nun Ihre Erörterung auf einem eigenen Blatt aus. Wenn es zu der Gliederung, für die Sie sich entschieden haben, passt und es der Auffassung, die Sie vertreten möchten, entspricht, können Sie dazu das obige Beispiel übernehmen bzw. überarbeiten und fortführen.

Abituraufgabe

→ Lösungsheft S. 12–13

THOMAS MANN (1875–1955)

Bekenntnisse des Hochstaplers Felix Krull

Dies war das Heim, worin ich an einem lauen Regentage des Wonnemondes – einem Sonntage übrigens – geboren wurde, und von nun an gedenke ich nicht mehr vorzugreifen, sondern die Zeitfolge sorgfältig zur Richtschnur zu nehmen. Meine Geburt ging, wenn ich recht unterrichtet bin, nur sehr langsam und nicht ohne künstliche Nachhilfe unseres damaligen Hausarztes, Doktor Mecum, vonstatten, und zwar hauptsächlich deshalb, weil ich mich – wenn ich jenes frühe und fremde Wesen als ‚ich' bezeichnen darf – außerordentlich untätig und teilnahmslos dabei verhielt, die Bemühungen meiner Mutter fast gar nicht unterstützte und nicht den mindesten Eifer zeigte, auf eine Welt zu gelangen, die ich später so inständig lieben sollte. Dennoch war ich ein gesundes, wohlgestaltes Kind, das an dem Busen einer ausgezeichneten Amme aufs hoffnungsvollste gedieh. Ich kann aber nach wiederholtem eindringlichem Nachdenken nicht umhin, mein träges und widerwilliges Verhalten bei meiner Geburt, diese offenbare Unlust, das Dunkel des Mutterschoßes mit dem hellen Tage zu vertauschen, in Zusammenhang zu bringen mit der außerordentlichen Neigung und Begabung zum Schlafe, die mir von klein auf eigentümlich war. Man sagte mir, dass ich ein ruhiges Kind gewesen sei, kein Schreihals und Störenfried, sondern dem Schlummer und Halbschlummer in einem den Wärterinnen bequemen Grade zugetan; und obgleich mich später so sehr nach der Welt und den Menschen verlangte, dass ich mich unter verschiedenen Namen unter sie mischte und vieles tat, um sie für mich zu gewinnen, so blieb ich doch in der Nacht und im Schlaf stets innig zu Hause, entschlummerte auch ohne körperliche Ermüdung leicht und gern, verlor mich weit in ein traumloses Vergessen und erwachte nach langer, zehn-, zwölf-, ja vierzehnstündiger Versunkenheit erquickt und befriedigter als durch die Erfolge und Genugtuungen des Tages. Man könnte in dieser ungewöhnlichen Schlaflust einen Widerspruch zu dem großen Lebens- und Liebesdrange erblicken, der mich beseelte und von dem an gehörigem Orte noch zu sprechen sein wird. Allein ich ließ schon einfließen, dass ich diesem Punkte wiederholt ein angestrengtes Nachdenken gewidmet habe, und mehrmals habe ich deutlich zu verstehen geglaubt, dass es sich hier nicht um einen Gegensatz, sondern vielmehr um eine verborgene Zusammengehörigkeit und Übereinstimmung handelt. Jetzt nämlich, wo ich, obgleich erst vierzigjährig, gealtert und müde bin, wo kein begieriges Gefühl mich mehr zu den Menschen drängt und ich gänzlich auf mich selbst zurückgezogen dahinlebe: jetzt erst ist auch meine Schlafkraft erlahmt, jetzt erst bin ich dem Schlafe gewissermaßen entfremdet, ist mein Schlummer kurz, untief und flüchtig geworden, während ich vormals im Zuchthause, wo viel Gelegenheit dazu war, womöglich noch besser schlief als in den weichlichen Betten der Palasthotels. – Aber ich verfalle in meinen alten Fehler des Voraneilens.

Abb. rechts: **Horst Buchholz als Felix Krull** in Kurt Hoffmanns Film *Die Bekenntnisse des Hochstaplers Felix Krull*, 1957

Oft hörte ich aus dem Munde der Meinen, dass ich ein Sonntagskind sei, und obgleich ich fern von allem Aberglauben erzogen worden bin, habe ich doch dieser Tatsache, in Verbindung mit meinem Vornamen Felix[1] (so wurde ich nach meinem Paten Schimmelpreester genannt) sowie mit meiner körperlichen Feinheit und Wohlgefälligkeit, immer eine geheimnisvolle Bedeutung beigemessen. Ja, der Glaube an mein Glück und dass ich ein Vorzugskind des Himmels sei, ist in meinem Innersten stets lebendig gewesen, und ich kann sagen, dass er im ganzen nicht Lügen gestraft worden ist. Stellt sich doch das eben als die bezeichnende Eigentümlichkeit meines Lebens dar, dass alles, was an Leiden und Qual darin vorgekommen, als etwas Fremdes und von der Vorsehung ursprünglich nicht Gewolltes erscheint, durch das meine wahre und eigentliche Bestimmung immerfort gleichsam sonnig hindurchschimmert. – Nach dieser Abschweifung ins Allgemeine fahre ich fort, das Gemälde meiner Jugend in großen Zügen zu entwerfen.

Ein phantastisches Kind, gab ich mit meinen Einfällen und Einbildungen den Hausgenossen viel Stoff zur Heiterkeit. Ich glaube mich wohl zu erinnern, und oft ist

1 Felix (lateinisch): „der Glückliche"

es mir erzählt worden, dass ich, als ich noch Kleidchen trug, gerne spielte, dass ich der Kaiser sei, und auf dieser Annahme wohl stundenlang mit großer Zähigkeit bestand. In einem kleinen Stuhlwagen sitzend, worin meine Magd mich über die Gartenwege oder auf dem Hausflur umherschob, zog ich aus irgendeinem Grunde meinen Mund so weit wie möglich nach unten, so dass meine Oberlippe sich übermäßig verlängerte, und blinzelte langsam mit den Augen, die sich nicht nur infolge der Verzerrung, sondern auch vermöge meiner inneren Rührung röteten und mit Tränen füllten. Still und ergriffen von meiner Betagtheit und hohen Würde, saß ich im Wägelchen; aber meine Magd war gehalten, jeden Begegnenden von dem Tatbestande zu unterrichten, da eine Nichtachtung meiner Schrulle mich aufs äußerste erbittert haben würde. „Ich fahre hier den Kaiser spazieren", meldete sie, indem sie auf unbelehrte Weise die flache Hand salutierend an die Schläfe legte, und jeder erwies mir Reverenz. Zumal mein Pate Schimmelpreester, stets zu Possen geneigt, war mir zu Willen, wenn er mich so antraf, und bestärkte mich auf alle Weise in meinem Dünkel. „Seht, da fährt er, der Heldengreis!" sagte er, indem er sich unnatürlich tief verbeugte. Und dann stellte er sich als Volk an meinen Weg und warf vivatschreiend seinen Hut, seinen Stock und selbst seine Brille in die Luft, um sich beinahe zu Schaden zu lachen, wenn mir vor Erschütterung die Tränen über die langgezogene Oberlippe rollten. Diese Art von Spiel pflegte ich noch in späteren Knabenjahren, zu einer Zeit also, da ich die Unterstützung der Erwachsenen dabei nicht wohl mehr fordern durfte. Doch vermisste ich sie nicht, sondern freute mich vielmehr der Unabhängigkeit und Selbstgenügsamkeit meiner Einbildungskraft. Ich erwachte zum Beispiel eines Morgens mit dem Entschlusse, heute ein achtzehnjähriger Prinz namens Karl zu sein, und hielt an dieser Träumerei während des ganzen Tages, ja mehrere Tage lang fest; denn der unschätzbare Vorzug solchen Spieles bestand darin, dass es in keinem Augenblick und nicht einmal während der so überaus lästigen Schulstunden unterbrochen zu werden brauchte. Gekleidet in eine gewisse liebenswürdige Hoheit, ging ich umher, hielt heitere und angeregte Zwiesprache mit einem Gouverneur oder Adjutanten, den ich mir einbildungsweise beigab, und niemand beschreibt den Stolz und das Glück, mit dem das Geheimnis meiner feinen und erlauchten Existenz mich erfüllte. Welch eine herrliche Gabe ist nicht die Phantasie, und welchen Genuss vermag sie zu gewähren! Wie dumm und benachteiligt erschienen mir die anderen Knaben des Städtchens, denen dies Vermögen offenbar nicht zuteil geworden und die also unteilhaft der verschwiegenen Freuden waren, welche ich mühelos und ohne jede äußere Vorkehrung, durch einen einfachen Willensentschluss daraus zog! Jenen freilich, die gewöhnliche Burschen mit hartem Haar und roten Händen waren, hätte es sauer werden und lächerlich zu Gesichte stehen mögen, hätten sie sich einreden wollen, Prinzen zu sein. Ich aber besaß seidenweiches Haar, wie man es nur selten beim männlichen Geschlechte findet, und welches, da es blond war, zusammen mit graublauen Augen, einen fesselnden Gegensatz zu der goldigen Bräune meiner Haut bildete: so, dass es gewissermaßen unbestimmt blieb, ob ich nun eigentlich blond oder brünett von Erscheinung sei, und man mich mit gleichem Rechte für beides ansprechen konnte. Meine Hände, auf die ich frühe achthatte, waren, ohne überschmal zu sein, angenehm im Charakter, niemals schweißig, sondern mäßig warm, trocken, mit geschmackvoll geformten Fingernägeln versehen und sich selbst ein Wohlgefallen; und meine Stimme hatte, schon bevor ich sie wechselte, etwas Schmeichelhaftes für das Ohr, so dass ich sie, wenn ich allein war, gern in glücklichen, gebärdenreichen, übrigens sinnlos kauderwelschen und nur täuschend angedeuteten Plaudereien mit meinem unsichtbaren Gouverneur erklingen ließ. Solche persönlichen Vorzüge sind meistens unwägbare Dinge, die nur in ihren Wirkungen zu bestimmen und selbst bei hervorragendem Geschick nur schwer in Worte zu fassen sind. Jedenfalls konnte mir nicht verborgen bleiben, dass ich aus edlerem Stoffe gebildet oder wie man zu sagen pflegt, aus feinerem Holz geschnitzt war als meinesgleichen, und ich fürchte dabei durchaus nicht den Vorwurf der Selbstgefälligkeit. Das ist mir ganz einerlei, ob dieser oder jener mich der Selbstgefälligkeit anklagt, denn ich müsste ein Dummkopf oder Heuchler sein, wollte ich mich für Dutzendware ausgeben, und der Wahrheit gemäß wiederhole ich, dass ich aus dem feinsten Holze geschnitzt bin. [...]

(entstanden 1910, Erstveröffentlichung des gesamten Romans 1954)

› **Erschließen Sie den vorliegenden Romanausschnitt und interpretieren Sie ihn unter Berücksichtigung der Selbstdarstellung des Erzählers.**

› **Vergleichen Sie die Gestaltung dieses Ich-Erzählers mit derjenigen in einem anderen epischen Werk.**

Siehe
kontrastierende Charakterisierung
→ S. 83
Technik des Vergleichs am Beispiel Gedichtvergleich
→ S. 68

Erschließung und Interpretation lyrischer Texte

Sog. Brillenapostel im Altarbild der Stadtpfarrkirche Bad Wildungen, von Conrad von Soest, 1403 (früheste Darstellung einer Brille diesseits der Alpen)

Zerpflücke die Rose,
und jedes Blatt ist schön!

BERTOLT BRECHT

Gedichte sind auf engstem Raum komprimierte („verdichtete“) sprachliche Gebilde. Vers und Reim, Klänge und Bilder, Wort- und Satzfiguren schaffen einen überaus dichten Text, der sowohl die Sinne als auch den Verstand des Lesers anspricht und herausfordert. Zur Alltagssprache stehen Gedichte in denkbar großem Gegensatz und setzen beim Leser Geduld, Fingerspitzengefühl und Kombinationsvermögen voraus. Gedichte lesen heißt „mit zarten Fingern und Augen lesen“ (Nietzsche).

Kein Wunder, dass manch einen Panik ergreift, wenn es heißt: „Erschließen und interpretieren Sie das folgende Gedicht ...“.

Viele Techniken und Methoden der Gedichtanalyse sind lernbar. Gedichte fallen nicht vom Himmel und werden dem Autor nicht von der Muse eingegeben, sondern sind das Ergebnis harter Arbeit am Sprachmaterial. Also kann der Leser diesen Prozess auch umkehren und beobachten, wie Gedichte gemacht wurden und wie die einzelnen Faktoren, die ihre Gestalt ausmachen, zusammenwirken. Doch ist es genauso wichtig, dass der Interpret die Bereitschaft mitbringt, sich auf diese überstrukturierten Sprachgebilde einzulassen. Im Abitur ist die Gedichtinterpretation für diejenigen das richtige Thema, die keine Platzangst bekommen, wenn der zu interpretierende Text nur aus wenigen Zeilen besteht, die Freude daran haben, sprachliche Formen detailgenau zu beobachten, und die das nötige Fachwissen besitzen, um sie zu beschreiben.

Das folgende Kapitel will

- **Ihnen helfen, Ihr Wissen über Gedichte einzuschätzen und aufzufrischen,**
- **Ihnen die Fachbegriffe ins Bewusstsein rufen, die man braucht, um lyrische Gestaltungsmittel zu erkennen und zu beschreiben,**
- **Ihnen zeigen, wie man Schritt für Schritt einen lyrischen Text erschließt,**
- **mit Ihnen zusammen die sinnvollen Arbeitsschritte hin zu einem gelungenen Interpretationsaufsatz gehen,**
- **Ihnen ermöglichen, eine Aufgabe im Format der offiziellen Abituraufgaben zu bearbeiten.**

Aufgaben zur Selbsteinschätzung

→ Lösungsheft S. 13–14

In diesem Teil können Sie Ihr Vorwissen zur Erschließung von Gedichten aktivieren und Ihre Kenntnisse selbst überprüfen.

1. Ordnen Sie den Versen die jeweiligen metrischen Fachbegriffe zu.

VI. Auf der umflossenen Insel, der Mitte des wogenden Meeres

III. Vegetarisch lebt selten die Löwin im Busch

IV. Lobe den Herren, den mächtigen Kö-nig der Ehren ...

V. Der schnelle Tag ist hin; die Nacht schwingt ihre Fahn.

I. Das Wandern ist des Müllers Lust, / das Wandern

II. Alle Vögel sind schon da, alle Vögel, alle

a. Daktylus

e. Hexameter

d. Jambus

b. Trochäus

c. Anapäst

f. sechsfüßiger Jambus (Alexandriner)

In der folgenden Strophe aus dem Gedicht *Die Dämmerung* (1913) von Alfred Lichtenstein wird durch einzelne Momentaufnahmen ohne klar erkennbaren Zusammenhang das Zerfallen der Wirklichkeit in komischer Verfremdung veranschaulicht.

Hier ist diese Gedichtstrophe in drei verschiedenen Reimformen wiedergegeben.

a

An einem Fenster klebt ein fetter Mann,
Ein Jüngling will ein weiches Weib besuchen.
Ein grauer Clown zieht sich die Stiefel an.
Ein Kinderwagen schreit und Hunde fluchen.

b

An einem Fenster klebt ein fetter Mann.
Ein Jüngling will ein weiches Weib besuchen.
Ein Kinderwagen schreit und Hunde fluchen.
Ein grauer Clown zieht sich die Stiefel an.

c

An einem Fenster klebt ein fetter Mann.
Ein grauer Clown zieht sich die Stiefel an.
Ein Jüngling will ein weiches Weib besuchen.
Ein Kinderwagen schreit und Hunde fluchen.

2. Notieren Sie neben den drei Fassungen jeweils das Reimschema, die Reimform und die Art der Kadenzen.

3. Stellen Sie eine begründete Vermutung auf, welche Version Lichtenstein selbst gewählt hat. Achten Sie dabei insbesondere auf die unterschiedliche Wirkung der drei Reimformen.

ROLF DIETER BRINKMANN (1940–1975)

Einen jener klassischen

schwarzen Tangos in Köln, Ende des
Monats August, da der Sommer schon

ganz verstaubt ist, kurz nach Laden
Schluss aus der offenen Tür einer

dunklen Wirtschaft, die einem
Griechen gehört, hören, ist beinahe

ein Wunder: für einen Moment eine
Überraschung, für einen Moment

Aufatmen, für einen Moment
eine Pause in dieser Straße,

die niemand liebt und atemlos
macht, beim Hindurchgehen. Ich

schrieb das schnell auf, bevor
der Moment in der verfluchten

dunstigen Abgestorbenheit Kölns
wieder erlosch.

(1975)

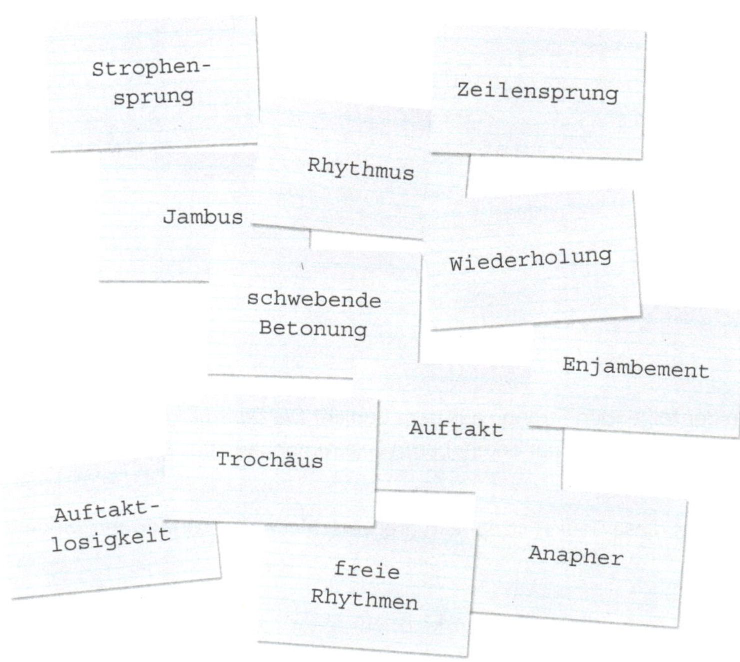

4. Beschreiben Sie die zentralen Gestaltungsmittel, mit denen Brinkmann das „Wunder" des Tangos inmitten der trostlosen Großstadt zum Klingen bringt. Wählen Sie dazu Begriffe aus dem obigen Angebot aus.

Basislexikon Gedichtanalyse

Arbeitsschritte zum Verfassen einer Interpretation

1. Verstehenshypothese formulieren → **2.** Text aspektorientiert untersuchen → **3.** These formulieren → **4.** Gliederung erstellen → **5.** Klausur schreiben → **6.** Klausur überarbeiten

Zu 1.: Diesen Schritt sollten Sie sofort tun, nachdem Sie den Text einmal gelesen haben: Die ersten Einfälle sind meist die besten.

Zu 2.: Welche Aspekte sinnvoll und lohnend untersucht werden können, hängt vom Text und von der Aufgabenstellung ab. Sie sollten also den Text noch einmal gründlich lesen (Basistraining, S. 7–12) und die Aufgabenstellung analysieren (Basistraining, S. 13–14), bevor Sie sich auf Untersuchungsaspekte festlegen. Beachten Sie auch den Aspektestern unten.

Zu 3.: Hier kann eine schriftliche Ausformulierung in einem Satz sinnvoll sein: Je prägnanter Sie Ihre These vor Augen haben, desto leichter fällt es Ihnen später beim Schreiben, einen roten Faden in Ihre Klausur zu bringen.

Zu 4.: Für diesen Schritt sollten Sie ausreichend Zeit einplanen: Mit einer detailliert ausgearbeiteten Gliederung kann der eigentliche Schreibprozess leichter bewältigt werden.

Zu 5.: Lesen Sie jeden neu geschriebenen Absatz einmal durch, bevor Sie weiterschreiben. Fehler können Sie auf diese Weise sofort korrigieren. Außerdem gelingt der Anschluss des neuen Gedankens leichter und Wiederholungen werden vermieden.

Zu 6.: Gehen Sie in der Übungsphase hier gründlich vor; konzentrieren Sie sich dagegen in der Klausursituation auf Ihre Schwachstellen und auf die Korrektur gröberer Schnitzer (Basistraining, S. 15–17).

Mögliche Aspekte zum Erschließen eines lyrischen Textes

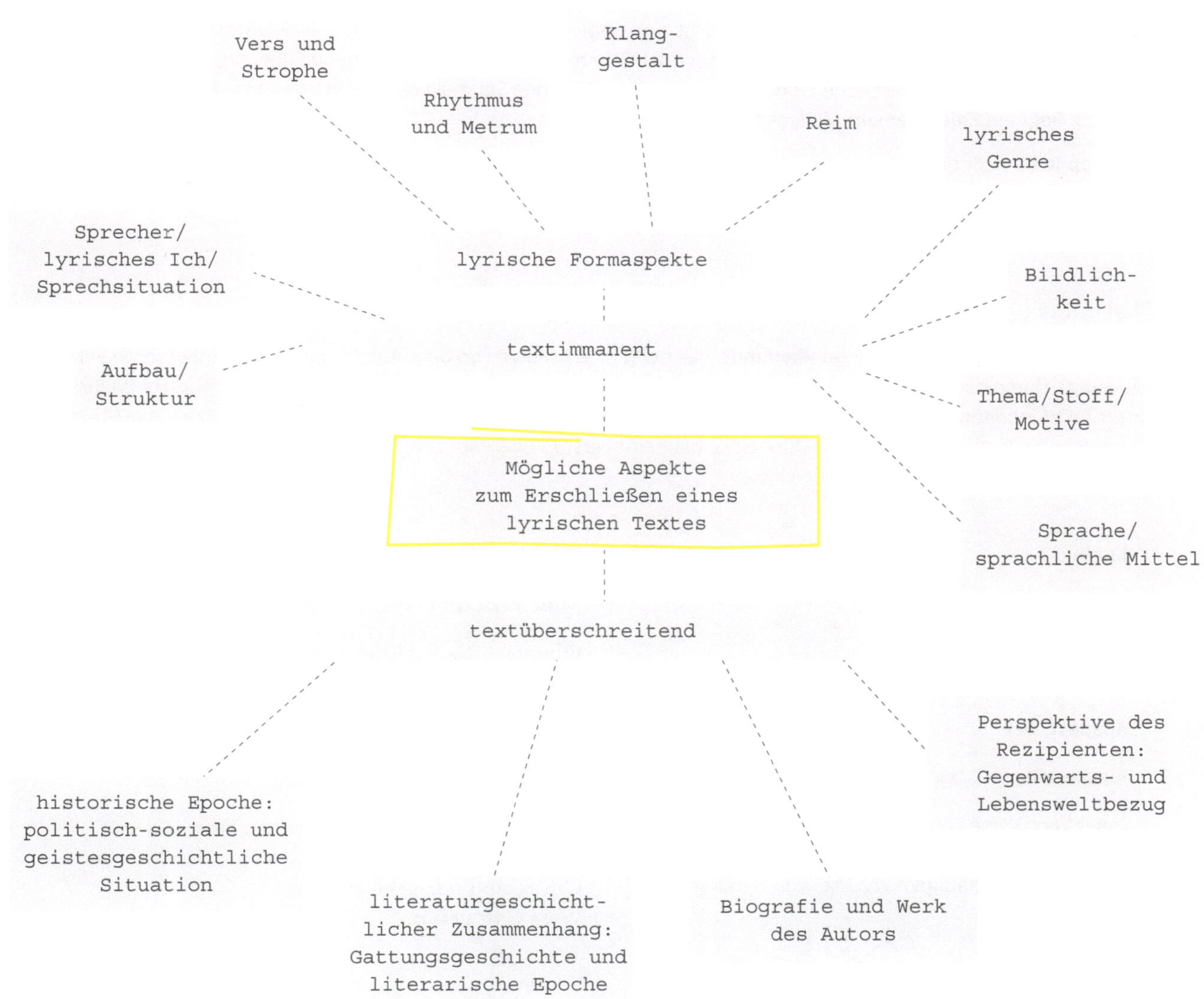

Thema/Stoff/Motive

Thema heißt der Grundgedanke eines literarischen Werkes. **Stoff** heißt der erzählbare ‚Inhalt' einer Dichtung, durch den das Motiv konkretisiert wird und eine an individuelle Personen, Orte, Zeiten gebundene Gestalt gewinnt. In der Regel kennen nur die handlungsbetonten Genres einen Stoff, nicht aber die Lyrik. Bekannteste Ausnahme: die Ballade.

Ein **Motiv** ist ein Baustein des Textes, der Bestandteil eines literarischen Stoffes, der typische, noch nicht durch Ort, Zeit, Personen etc. konkretisierte Situationen umfasst (z. B. Vatermord, Mann zwischen zwei Frauen). In der wenig handlungsbetonten und verdichteten Lyrik sind die Motive oft auf Bilder oder Bildkomplexe reduziert. Häufig auftretende lyrische Motive sind z. B. der Mond, die Nacht, die Einsamkeit, der Abschied.

Sprechsituation

Die Sprechsituation umfasst die Antworten auf die Fragen *wer* spricht zu *wem* zu *welcher Zeit* und an *welchem Ort*. Werden die Verse von einem Ich gesprochen, das sich ausdrücklich durch Pronomen (ich, mir, mich, wir, uns etc.) manifestiert und/oder sich direkt an ein Gegenüber wendet, so wird es als **lyrisches Ich** bezeichnet. Auch wenn Anzeichen des Ichs fehlen – wie es häufig in beschreibenden oder erzählenden Gedichten der Fall ist – gibt es einen **Sprecher**. Lyrisches Ich oder Sprecher sind grundsätzlich nicht mit dem Dichter identisch.

Aufschluss über den **Sprechzeitpunkt** geben Indizien auf Tages- und Jahreszeiten oder auf historische Ereignisse. Das **Tempus** setzt den Sprecher in ein zeitliches Verhältnis zum Besprochenen. Der **Standort** des Sprechers und seine räumliche **Perspektive** auf das, was er beschreibt, lassen sich, sofern sie nicht unbestimmt bleiben, über geografische Angaben oder Lokaladverbien und Präpositionen ermitteln.

Vers und Strophe

Erst der **Vers** – nicht der Reim – macht das Gedicht zum Gedicht. Während ein Prosatext als Fließtext gestaltet ist, ist das Gedicht durch den Zeilenbruch gekennzeichnet. Stimmen Satzende und Zeilenende überein, spricht man von **Zeilenstil**. Werden syntaktische Einheiten/zusammengehörende Satzteile durch das Versende voneinander getrennt, liegt ein **Enjambement** (Zeilensprung) vor.

Die **Strophe** bündelt die einzelnen Verse zu einer relativen Einheit. Es gibt freie Strophenformen, aber auch solche, die durch ihre Reimform oder durch die Metrik festgelegte Gedichtformen bilden: so z. B. das Sonett, das Volkslied oder die Ode.

Rhythmus und Metrum

Jede Form des Sprechens hat einen **Rhythmus**, das heißt eine Abfolge von betonten (Hebung) und unbetonten Silben (Senkung). Durch das **Metrum** werden die Hebungen und Senkungen in eine regelmäßige Abfolge gebracht. Mehrere dieser Takt-Einheiten (in denen es jeweils nur eine Hebung gibt), bilden den Vers. Dieser wird deshalb als zwei- oder drei- oder vierhebig (usw.) bezeichnet. Die Einheit selbst heißt Versfuß oder Metrum. Die im schulischen Rahmen am häufigsten auftretenden metrischen Begriffe sind:

Jambus: x x́	Erhalt uns Herr bei deinem Wort.
Trochäus: x́ x	Mitten wir im Leben sind/Mit dem Tod umfangen.
Daktylus: x́ x x	Pfingsten, das liebliche Fest, war gekommen, es grünten und blühten …
Anapäst: x x x́	durch die ewige Frage: wozu?
Alexandriner: x x́ / x x́ / x x́ / x x́ / x x́ / x x́ / (x)	Was dieser heute baut, reißt jener morgen ein.
freier Vers: Verse von unterschiedlicher Länge mit wechselnder Hebungszahl, aber meistens alternierend (mit regelmäßigem Wechsel von Hebung und Senkung)	Der Geist der Medizin ist leicht zu fassen! Ihr durchstudiert die groß und kleine Welt, Um es am Ende gehn zu lassen, Wie's Gott gefällt.

Klanggestalt

Das Gedicht erzielt seine Wirkung und Ausdruckswerte vor allem über die Klanggestalt der Verse: Klangfarbe, Lautmalerei und Reim erzeugen wesentliche akustische Reize.

Klangfarbe

Helle oder dunkle Vokale, weiche oder harte Konsonanten, d. h. die Tönung durch die Aussprache einzelner Laute oder Worte, können verschiedene Natureindrücke oder Gefühlszustände spiegeln:

> Riechst du, wie die Flammen rauchen,
> brenzlig, brutzlig, brandig schmauchen …

Lautmalerei

Die Onomatopöie ahmt akustische Eindrücke durch sprachliche Bildungen (Wort oder Satz) nach, um im Leser die gleichen Sinneseindrücke zu erzeugen:

> Wie der Regen tropft, Regen tropft,
> an die Scheiben klopft!

Anfang und Ende des Verses sind hinsichtlich der Klanggestalt besonders hervorgehoben:

Ein **Auftakt** liegt vor, wenn der Vers mit einer oder mehreren unbetonten Silben beginnt.	Es schlug mein Herz, geschwind zu Pferde …
Der Begriff der **Kadenz** beschreibt die metrische Struktur des Versendes. Folgt auf die letzte betonte noch eine unbetonte Silbe, spricht man von einer **klingenden oder weiblichen Kadenz**:	Festgemauert in der Erden …
Verszeilen, die mit einer Betonung enden, haben eine **stumpfe oder männliche Kadenz**.	… Steht die Form, aus Lehm gebrannt.

Reim

… ist Gleichklang zweier oder mehrerer Wörter von ihrem letzten betonten Vokal an.

Beispiel: Rang / Gang – leben / streben

Nach der Stellung des Reims im Vers unterscheidet man Anfangsreim, Binnenreim und Endreim.

Anfangsreim	Die ersten Silben zweier aufeinanderfolgender Zeilen reimen sich.	Krieg! Ist das Losungswort. Sieg! Und so klingt es fort.
Binnenreim	Zwei oder mehrere Wörter in einer Zeile reimen sich.	Bei stiller Nacht zur ersten Wacht …
Endreim	Die letzten Silben am Ende zweier oder mehrerer Verse reimen sich.	Es stand vor eines Hauses Tor Ein Esel mit gespitztem Ohr.

Häufig auftretende Formen des Endreims

- **Paarreim:** aa / bb
- **Kreuzreim:** ab / ab
- **Schweifreim:** aab / ccb
- **umschließender (umarmender) Reim:** abba
- **Haufenreim:** aaa, bbb …

Bildlichkeit

Siehe
Rhetorische Figuren
→ S. 92 f.

Das sprachliche Bild vermittelt die für die Lyrik charakteristische Anschaulichkeit und Gefühlsintensität, erzeugt aber auch Mehrdeutigkeit. Das sprachliche Bild steht selten für sich allein. Es bildet vielmehr zusammen mit anderen Bildern Bildzusammenhänge.

Vergleich	setzt zwei Bereiche durch einen Vergleichspunkt in Beziehung – sprachliches Zeichen ist oft das „wie“	Er kämpfte wie ein Löwe.
Metapher	bildhafter Ausdruck für einen Gegenstand, eine Eigenschaft oder ein Geschehen; wie beim Vergleich sind Sachhälfte und Bildhälfte über eine Ähnlichkeit miteinander verbunden	Hast ein Reh du lieb vor andern / Lass es nicht alleine grasen.
Metonymie	ersetzt das gemeinte Wort durch ein anderes, das zu ihm in enger Beziehung steht	Er liest Goethe (statt Goethes Werke)
Symbol	sinnlich wahrnehmbares Zeichen, das auf geistige Sinnzusammenhänge oder Ideen verweist, die durch eine Kultur oder die Tradition festgelegt sind	das Kreuz, Hammer und Sichel
Chiffre	bezeichnet ursprünglich ein Geheimzeichen, das mit einem Schlüssel dechiffriert werden kann; in der modernen Dichtung verkürztes, verrätseltes Zeichen, das auf eine bildliche Ausführung verzichtet und erst durch den Dichter mit Bedeutung aufgeladen wird	blaues Klavier (bei Else Lasker-Schüler Zeichen für ihre Kindheit)

Lyrische Genres

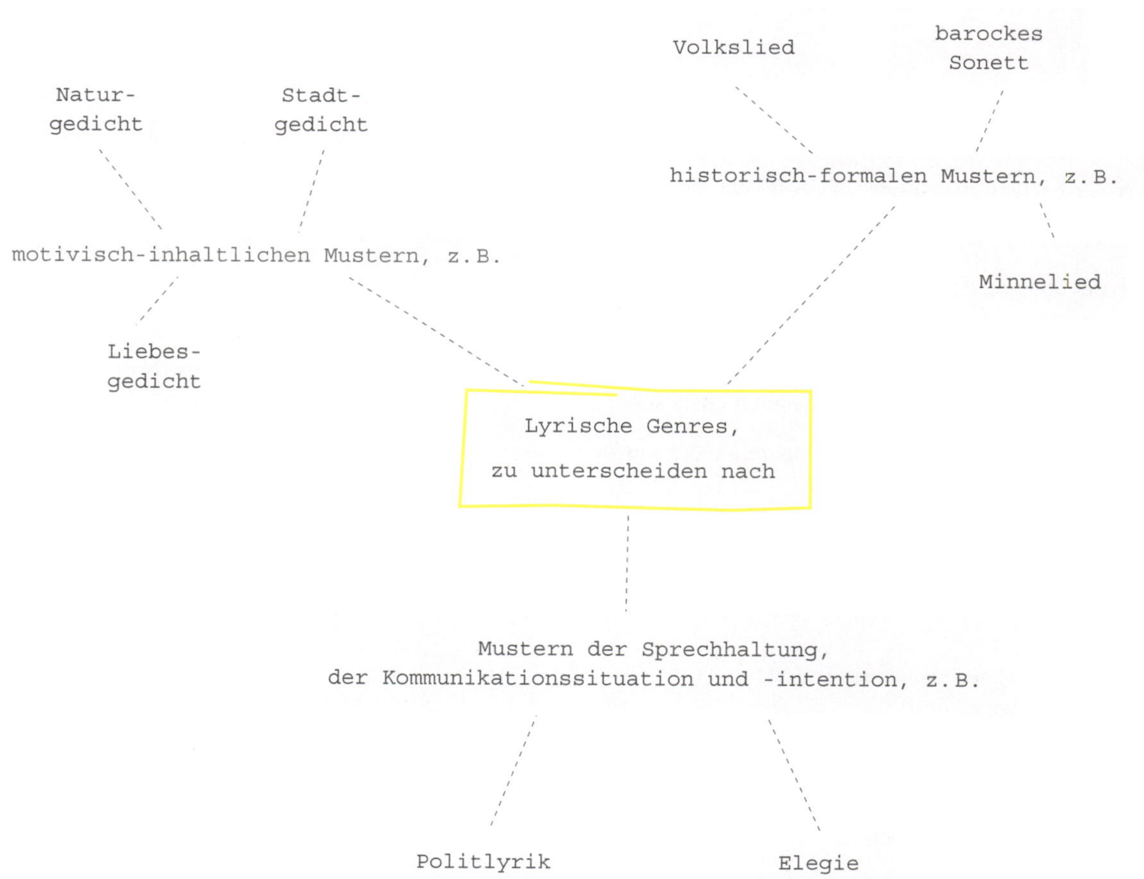

Training 1: Erschließung und Interpretation eines Gedichtes

→ Lösungsheft S. 14–17

INGEBORG BACHMANN (1923–1973)

Keine Delikatessen

Nichts mehr gefällt mir.

Soll ich
eine Metapher ausstaffieren
mit einer Mandelblüte?
die Syntax kreuzigen
auf einen Lichteffekt?
Wer wird sich den Schädel zerbrechen
über so überflüssige Dinge –

Ich habe ein Einsehn gelernt
mit den Worten,
die da sind
(für die unterste Klasse)

Hunger
Schande
Tränen
und
Finsternis.

Mit dem ungereinigten Schluchzen,
mit der Verzweiflung
(und ich verzweifle noch vor Verzweiflung)
über das viele Elend,
den Krankenstand, die Lebenskosten,
werde ich auskommen.

Ich vernachlässige nicht die Schrift,
sondern mich.
Die andern wissen sich
weißgott
mit den Worten zu helfen.
Ich bin nicht mein Assistent.

Soll ich
einen Gedanken gefangennehmen,
abführen in eine erleuchtete Satzzelle?
Aug und Ohr verköstigen
mit Worthappen erster Güte?
erforschen die Libido eines Vokals,
ermitteln die Liebhaberwerte unserer Konsonanten?

Muss ich
mit dem verhagelten Kopf,
mit dem Schreibkrampf in dieser Hand,
unter dreihundertnächtigem Druck
einreißen das Papier,
wegfegen die angezettelten Wortopern,
vernichtend so: ich du und er sie es

wir ihr?

(Soll doch. Sollen die andern.)

Mein Teil, es soll verloren gehen.

(vermutlich entstanden 1963)

Erschließen und interpretieren Sie das Gedicht *Keine Delikatessen* von Ingeborg Bachmann.

1. Verstehenshypothese formulieren → **2.** Text aspektorientiert untersuchen → **3.** These formulieren → **4.** Gliederung erstellen → **5.** Klausur schreiben → **6.** Klausur überarbeiten

1. Notieren Sie spontan eine Definition des Begriffs Delikatesse.

2. Was ist Ihrer Ansicht nach das Thema des Gedichts?

3. Notieren Sie Formulierungen, Bilder oder formale Auffälligkeiten, die Sie unverständlich oder verstörend finden.

TIPP

In Gedichten werden Ihnen immer wieder Stellen begegnen, die Sie zunächst verwirren. Lassen Sie sich davon nicht verunsichern und glauben Sie vor allem nicht, dass die Verwirrung durch Ihr mangelndes Verständnis oder Ihre fehlenden Kenntnisse bedingt ist. Verstöße gegen den gewöhnlichen Sprachgebrauch, Brüche mit überkommenen Formen und die Kombination befremdlicher Bilder gehören zum Wesen moderner Lyrik, die immer auch ein sprachliches Experiment darstellt. Häufig sind gerade die Stellen, die verunsichern, weil sie nicht dem vertrauten Sprachgebrauch oder bekannten Gestaltungsprinzipien entsprechen, Schlüsselstellen, die, wenn man sich auf ihre Logik einlässt, zu einem genaueren Textverständnis führen können.

1. Verstehenshypothese formulieren → **2. Text aspektorientiert untersuchen** → 3. These formulieren → 4. Gliederung erstellen → 5. Klausur schreiben → 6. Klausur überarbeiten

Aspekt: Inhalt

1. Welche Bedeutungsbereiche (Wortfelder) sind in dem Gedicht vorherrschend? Wählen Sie für jeden Bedeutungsbereich eine eigene Farbe und markieren Sie die zugehörigen Wörter.

2. Benennen Sie jeden Bedeutungsbereich mit einem Begriff und listen Sie die entsprechenden Wörter auf. Beginnen Sie mit dem vorgegebenen Beispiel, führen Sie die Liste der Befunde fort und verfahren Sie mit den weiteren Bedeutungsbereichen entsprechend.

poetische Sprache: „Metapher" (V. 3), „Syntax" (V. 5), „Worten" (V. 10),

3. Formulieren Sie, in welchem Verhältnis die von Ihnen festgestellten Bedeutungsbereiche zueinander stehen.

4. Übertragen Sie auf einem eigenen Blatt den Inhalt des Gedichts strophenweise in Alltagssprache.

5. Interpretieren Sie den ersten Vers des Gedichtes. Warum sagt das lyrische Ich, dass ihm nichts mehr gefällt, obwohl es in dem Gedicht um die Ablehnung von etwas Bestimmten, nämlich der dichterischen Sprache geht?

Aspekt: Sprechsituation

6. Unterstreichen Sie auf unterschiedliche Weise alle Stellen, an denen das lyrische Ich

- sich selbst benennt,
- über andere spricht,
- andere anspricht.

7. Beziehen Sie nun die Sprechsituation auf den Inhalt des Gedichts:

- Warum überwiegen Personalpronomina der ersten Person Singular?
- Inwiefern stehen die Personengruppen, über die gesprochen wird, in enger Beziehung zum Thema des Gedichts?
- Welche Wirkung haben die rhetorischen Fragen?

Aspekt: poetologische Lyrik

8. Welchen Vorwurf richtet das lyrische Ich gegen die Dichtung?

9. Mit welcher Haltung trägt es diese Vorwürfe vor?

INFO

Poetologische Lyrik

Seit der Antike setzen sich Dichter in ihrem Werk auch ausdrücklich mit dem Wesen von Sprache und Dichtung auseinander und reflektieren schreibend deren Möglichkeiten. Nach 1945 erörterten Schriftsteller angesichts der Erfahrungen des Holocaust vermehrt die Frage, in welcher Form Dichtung überhaupt noch möglich sei. Den Grundstein zu einer Diskussion über den angemessenen dichterischen Ausdruck legte der Sozialphilosoph Theodor W. Adorno mit seinem 1951 veröffentlichten Essay „Kulturkritik und Gesellschaft", in dem er die seither viel zitierte Aussage trifft: „nach Auschwitz ein Gedicht zu schreiben, ist barbarisch". Seine Skepsis begründet er in einem späteren Text („Engagement", 1962) wie folgt:

Text in alter Rechtschreibung

„Die sogenannte künstlerische Gestaltung des nackten körperlichen Schmerzes der mit Gewehrkolben Niedergeknüppelten enthält, sei's noch so entfernt, das Potential, Genuß herauszupressen. [...] Durchs ästhetische Stilisationsprinzip [...] erscheint das unausdenkliche Schicksal doch, als hätte es irgend Sinn gehabt; es wird verklärt, etwas von dem Grauen weggenommen; damit allein schon widerfährt den Opfern Unrecht, während doch vor der Gerechtigkeit keine Kunst standhielte, die ihnen ausweicht."

Bis in die Gegenwart haben Schriftsteller wie H. M. Enzensberger, Paul Celan, Hilde Domin, Robert Gernhardt, Günter Eich oder Günter Grass in literaturtheoretischen Schriften oder durch ihre Gedichte und in ihren Gedichten auf Adornos Äußerungen reagiert.

Aspekt: formale Gestaltungsmittel

Das Gedicht folgt keinem festen Metrum und enthält keine Reime. Gleichwohl besteht es – sonst wäre es kein Gedicht – aus Versen und Versgruppen.

10. Beschreiben Sie den formalen Aufbau des Gedichts.

11. Welche Satzarten kommen vor?

12. Ermitteln Sie Enjambements und Inversionen. Welche Wörter werden dadurch besonders hervorgehoben bzw. nach welchen Wörtern werden Denkpausen nahegelegt?

Aspekt: sprachliche Gestaltungsmittel

13. Ermitteln Sie auffällige Stilmittel, führen Sie Beispiele an und beschreiben Sie die Wirkung an der jeweiligen Stelle.

Stilmittel	*Beispiel(e)*	*Wirkung*
Klimax		
Wiederholung		
asyndetische Reihung		
Hyperbel		

Aspekt: Verhältnis von Form und Inhalt

14. Untersuchen Sie die Verse 2–4. Was ist ihr Inhalt? In welcher Form wird dieser Inhalt ausgedrückt? In welchem Verhältnis stehen Inhalt und Form zueinander?

Inhalt: ______

Form: ______

______

Verhältnis: ______

Aspekt: biografischer Kontext

15. Enthält das Gedicht Hinweise auf das Geschlecht des lyrischen Ich?

______

INFO

Keine Delikatessen **war eines der letzten Gedichte der österreichischen Schriftstellerin Ingeborg Bachmann, die sich in allen Phasen ihres Schreibens mit der Rolle des Dichters auseinandergesetzt hat. In frühen Jahren vertraute sie dem Wort als mächtigem Instrument. So äußert sie 1959 die Überzeugung: „Hätten wir das Wort, hätten wir die Sprache, wir bräuchten die Waffen nicht." Für Bachmann sollte die dichterische Sprache immer auch ein Mittel sein, um die Probleme der Welt zu erkennen, nicht um sie zu beschönigen. In einer 1959 gehaltenen Rede erläutert sie ihre eigene Rolle:**

„So kann es auch nicht die Aufgabe des Schriftstellers sein, den Schmerz zu leugnen, seine Spuren zu verwischen, über ihn hinwegzutäuschen. Er muss ihn, im Gegenteil, wahrhaben und noch einmal, damit wir sehen können, wahrmachen. Denn wir wollen alle sehend werden. Und jener geheime Schmerz macht uns erst für die Erfahrung empfindlich und insbesondere für die der Wahrheit."

Immer mehr löst sie sich auf der Suche nach adäquaten Ausdrucksmitteln von tradierten Formen. Während ihre frühen Gedichte sowie die ihrer Gedichtbände *Die gestundete Zeit* (1953) und *Anrufung des Großen Bären* (1956) noch häufig aus gebundenen Strophen und Versen bestehen, dominieren später freie Rhythmen, bevor ihre lyrische Produktion schließlich Mitte der 60er-Jahre versiegt.

16. Welche Parallelen bestehen zwischen dem lyrischen Ich und Ingeborg Bachmann?

TIPP

Den Verfasser eines Gedichts mit dessen Sprecher zu identifizieren ist ebenso gewagt wie unnötig. Auf Übereinstimmungen zwischen dem lyrischen Ich und der Dichterbiografie einzugehen, zeugt hingegen nicht nur von Sachkenntnis, sondern kann unter Umständen auch zum besseren Verständnis eines Gedichts beitragen. Halten Sie sich aber mit eindeutigen Zuschreibungen zurück und kennzeichnen Sie Ihre Aussagen durch den Gebrauch des Konjunktivs oder von Modaladverbien („vielleicht“, „womöglich“ o.Ä.) als Vermutungen, deren Plausibilität Sie mit Textstellen belegen können.

17. Korrigieren Sie in diesem Sinn diese Aussage: „In *Keine Delikatessen* rechnet die Schriftstellerin Ingeborg Bachmann mit der Dichtung ab.“

Zusammenführung einzelner Aspekte

18. Erstellen Sie auf einem eigenen Blatt ein Schaubild nach dem folgenden Muster und stellen Sie weitere Verbindungen zwischen den einzelnen Aspekten her:

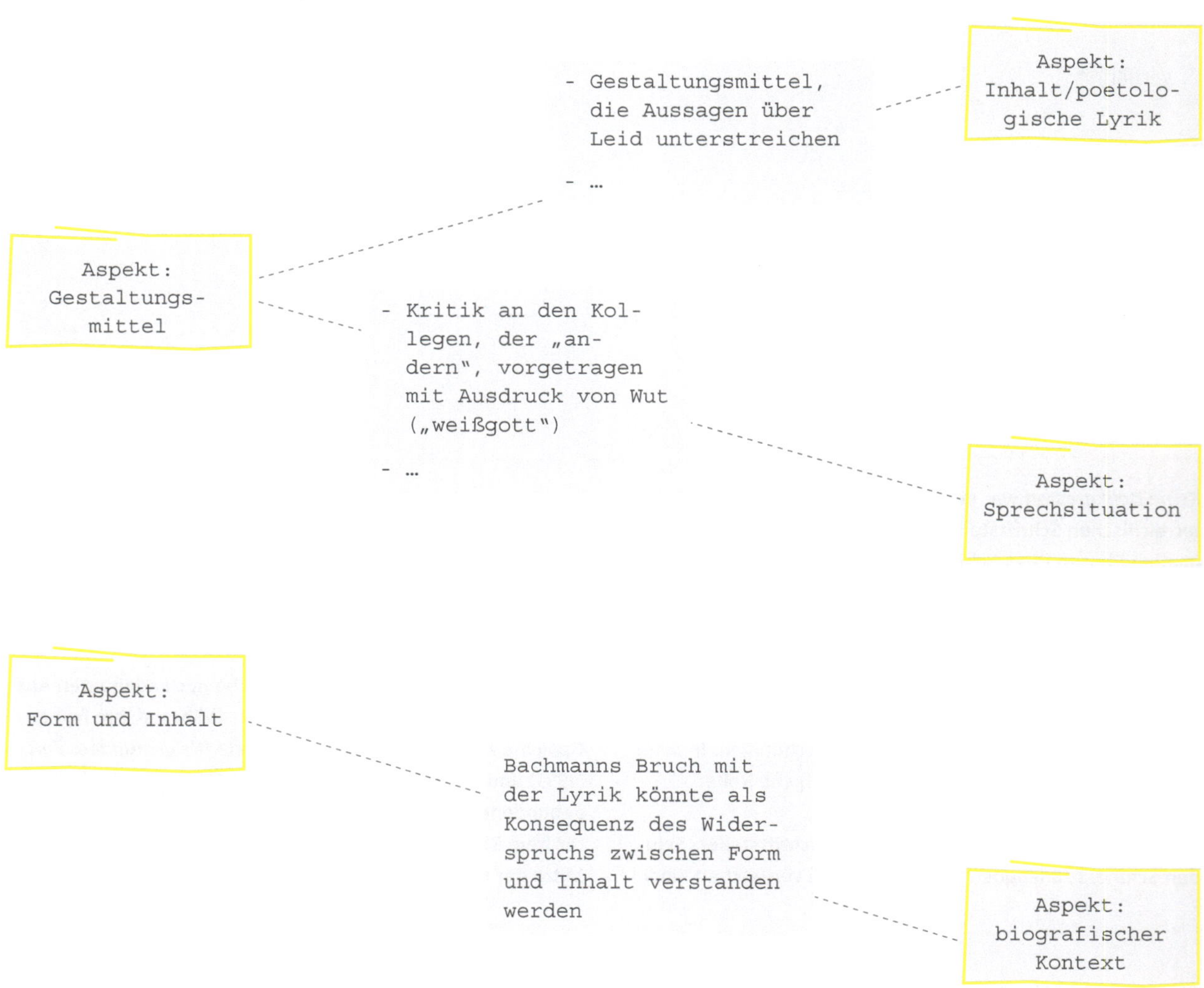

1. Verstehens-hypothese formulieren → 2. Text aspekt-orientiert untersuchen → **3. These formulieren** → 4. Gliederung erstellen → 5. Klausur schreiben → 6. Klausur überarbeiten

Überprüfen Sie Ihre Äußerungen zu *Keine Delikatessen*, die Sie im ersten Arbeitsschritt (S. 53 f.) formuliert haben.

1. Präzisieren oder korrigieren Sie Ihre Aussage über das Thema.

2. Irritiert Sie das zunächst Verwirrende nun weniger? Steht es in Zusammenhang mit anderen Textstellen?

3. Formulieren Sie eine Interpretationsthese, in der Sie die Bedeutung des Titels einbeziehen.

1. Verstehens-hypothese formulieren → 2. Text aspekt-orientiert untersuchen → 3. These formulieren → **4. Gliederung erstellen** → 5. Klausur schreiben → 6. Klausur überarbeiten

Wie Sie Ihren Aufsatz gliedern, ist nicht vorgegeben. Wichtig ist jedoch, dass die Gliederung in sich kohärent ist. Gehen Sie besser nicht allzu kleinschrittig vor. Die Ausführung eines Unterpunktes sollte einen Absatz ergeben können, in dem mehrere Textbefunde zu einer übergreifenden Aussage gebündelt sind: Die zuvor separat untersuchten Aspekte führen Sie nun zu Argumenten zusammen.

1. Begründen Sie, weshalb sich beim vorliegenden Gedicht eher eine aspektorientierte Gliederung empfiehlt als eine solche, die sich an der Textchronologie orientiert.

Für den Hauptteil ist z. B. das folgende Gliederungsgerüst denkbar:

2. *Keine Delikatessen* als Absage an die Dichtung
   - 2.1 Ungenügen der Dichtkunst
     - 2.1.1 Verklärung der Wirklichkeit
     - 2.1.2 …
   - 2.2 Wirkung des Dichtens auf den Dichter
     - 2.2.1 …
     - 2.2.2 …
   - 2.3 Verhältnis von Inhalt und Form
     - 2.3.1 …
     - 2.3.2 …

2. Erstellen Sie auf einem separaten Blatt eine vollständige Gliederung. Wenn Sie möchten, können Sie dabei den obigen Vorschlag nutzen und die fehlenden Punkte ergänzen.

1. Verstehenshypothese formulieren → 2. Text aspektorientiert untersuchen → 3. These formulieren → 4. Gliederung erstellen → **5. Klausur schreiben** → 6. Klausur überarbeiten

1. Überlegen Sie, weshalb die folgenden Vorgehensweisen dem Auftrag „erschließen und interpretieren Sie" nicht entsprechen, und formulieren Sie in der rechten Spalte positiv, was „erschließen und interpretieren" heißt:

„ein Gedicht erschließen und interpretieren" heißt nicht:	*„ein Gedicht erschließen und interpretieren" heißt:*
a den Inhalt des Gedichtes Vers für Vers („linear") wiedergeben	
b die im Gedicht verwendeten stilistischen Mittel aufzählen	
c die Zahl der Verse und Strophen abzählen und angeben	
d eine Analyse des metrischen Schemas an den Anfang stellen	
e ausführlich über die Biografie des Dichters Auskunft geben	
f eigene Vorstellungen und Assoziationen zum Thema des Gedichts entwickeln	
g sich in die Gefühls- und Gedankenwelt des Autors hineinversetzen und diese nachempfinden	

Siehe Elemente einer Einleitung → S. 84

Einleitung

Eine Schülerin hat ihre Einleitung so gestaltet:

Das Gedicht „Keine Delikatessen" schrieb Ingeborg Bachmann, die von 1923 bis 1973 lebte, vermutlich im Jahr 1963. Es enthält kein festes Metrum, ist aber strophenähnlich aufgebaut. Wie so viele andere Gedichte setzt sich auch dieses Gedicht mit der Rolle der Dichtung auseinander.

2. Halten Sie die Stärken und Schwächen dieser Einleitung fest.

Stärken: ______

Schwächen: ______

3. Formulieren Sie vor diesem Hintergrund auf einem eigenen Blatt die Einleitung für Ihre Ausführung.

Überleitung zum Hauptteil

Von besonderer Bedeutung ist der Übergang zur eigentlichen Erschließung und Interpretation: Hier stellen Sie die Weichen für alles Weitere.

4. Lesen Sie die folgenden Varianten eines Einstiegs in den Hauptteil.

   › Sie konstruieren (aus rhetorischen Gründen) einen **falschen ersten Eindruck**, den der Leser haben könnte, und den Sie anschließend korrigieren.

   Auf den ersten Blick könnte der Leser den Eindruck gewinnen, dass das lyrische Ich die „Delikatessen", die verfeinerte Sprache also, schlicht unnötig findet. So wird das kunstvolle Ausgestalten von Metaphern und Syntax als „überflüssige Dinge" (V. 8) bezeichnet. Bei genauerem Hinsehen zeigt sich allerdings, dass die Ablehnung der poetischen Sprache einen weiteren, gewichtigeren Grund hat: Sie verkläre die Wirklichkeit und verhalte sich zynisch gegenüber dem Leid, insbesondere dem der „unterste[n] Klasse" (V. 12).

   › Sie werfen eine **Frage** auf, die Sie durch Ihre Texterschließung beantworten wollen.

   „Nichts mehr gefällt mir", äußert das lyrische Ich im ersten Vers. Wie kommt es zu dieser kategorischen Negation? – Wieso das lyrische Ich allem und insbesondere der dichterischen Schöpfung eine Absage erteilt, werde ich im Verlauf der folgenden Untersuchung herausarbeiten.

   › Sie beginnen mit einer **These**, die das wesentliche Ergebnis Ihrer Texterschließung benennt.

   Im vorliegenden Gedicht artikuliert das lyrische Ich den Wunsch nach einem konsequenten Bruch mit ästhetisierender Sprache. Inwiefern sich diese Haltung in Inhalt, Aufbau, sprachlicher und formaler Gestaltung spiegelt, wird im Folgenden gezeigt.

   › Sie nutzen Ihr **Wissen über den Autor/die Autorin**, skizzieren kurz diesen Hintergrund und ordnen das Gedicht in den Zusammenhang ein.

   Ingeborg Bachmann stellte Mitte der 60er-Jahre ihre lyrische Produktion ein. In *Keine Delikatessen*, einem ihrer letzten Gedichte, wird die Rolle des Dichters problematisiert. Das Gedicht kann als eine Ankündigung des Bruchs mit der Dichtung gelesen werden.

   › Sie nutzen Ihr **Wissen über die Epoche**, um das Gedicht kurz in seinen Kontext einzuordnen.

   Die Zweifel, die das lyrische Ich an der dichterischen Sprache äußert, sind vor dem Hintergrund der Diskussion zu verstehen, die im Anschluss an Theodor W. Adornos Diktum, es sei barbarisch, nach Auschwitz Gedichte zu schreiben, geführt wurde: Ist die poetische Sprache der geeignete Ort, dem Leid und der Kritik der Bedingungen, die zu ihm führen, Ausdruck zu verleihen? Oder dient sie vielmehr deren Rechtfertigung, indem die Stilisierung der poetischen Sprache das Leid als etwas Sinnvolles konsumierbar macht?

5. Wählen Sie zum Einstieg in Ihren Hauptteil eine der angebotenen Varianten aus oder entwerfen Sie einen eigenen Einstieg, der Ihrer These und Ihrer Gliederung besser entspricht.

Hauptteil

Im folgenden Beispiel wird vorgeführt, wie Befunde unterschiedlicher Untersuchungsaspekte (Inhalt, Sprechsituation, formale und stilistische Gestaltungsmittel) zu allgemeineren Aussagen verdichtet werden können. Sie können den Textbaustein als Teil Ihres Aufsatzes verwenden, als Grundlage einer Überarbeitung oder als Anregung für Ihre eigenen Ausführungen. Zu Ihrer Orientierung sind in Klammern die Ziffern der Gliederungspunkte (vgl. S. 59) vermerkt.

(2.) Bereits der Titel des Gedichts drückt auf unmissverständliche Weise eine Ablehnung in Form einer plakativen Forderung aus. Das gewählte Bild der „Delikatessen" lässt erahnen, welchem Phänomen diese Haltung gilt, nämlich allem Raffiniertem, Verfeinertem. Dass diese Metapher insbesondere auf erlesene Sprache, also auf die Dichtkunst zu beziehen ist, wird dadurch deutlich, dass der Bedeutungsbereich Sprache und Dichtung das gesamte Gedicht durchzieht („Metapher", V. 3, „Syntax", V. 5, „Worten", V. 10, 28, „Schrift", V. 24, „Satzzelle", V. 32, „Worthappen", V. 34, „Vokals", V. 35, „Konsonanten", V. 36, „Schreibkrampf", V. 39, „Druck", V. 40, „Papier", V. 41, „angezettelten Wortopern", V. 42), wodurch sich das lyrische Ich als Dichter/in identifizieren lässt.

(2.1) Allerdings artikuliert dieses dichtende Ich deutlich sein Unbehagen gegenüber der Dichtkunst und rechnet nun kategorisch mit ihr ab.

(2.1.1) Der entscheidende Vorwurf, den das lyrische Ich an die künstlerische Sprache richtet, ist der, die Wirklichkeit zu verklären. Durch die Formgebung würde die Realität beschönigt, insbesondere die Realität der sozial Benachteiligten, der „unterste[n] Klasse" (V. 12), deren Leid nicht ästhetisiert werden dürfe. Diese Lebenswirklichkeit wird u. a. benannt mit den Worten „Hunger / Schande / Tränen / und / Finsternis" (V. 13), deren Absturz zu einer völlig aussichtslosen Lage nicht nur durch die klimaktische Anordnung, sondern zudem durch einen typografischen Aufbau in Form eines Gefälles veranschaulicht wird. Das lyrische Ich möchte diese Wirklichkeit, „das viele Elend" (V. 21), beim Namen nennen, und diese Namen sind, wie sich beispielsweise auch an den in asyndetischer – und auf diese Weise endlos anmutender – Reihung folgenden Wörtern „Krankenstand" (V. 22) und „Lebenskosten" (V. 22) zeigt, alles andere als poetisch.

(2.1.2) Anders verhält es sich mit künstlerischen Schöpfungen, die sich nach Ansicht des lyrischen Ichs eitel selbst gefallen und selbst genügen, indem sie Vergnügen und Genuss dienen, wie es in der sechsten Strophe thematisiert wird. Indirekt, durch den Kontrast z. B. der Worte „Hunger" (V. 13) und „Worthappen erster Güte" (V. 34) wird hier der Genusscharakter der poetischen Sprache moralisch verurteilt ...

6. Setzen Sie Ihre Ausführung entsprechend Ihrer Gliederung fort. Nutzen Sie dazu Ihre Vorarbeiten.

Schluss

Der Schluss-Teil ist nicht weniger wichtig als die Einleitung. Ob Einleitung und Schluss aussagekräftig genug sind, stellen Sie am ehesten fest, wenn Sie sich fragen, ob sie nicht auch zu anderen Gedichten passen würden. Beide Teile müssen etwas Spezifisches des vorliegenden Gedichts herausstellen und dürfen nicht auf andere Texte übertragbar sein.

Einige Vorschläge für einen prägnanten Abschluss der Interpretation:

- Sie **resümieren** Ihre Ausführungen, greifen das (die) für Sie wichtigste(n) Ergebnis(se) heraus und unterstreichen dessen (deren) Bedeutung.
- Sie **entwickeln ein Urteil** zum Gedicht – sei es zu seiner ästhetischen Gestalt, sei es zu seinem Inhalt oder zu beidem. Wichtig ist, dass Sie Ihr Urteil auch begründen.
- Sie **vergleichen das Gedicht** (zusammenfassend) mit einem anderen Text, der Ihre Interpretation unterstützt oder dazu im Gegensatz steht, und ziehen Schlüsse aus dem Vergleich.
- Sie verlassen den Rahmen einer historisch orientierten Interpretation und fragen nach der **Bedeutung für die Gegenwart**. (Vorsicht – ein bloßes Beteuern, dass der Text immer noch aktuell sei, reicht hier nicht.)
- Sie stellen Ihre Ergebnisse in einen weiteren Horizont, **formulieren einen Ausblick**, der über die Interpretation hinausgeht.

7. Wählen Sie zur Formulierung Ihres Schlusses eine der angebotenen Varianten aus.

Training 2: Vergleichende Erschließung und Interpretation zweier Gedichte

→ Lösungsheft S. 17

JOSEPH VON EICHENDORFF (1788–1857)

Zwielicht

Dämmrung will die Flügel spreiten,
Schaurig rühren sich die Bäume,
Wolken ziehn wie schwere Träume -
Was will dieses Graun bedeuten?

Hast ein Reh du lieb vor andern,
Lass es nicht alleine grasen,
Jäger ziehn im Wald und blasen,
Stimmen hin und wieder wandern.

Hast du einen Freund hienieden,
Trau ihm nicht zu dieser Stunde,
Freundlich wohl mit Aug und Munde,
Sinnt er Krieg im tückschen Frieden.

Was heut müde gehet unter,
Hebt sich morgen neugeboren.
Manches bleibt in Nacht verloren -
Hüte dich, bleib wach und munter!

(1812)

Caspar David Friedrich, Der Abend, 1820/21, Öl auf Leinwand

ALFRED LICHTENSTEIN (1889–1914)

Die Dämmerung

Ein dicker Junge spielt mit einem Teich.
Der Wind hat sich in einem Baum gefangen.
Der Himmel sieht verbummelt aus und bleich,
Als wäre ihm die Schminke ausgegangen.

Auf lange Krücken schief herabgebückt
Und schwatzend kriechen auf dem Feld zwei Lahme.
Ein blonder Dichter wird vielleicht verrückt.
Ein Pferdchen stolpert über eine Dame.

An einem Fenster klebt ein fetter Mann.
Ein Jüngling will ein weiches Weib besuchen.
Ein grauer Clown zieht sich die Stiefel an.
Ein Kinderwagen schreit und Hunde fluchen.

(1913)

Georges Grosz, Straßenszene, 1916, Kreide auf Papier

Erschließen und interpretieren Sie vergleichend Joseph von Eichendorffs *Zwielicht* und Alfred Lichtensteins *Die Dämmerung* unter Einbeziehung des jeweiligen literaturgeschichtlichen Hintergrunds.

Um zwei Gedichte miteinander sinnvoll in Bezug setzen zu können, bedarf es einer „Schnittmenge", einer Anzahl von Gemeinsamkeiten, die einen Vergleich überhaupt erst erlauben. Gedichte können vergleichbar sein

- in Thema oder zentraler Motivik,
- in der Welt- und Menschendarstellung,
- in der formalen Gestaltung (z. B. Strophenform – Sonett, Volkslied etc.)
- oder wegen ihrer Zugehörigkeit zu derselben Epoche.

ABI

Meist werden für Prüfungsaufgaben motivgleiche oder -verwandte Gedichte ausgesucht. Dadurch ist der Umfang der denkbaren Vergleichsmöglichkeiten begrenzt.

Typische lyrische Motive, die in allen Epochen immer wieder auftreten, sind:
- **Liebe**
- **Tod**
- **Krieg**
- **Leben(slauf), Lebenssinn**
- **Tageszeiten**
- **Jahreszeiten**
- **Stadt/menschliches Zusammenleben**

Auch kann man in der Regel davon ausgehen, dass die beiden zu vergleichenden Gedichte
- **aus verschiedenen Epochen stammen**
- **diese Epochen (nicht unbedingt zeitlich, jedoch) in ihrer Deutung der Welt sowie in ihrem Selbstverständnis weit auseinanderliegen.**

1. Verstehenshypothese formulieren → **2. Text aspektorientiert untersuchen** → 3. These formulieren → 4. Gliederung erstellen → 5. Klausur schreiben → 6. Klausur überarbeiten

Damit Sie sich ganz auf den Vergleich und seine schriftliche Darstellung konzentrieren können, sind im Folgenden zentrale Aspekte der Einzelanalyse der beiden Gedichte zum Thema „Dämmerung" vorgegeben.

JOSEPH VON EICHENDORFF

Zwielicht

Aspekt: Aufbau

1. Naturbild: die bedrohlich aufziehende Dämmerung – Frage nach der Bedeutung für den Beobachter (1. Strophe)
2. Antwort auf die Frage und Deutung des Naturbildes: Gefährdung menschlicher Beziehungen
   2.1 Bedrohung der Liebe (2. Strophe)
   2.2 Bedrohung der Freundschaft (3. Strophe)
3. Resümee: Vertrauen auf den kommenden Morgen, aber auch Bewusstsein bleibender Gefährdung – Schlussappell an die Vernunft (4. Strophe)

Aspekt: lyrisches Ich

Das lyrische Ich skizziert ein Naturbild, deutet es dann selbst aus. Von der 2. Strophe an wendet es sich dreimal appellativ an ein „Du". Dieser Dialog mit dem impliziten Leser ist geprägt durch den Imperativ: Das Ich sieht eine Gefahr, gibt seiner Sorge Ausdruck, will warnen. Vermutung: Im Du spricht es wie in einem Spiegel-Ich von sich selbst und der eigenen Gefährdung.

Aspekte: Bildlichkeit und Motive

- **Zwielicht:** Allgemein die Scheide zwischen Tag und Nacht, bezeichnet „Zwielicht" hier im wörtlichen Sinn die Abenddämmerung, im übertragenen Sinn den „zwielichtigen" Charakter menschlicher Beziehungen, der erotischen (2. Strophe) wie der freundschaftlichen (3. Strophe). Durch Untreue, List und Tücke sind sie gefährdet.
- **„Dämmrung":** Die Dämmerung wird zu einem Vogel personifiziert, dessen riesige Flügel einen Schatten auf das unter ihm Befindliche werfen. Die Wirklichkeit verliert ihre eindeutigen Konturen, das scheinbar Vertraute wird zweifelhaft und bedrohlich.
- **Wolken/schwere Träume:** Bild der Schwermut, der Melancholie, unbestimmter Weltschmerz, Einsamkeit und Verlassensein des lyrischen Ichs
- **Wald:** Soziologisch Gemeinschaftseigentum, kein Privatbesitz des Adels, ist der Wald in der deutschen Romantik literarisch ein Ort der Freiheit, der freien, unbürgerlichen, nicht reglementierten Liebe, der Erfüllung verborgener Wünsche, und als solcher einerseits verführerisch-faszinierend und verheißungsvoll, andererseits gefährdend. In diesem spätromantischen Gedicht steht die Gefahr des Selbstverlustes im Vordergrund.
- **Jäger/Horn:** Der Jäger steht für den ‚wildernden' Nebenbuhler, das Locken der Hörner für die Verlockung der Sinnlichkeit. Sie assoziieren eine außereheliche, unbürgerliche Erotik, die hier als instabil („Stimmen hin und wieder wandern", V. 8) und verantwortungslos erscheint.
- **Reh:** Bild der Geliebten, die wie ‚Freiwild' vor dem „Jäger" (dem Nebenbuhler) beschützt bzw. bewacht werden muss: Wegen Untreue und Tücke ist weder dem weiblichen noch dem männlichen Eros zu trauen.
- **Morgen:** Beendigung der Angst durch das Licht der Morgenröte, Bannung der Nachtgespenster, aber fortbestehende Gefährdung: „Manches bleibt in Nacht verloren" (V. 16).
- **Fazit zur Bildgestaltung:** Kein wirkliches Naturerlebnis: Die Naturbilder sind Metaphern, in denen über menschliche Gefühle und seelische Zustände gesprochen wird.

Aspekt: lyrisches Genre

Vierzeiler, vierfüßiger Trochäus, umarmender Reim, weibliche (klingende) Kadenzen, unreiner Reim (Z. 1, 4); schlichte Volksliedstrophe, doch artistisch durchkomponierte Bildwelt

INFO

Charakteristisch für das Volkslied sind einfache, aber stets gereimte Strophen (Paar- oder Kreuzreim). Der Reim wird großzügig behandelt, nicht selten finden sich unreine Reime. Das Metrum ist vielfach alternierend (abwechselnd betont/unbetont oder unbetont/betont), grundsätzlich besteht aber Füllungsfreiheit, d.h., auf eine betonte Silbe können auch mehrere unbetonte folgen. Am beliebtesten ist die vierhebige Form. Wegen ihrer Einprägsamkeit wurde die Volksliedstrophe vor allem im Kinderlied und im Kirchenlied gerne benutzt. Die Dichter des Sturm und Drang und der Romantik haben sie wiederentdeckt und in Kunstliedern oft höchst anspruchsvoll variiert.

Aspekt: Epochenkontext

Gedicht der Spätromantik, das eine typische **Schwellensituation** darstellt, einen Zustand zwischen zwei Polen: Der Dichter erkennt die Gefahren einer romantischen Traumverlorenheit und ihm sind die Nachtseiten der Wirklichkeit bewusst. So schwankt das lyrische Ich im „Zwielicht" zwischen Tag und Nacht, zwischen Sinnlichkeit und Vernunft, zwischen Romantik und Aufklärung. Auch noch nach Anbruch des Tages changiert die Situation zwischen Licht und Finsternis, Untergang und Neugeburt, Wachsein (Vernunft) und Selbstverlust (Sehnsucht). Fortbestehende Ambivalenz zwischen Gefährdung und Rettung: Ordnung und Klarheit bleiben durch Sinnlichkeit und Vergnügungen bedroht. Die Verführbarkeit der menschlichen Natur muss von der Vernunft kontrolliert werden („bleib wach und munter").

ALFRED LICHTENSTEIN

Die Dämmerung

Aspekt: Aufbau

Parallele, simultane Abläufe ohne Beziehung zueinander, punktuelle Eindrücke ohne inhaltliches Gliederungsprinzip; keine Entwicklung einer Handlung, keine inhaltliche Struktur, keine Zusammenhänge; stereotype Satzbildung: Subjekt – Prädikat – (Objekt); kein Abschluss, kein Resümee, die Reihung könnte im gleichen Stil fortgesetzt werden; Vorbild: die unverbundene Reihung von Schlagzeilen in Jakob van Hoddis' groteskem Gedicht *Weltende*

MATERIAL

JAKOB VAN HODDIS (1889–1942)

Weltende

Dem Bürger fliegt vom spitzen Kopf der Hut,
In allen Lüften hallt es wie Geschrei.
Dachdecker stürzen ab und gehn entzwei,
Und an den Küsten – liest man – steigt die Flut.

Der Sturm ist da, die wilden Meere hupfen
An Land, um dicke Dämme zu zerdrücken.
Die meisten Menschen haben einen Schnupfen.
Die Eisenbahnen fallen von den Brücken.

(1911)

Aspekt: Motive

„Dämmerung": Rückbezug auf das romantische, gefühlsselige, stimmungsgeladene Verständnis des Begriffs, dessen Widerlegung im Verlauf des Gedichts

Wie bei Eichendorff auch eine übertragene, nicht nur wörtliche Bedeutung von Dämmerung / Zwielicht: Uneindeutigkeit der Wirklichkeit, Zerfall der klaren Konturen des Wirklichkeitsverständnisses, Unsicherheit in der Wahrnehmung von Welt; vielleicht auch apokalyptische Assoziationen an „Götterdämmerung"

Neu bei Lichtenstein: der harte Kontrast, die Parodie auf die Romantik, das Bestreben, alles Romantisch-Atmosphärische zu zerstören

Aspekt: lyrisches Genre

Vierzeiler, fünfhebiger Jambus, Kreuzreim, alternierend weibliche (klingende) und männliche (stumpfe) Kadenzen; schlichte, traditionelle Form, die – wie oft in der expressionistischen Lyrik – in Gegensatz zum Inhalt steht; kaum Enjambements, stattdessen Zeilenstil: Satzeinheit und Zeile sind gleich.

Aspekt: Epochenkontext

Das Gedicht weist typische Themen und Darstellungsformen des Expressionismus auf, die in der folgenden Tabelle zusammengestellt sind.

Siehe Materia-Kasten zum Expressionismus → **S. 41**

Befund	*Darstellungsform*	*einzelne Stilphänomene*
Großstadtszenerie, Reizüberflutung	Momentaufnahmen, Reihungsstil	Belanglosigkeiten, Heterogenität, Betonung der Prädikate (der mehr oder weniger belanglosen oder sinnlosen Handlungen)
neue Sicht auf die Wirklichkeit	Verfremdung	keine gewohnten Aktionen und Reaktionen, Handlung passt nicht zum Objekt oder zum Subjekt; Enttäuschung der normalsprachlich geregelten Erwartung durch Missachtung üblicher Kollokationen: der Junge „spielt mit einem Teich" (Z. 1), der Mann „klebt" am Fenster (Z. 9)
Wirklichkeitsbereiche sind verwischt, die Grenzen zwischen Dingen, Tieren und Menschen aufgehoben	Groteske	Gegenständliches wird personifiziert („Himmel"), Personen werden verdinglicht („Kinderwagen"); Tiere sind vermenschlicht (anthropomorph), Menschen als Tiere dargestellt: Hunde fluchen, ein Mann klebt am Fenster (wie eine Fliege)

Befund	*Darstellungsform*	*einzelne Stilphänomene*
Zweideutigkeit/ Doppelgesicht der Wirklichkeit	nicht nur Groteske, sondern auch Komik	klangliche Übereinstimmung bestimmt die Kombination von Wörtern: Alliteration und Anfangsreim: der Jüngling auf dem Weg zu einem „**wei**chen **Wei**b" (Z. 10), der **f**ette Mann am **F**enster (Z. 9)
Auflösung der Individualität	Gattungsbezeichnungen	„Ein …Junge", „ein … Dichter", „ein Jüngling", „ein … Clown"; oft keine Attribute, wenn doch, dann nicht individualisierend, sondern uncharakteristisch (dick, fett, blond, grau), Häufigkeit des unbestimmten Artikels (10x „ein" in zwölf Zeilen)
Wirklichkeit als Chaos ohne erkennbaren Sinn	Zusammenstellung von Heterogenem, Unvereinbarem	der Himmel bleich/grau wie der Clown; Disparates scheinbar selbstverständlich kombiniert („auf *lange* Krücken … *herab*gebückt … *kriechen*", Z. 5 f.), Widerspruch zwischen Substantiv und Attribut = Oxymoron („grauer Clown", Z. 11)

Fazit zur stilistischen und inhaltlichen Gestaltung (Wahrnehmung der Welt, Weltbild):

Die Kategorien des alltäglichen Blicks auf die Wirklichkeit sind aufgelöst. Zwischen den Handlungen besteht nur ein zeitlicher, aber kein kausaler Zusammenhang. Die Erwartungen des Lesers werden damit unterlaufen und er wird in die Verunsicherung einbezogen.

Aspekt: Vergleich der Gedichte

ABI

Um den schriftlichen Vergleich der beiden Gedichte systematisch vorzubereiten, empfiehlt es sich, nicht nur die beiden Gedichte separat zu erschließen, sondern auch die Gemeinsamkeiten und Unterschiede bereits vor der Niederschrift Ihres Aufsatzes schriftlich festzuhalten. Der Vergleich ist im Blick auf die Aufgabenstellung wesentlich. Es heißt ja dort: „Erschließen und interpretieren Sie *vergleichend*".

Bedenken Sie auch, dass Sie den eigentlichen Vergleich unter Umständen erst zum Schluss Ihrer Klausur schreiben. Da wird es im Blick auf die Zeit meistens sehr eng. Auch Ihre Konzentration lässt nach. Deshalb ist es wichtig, dass Sie sich in der Analyse-Phase schon Klarheit über den Vergleich verschafft haben und am Ende des Schreibprozesses auf Ihre Vorarbeiten zurückgreifen können.

1. Benennen Sie die Gemeinsamkeiten der beiden Gedichte.

2. Stellen Sie tabellarisch ihre Unterschiede zusammen:

Zwielicht	*Dämmerung*
Natur	Großstadt
empfindsames Stimmungsgedicht	Komik, Groteske, Distanz

1. Verstehens-hypothese formulieren → 2. Text aspekt-orientiert untersuchen → 3. These formu-lieren → **4. Gliederung erstellen** → 5. Klausur schreiben → 6. Klausur überarbeiten

Um die Aufgabenstellung „Erschließen und interpretieren Sie vergleichend …" auszuführen, gibt es verschiedene allgemein anerkannte Wege.

1. Wählen Sie eine der im Tipp-Kasten dargestellten Gliederungsmöglichkeiten und erstellen Sie eine entsprechende Gliederung auf einem eigenen Blatt.

TIPP

Der Gedichtvergleich

Die einfachste Vorgehensweise

Beide Texte werden gesondert untersucht, in einem dritten Teil werden sie miteinander verglichen:

1. Erschließung und Interpretation der beiden Gedichte
   1.1 Gedicht 1
   1.2 Gedicht 2
2. Vergleich der beiden Gedichte
   2.1 Gemeinsamkeiten und Unterschiede in der Thematik
   2.2 Gemeinsamkeiten und Unterschiede im Aufbau
   2.3 Gemeinsamkeiten und Unterschiede in der Motivik
   2.4 Gemeinsamkeiten und Unterschiede in der metrischen und stilistischen Gestaltung
   2.5 Gemeinsamkeiten und Unterschiede in Wahrnehmung der Wirklichkeit und Weltbild
   2.6 Begründete Zuordnung zur jeweiligen Epoche
3. Zusammenfassung (denkbar auch: Stellungnahme, ästhetisches Urteil)

Der Vorteil dieser Methode: Der Verfasser behält den Überblick und kann die Aufgabe sukzessiv bearbeiten. Eine allmähliche Klärung der Gedanken beim Schreiben ist in begrenztem Maße möglich.

Probleme bei diesem Vorgehen: Es kommt zwangsläufig zu Wiederholungen, da beim abschließenden Vergleich mehrfach auf Ergebnisse aus den Einzelanalysen Bezug genommen werden muss. Man verliert sich u. U. in Details, die für den Vergleich unerheblich sind.

Die anspruchsvollere Methode

Der historisch ältere Text wird zuerst systematisch untersucht, der zweite jedoch nicht in sich betrachtet, sondern immer in Bezug zum ersten. Ein abschließender Teil hebt noch einmal vertiefend die zentralen Aspekte hervor.

Die Vorteile: Nur für den Vergleich relevante Ergebnisse werden benannt. Die Darstellung ist klar und übersichtlich gegliedert, da Sie aspektorientiert verfahren (müssen).

Das Problem: Eine Entwicklung der Gedanken beim Schreiben ist ausgeschlossen. Bevor Sie mit dem Schreiben überhaupt beginnen können, müssen Sie eine detaillierte Gliederung entwickelt haben, da Sie sonst den Überblick verlieren.

Die anspruchsvollste Darstellungsform

Beide Texte werden unmittelbar und aspektorientiert miteinander in Bezug gesetzt. Dieses Verfahren ist nur geübten Schreibern zu empfehlen: Es erfordert eine hohe Konzentration und eine große Sicherheit im Umgang mit den Texten. Intensive Vorarbeiten sind erforderlich, bevor mit dem Schreiben begonnen werden kann.

1. Verstehens-hypothese formulieren → 2. Text aspekt-orientiert untersuchen → 3. These formulieren → 4. Gliederung erstellen → **5. Klausur schreiben** → 6. Klausur überarbeiten

1. Formulieren Sie – mit Rückgriff auf Ihre Gliederung – den Gedichtvergleich auf einem eigenen Blatt.

Abituraufgabe

→ Lösungsheft S. 18–19

PETER RÜHMKORF (1929-2008)

Hochseil

Wir turnen in höchsten Höhen herum,
selbstredend und selbstreimend,
von einem Individuum
aus nichts als Worten träumend.

Was uns bewegt – warum? wozu? –
den Teppich zu verlassen?
Ein nie erforschtes Who-is-who
im Sturzflug zu erfassen.

Wer von so hoch zu Boden blickt,
der sieht nur Verarmtes/Verirrtes.
Ich sage: wer Lyrik schreibt, ist verrückt,
wer sie für wahr nimmt, wird es.

Ich spiel mit meinem Astralleib Klavier,
vierfüßig – vierzigzehig –
Ganz unten am Boden gelten wir
für nicht mehr ganz zurechnungsfähig.

Die Loreley entblößt ihr Haar
am umgekippten Rheine …
Ich schwebe graziös in Lebensgefahr
grad zwischen Freund Hein[1] und Freund Heine.

(1975)

Heinz Zak, Auf der Highline, 2008, Foto

1 **Freund Hein:** seit dem Mittelalter personifizierende Bezeichnung für den Tod, bereits aufgegriffen von dem Lyriker Matthias Claudius (1740–1815)

- **Erschließen und interpretieren Sie das Gedicht *Hochseil* von Peter Rühmkorf. Erarbeiten Sie insbesondere die sich darin äußernde poetologische Haltung.**
- **Zeigen Sie, ausgehend von Ihren Ergebnissen, wo sich Rühmkorf im Verhältnis zur Dichtungstradition und zur Lyrik seiner Zeitgenossen situiert.**

Erschließung und Interpretation dramatischer Texte

Katharina Schmalenberg als Elisabeth und Ingo Huelsmann als Philipp II. in einer Aufführung des *Don Karlos* am Deutschen Theater Berlin, 2007

Dramatische Texte nehmen innerhalb der literarischen Gattungen eine Sonderstellung ein: Sie sind nicht primär zum Lesen gemacht, sondern als Spielvorlage für eine Inszenierung gedacht. Während ein gedruckter Text von seinem Leser erwartet, dass er sich die erfundene Wirklichkeit als wirklich *vorstellt*, simuliert der gespielte Text auf der Bühne eine Wirklichkeit, die von den Zuschauern als Realität *wahrgenommen* werden soll.

Manche Theaterkonzepte streben dabei eine starke gefühlsmäßige Wirkung an, andere wollen das Geschehen auf der Bühne so inszenieren, dass den Zuschauern immer wieder bewusst wird, dass es sich um Bühnenwirklichkeit handelt. Gleichgültig, ob nun Furcht und Mitleid erzeugt oder Reflexion freigesetzt werden soll: Der im Theater inszenierte dramatische Text will auf den Zuschauer wirken. Und diese Wirkung geht nicht nur vom Text aus, ist nicht nur in der Inszenierung angelegt, sondern bestimmt sich ganz wesentlich auch aus der aktuellen Situation, in der der Zuschauer sich befindet.

Damit aber Theater zum Mittel der Erkenntnis und Veränderung werden und damit man mit Vergnügen am Theaterleben teilnehmen kann, braucht man ein gewisses Handwerkszeug. Nur mit seiner Hilfe kann man beispielsweise erfassen, mit welchen Techniken der Autor das Interesse des Zuschauers weckt, wie er den Zuschauer zur Identifikation einlädt, wie er seine Sympathien auf bestimmte Figuren lenkt, ihm Urteile und (u. U. fragwürdige) moralische Werte vermittelt. Im Literaturunterricht der Sekundarstufe II lernen Sie daher, mit dramatischen Texten – hier schon aus praktischen Gründen zunächst verstanden als *Lesetexte* und nicht als Textvorlagen für eine Inszenierung – kompetent umzugehen. Und aus diesem Grund ist auch die Erschließung und Interpretation dramatischer Texte eine wichtige Aufgabenart im Abitur.

Das folgende Kapitel will

- **Ihnen helfen, Ihr Wissen über dramatische Texte einzuschätzen und aufzufrischen,**
- **Ihnen die Fachbegriffe ins Bewusstsein rufen, die man braucht, um die Strukturen eines dramatischen Textes zu beschreiben,**
- **Ihnen zeigen, wie man Schritt für Schritt einen dramatischen Text erschließt,**
- **mit Ihnen zusammen die sinnvollen Arbeitsschritte hin zu einem gelungenen Interpretationsaufsatz gehen,**
- **Ihnen ermöglichen, eine Aufgabe im Format der offiziellen Abituraufgaben zu bearbeiten.**

Aufgaben zur Selbsteinschätzung

→ Lösungsheft S. 19

1. Lesen Sie das Minidrama von Friedrich Karl Waechter. Unterscheiden Sie dabei den Sprechtext (Dialogtext) vom inszenatorischen Text (Regieanweisung), indem Sie den inszenatorischen Text farbig markieren.

FRIEDRICH KARL WAECHTER (1937–2005)

Der Fisch

Ein alter Clown rollt im Rollstuhl auf die Bühne und versucht, sein Publikum zu unterhalten, als wäre er ein junger Clown, bis er umkippt und daliegt wie ein Fisch am Ufer, der nach Luft schnappt. Ein Fisch schwimmt über die Bühne, als sei sie sein Element.

DER FISCH Quicklebendig, quicklebendig.

DER CLOWN verfolgt den Fisch mit den Augen, studiert seinen Kurs, nimmt all seine letzte List und Kraft zusammen, den Fisch zu fangen. Es gelingt.

DER CLOWN lässt den Fisch über seinem offenen Maul zappeln Füsch. Quücklebendig, quücklebendig.
DER FISCH Ein Fisch, der schmeckt, kann nie sprechen.
DER CLOWN Was?
DER FISCH Ein Fisch, der spricht, kann nie schmecken.
DER CLOWN Ich durchschaue dich, Füsch. Du wüllst nur wieder herumschwümmen.
DER FISCH Ich will herumschwimmen.
DER CLOWN Quücklebendig, quücklebendig.
DER FISCH Lässt du mich, hast du einen Wunsch.
DER CLOWN lässt den Fisch schwimmen Ich wünsch, ich bün wieder jung und …

Der Fisch schwimmt davon, der Clown springt jung hinterher, fängt ihn und lässt den Fisch über seinem offenen Maul zappeln …
DER CLOWN … und du schmeckst gut und machst müch quücklebendig, Füsch, wie du. Der Clown verschluckt den Fisch und zeigt, wie gut er schmeckt.
DER FISCH aus dem Inneren des Clowns Ich mach dich quicklebendig, quicklebendig. Er treibt den Clown über den Kurs, den der Fisch zu schwimmen pflegte.
DER CLOWN Schwümm langsam, Füsch. Mir geht die Puste aus, Füsch.
DER FISCH im Inneren des Clowns Quicklebendig, quicklebendig.

DER CLOWN rast über den Kurs, bis er tot umfällt.

DER FISCH schwimmt dem Clown aus dem Maul Quicklebendig, quicklebendig.
(1987)

INFO

Dieses Minidrama entstammt einer Sammlung von Minidramen ganz unterschiedlicher Autoren aus vielerlei Ländern. Minidramen sind – wie es der Herausgeber dieser Sammlung, Karl-Heinz Braun, sagt – „Kürzeststücke […], mehr die Idee als deren Realisierung". Und weil das Minidrama so kurz ist, kann es auch nicht damit rechnen, aufgeführt zu werden.

Das Minidrama ist „oft der kürzeste Weg zur erhellenden szenischen Pointe". Es spielt ganz bewusst mit Bruchstücken der Welt und des Theaters, „um in den Splittern selbst ein MiniWelt-Theater zu entdecken. Dies erscheint dann in absurden Dialogen, komischen Nummern, blutigen Witzen, makabren Pointen – als Minidrama."

2. Welche Funktionen haben die inszenatorischen Textteile in diesem Minidrama?

3. Beschreiben Sie, wie Gestik und Sprache die Figuren charakterisieren.

4. Inwiefern sind die Figuren nicht nur untypisch, sondern auch paradox gezeichnet?

5. Beschreiben Sie die Dialogführung.

6. Beschreiben und erläutern Sie den Zusammenhang zwischen dem, was die Figuren sagen, und dem, was sie tun.

7. Versuchen Sie, in wenigen Worten den dramatischen Konflikt zu bestimmen.

8. Geben Sie an, wie der Konflikt dramaturgisch aufgebaut ist.

Z. 1-4: Exposition; Z. 5-16: Steigerung;

Basislexikon Dramenanalyse

Arbeitsschritte zum Verfassen einer Interpretation

Diesen Schritt sollten Sie sofort tun, nachdem Sie den Text einmal gelesen haben: Die ersten Einfälle sind meist die besten.

Hier kann eine schriftliche Ausformulierung in einem Satz sinnvoll sein: Je prägnanter Sie Ihre These vor Augen haben, desto leichter fällt es Ihnen später beim Schreiben, einen roten Faden in Ihre Klausur zu bringen.

Lesen Sie jeden neu geschriebenen Absatz einmal durch, bevor Sie weiterschreiben. Fehler können Sie auf diese Weise sofort korrigieren. Außerdem gelingt der Anschluss des neuen Gedankens leichter und Wiederholungen werden vermieden.

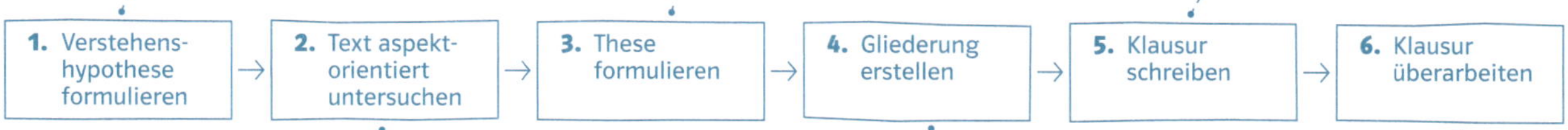

Welche Aspekte sinnvoll und lohnend untersucht werden können, hängt vom Text und von der Aufgabenstellung ab. Sie sollten also den Text noch einmal gründlich lesen (Basistraining, S. 7–12) und die Aufgabenstellung analysieren (Basistraining, S. 13–14), bevor Sie sich auf Untersuchungsaspekte festlegen. Beachten Sie auch den Aspektestern unten.

Für diesen Schritt sollten Sie ausreichend Zeit einplanen: Mit einer detailliert ausgearbeiteten Gliederung kann der eigentliche Schreibprozess leichter bewältigt werden.

Gehen Sie in der Übungsphase hier gründlich vor; konzentrieren Sie sich dagegen in der Klausursituation auf Ihre Schwachstellen und auf die Korrektur gröberer Schnitzer (Basistraining, S. 15–17).

Mögliche Aspekte zum Erschließen eines dramatischen Textes

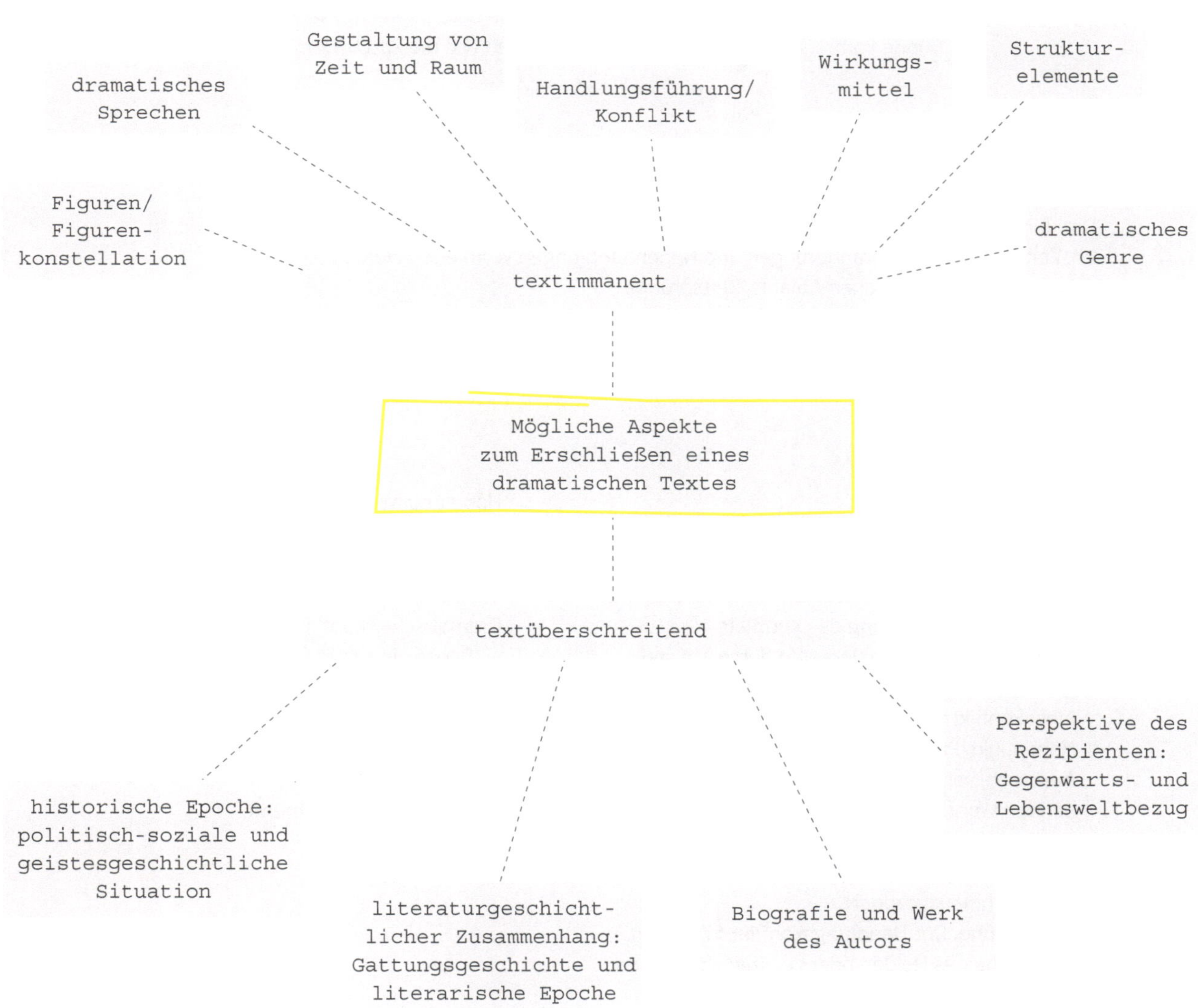

Siehe
Charakterisierung
→ S. 25

Figuren/Figurenkonstellation

- Charakter: Figur, die ein Innenleben hat, aus dem heraus ihre Handlungen verständlich sind
- Typ: Figur, die kein individuelles Innenleben hat, sondern nur typische Merkmale;
  Beispiel: der Geizige, der Misanthrop
- Protagonist/Antagonist
- Hauptfigur/Nebenfigur
- Fallhöhe: der hohe soziale (später auch der moralische) Status, von dem aus die Figur in ihr Unglück fällt
- Ständeklausel: vor der Aufklärung spielen Tragödien/ernste Dramen in der Adelsschicht, Komödien im Bürgertum; Lessing hebt die Ständeklausel im „Bürgerlichen Trauerspiel" auf.

Dramatisches Sprechen

Monolog	Selbstgespräch einer Bühnenfigur
Dialog	von zwei Figuren abwechselnd geführte Rede und Gegenrede
Botenbericht	Eine Bühnenfigur berichtet von vergangenen Ereignissen, die auf der Bühne nicht dargestellt werden können. Der Botenbericht ist, wie die Teichoskopie, ein Mittel zur Wahrung der „drei Einheiten" im „geschlossenen Drama".
Teichoskopie	Mauerschau: Durch den Bericht eines Beobachters - oft von erhöhter Warte aus - werden gleichzeitig ablaufende Ereignisse vergegenwärtigt, die auf der Bühne nicht darstellbar sind, z. B. Schlachten oder Schiffskatastrophen.
Beiseite-sprechen	Eine Bühnenfigur sagt etwas, das ihre Dialogpartner auf der Bühne nicht hören, wohl aber das Publikum.
Chor	im antiken Drama eine Gruppe von Figuren, die durch Sprechgesänge die Handlung auf der Bühne kommentiert, aber auch die Spielfiguren wie die Zuschauer direkt anspricht

Gestaltung von Zeit und Raum

- „Drei Einheiten": nach Aristoteles sollen Zeit, Raum und Handlung eines Dramas einheitlich bleiben, d. h. Zeitsprünge, Ortsveränderungen und Nebenhandlungen vermieden werden
- Diskontinuität des zeitlichen Ablaufs, Zeitsprünge
- Wechsel des Ortes, Vielheit der Orte

Handlungsführung / Konflikt

- Haupthandlung
- Nebenhandlung
- Aufbau des klassischen Dramas:
  - Exposition: Einstieg in die Handlung, Vorstellung der Figuren, Andeutung des Konflikts
  - Steigerung: Die Handlung wird durch ein steigerndes Moment in Gang gesetzt, der Handlungskonflikt wird deutlich sichtbar.
  - Höhepunkt/Peripetie: Der Konflikt kommt zum Ausbruch; seine Unlösbarkeit wird zum entscheidenden Wendepunkt im Schicksal einer Figur.
  - Retardation: Die Katastrophe wird durch ein retardierendes Moment (z. B. Hoffnung auf eine Lösung) hinausgezögert.
  - Katastrophe: Der Handlungskonflikt führt zum Untergang des Helden oder zu einer schlimmen Folge für die Figuren.
- Handlungsverläufe:
  - Vorgeschichte und ihre Enthüllung
  - Vorgriff und Verwirklichung
  - Rückgriff und Wiederholung
- Dramatischer Konflikt:
  - Partei- und Koalitionsbildung
  - Intrige
  - Konfrontation
- Spannungserzeugung:
  - erregende Momente
  - retardierende Momente
  - Spannungsabfall
  - Spannungslösung

Wirkungsmittel

- sprachliche Wirkungsmittel:
  - Prosa
  - Blankvers (reimloser fünfhebiger Jambus)
  - Stilart (Register), z. B. schlichte Stilart (Alltagssprache) oder pathetisch-erhabene Stilart (Gebrauch zahlreicher Stilmittel und Redefiguren)
  - Tempo und Rhythmisierung
- außersprachliche Wirkungsmittel:
  - Gestik, Mimik
  - Kostüm, Maske
  - Choreografie
  - Bühnenbild, Requisiten, Beleuchtung
  - Klang, Musik, Geräusch

Strukturelemente des Dramas

Akt (Aufzug)	Hauptabschnitt der dramatischen Handlung, dessen Schluss häufig durch das Fallen des Vorhangs gekennzeichnet ist
Szene (Auftritt)	Unterabschnitt der dramatischen Handlung
Prolog	Vorrede, die in die Thematik des Stückes einführt
Epilog	Nachspiel, das die Handlung reflektiert
Zwischenspiel	Unterbrechung der eigentlichen Handlung durch kurze, meist komische Szenen, im epischen Theater durch Lieder

Dramatische Genres

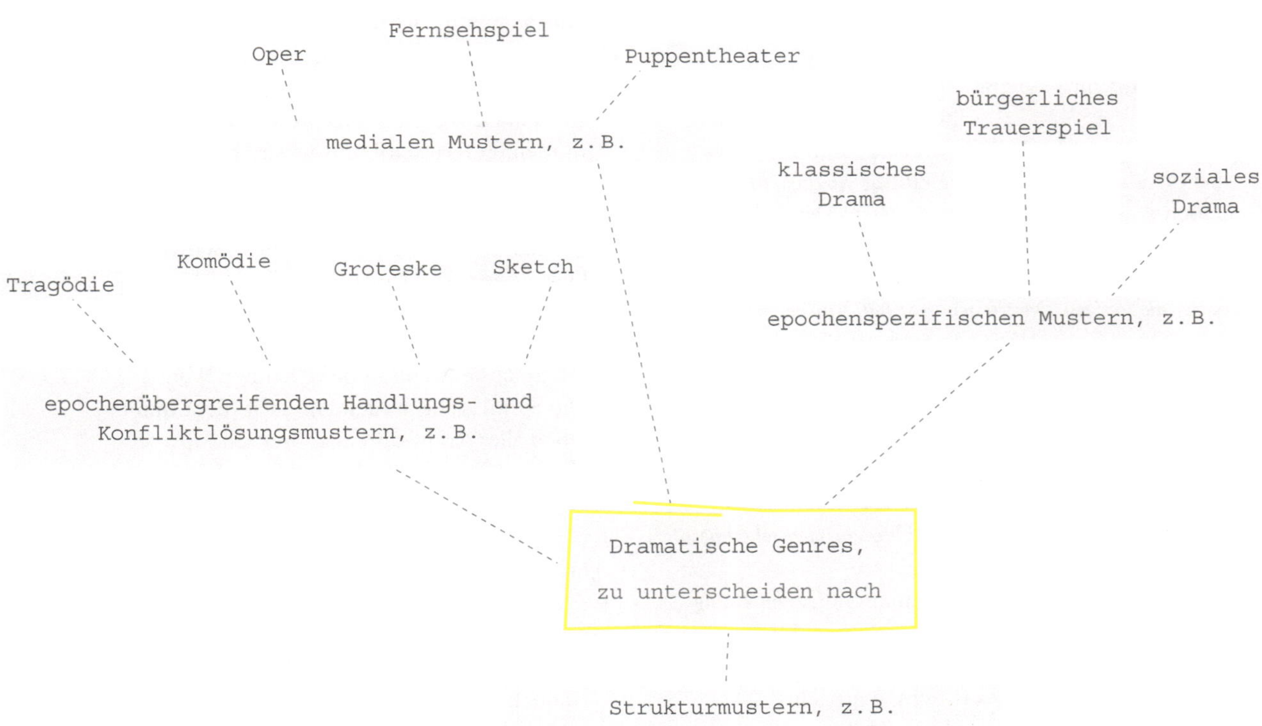

geschlossenes Drama

zeichnet sich aus durch die Einhaltung der Einheit von Zeit, Ort und Handlung und der Ständeklausel; pathetisch-erhabene Stilart; die einzelnen Szenen sind kausal miteinander verknüpft, die Handlungen sind stilisiert, der Aufbau ist streng symmetrisch; Voraussetzung: die Welt wird als grundsätzlich verständlich, als ein geordnetes Ganzes angesehen

offenes Drama

Zeitsprünge und Vielheit der Orte, mehrere Handlungsstränge, Gespräche zwischen Vertretern unterschiedlicher Stände üblich, Alltagssprache; die einzelnen Szenen stehen relativ unverbunden nebeneinander, aber jede steht für die Gesamtproblematik des Stückes; Einheit des Stückes durch zentrale Figuren, wiederkehrende Orte, Motive; Voraussetzung: die Welt wird als nicht mehr in sich verständlich, sondern zufällig und chaotisch wahrgenommen

Training: Erschließung und Interpretation einer Dramenszene

→ Lösungsheft S. 19–22

FRIEDRICH SCHILLER (1759–1805)

Don Karlos (1. Akt, 6. Auftritt)

König. Königin. Herzog Alba. Graf Lerma. Domingo. Einige Damen und Granden, welche in der Entfernung zurückbleiben.

Verszählung

KÖNIG *sieht mit Befremden umher und schweigt eine Zeit lang*
Was seh ich! Sie hier! So allein, Madame?
Und auch nicht eine Dame zur Begleitung?
Das wundert mich – wo bleiben Ihre Frauen?
KÖNIGIN Mein gnädigster Gemahl –
KÖNIG Warum allein?
Zum Gefolge Von diesem unverzeihlichen Versehn
Soll man die strengste Rechenschaft mir geben.
Wer hat das Hofamt bei der Königin?
Wen traf der Rang, sie heute zu bedienen?
KÖNIGIN O, zürnen Sie nicht, mein Gemahl – ich selbst,
Ich bin die Schuldige – auf mein Geheiß
Entfernte sich die Fürstin Eboli.
KÖNIG Auf Ihr Geheiß?
KÖNIGIN Die Kammerfrau zu rufen,
Weil ich nach der Infantin mich gesehnt.
KÖNIG Und darum die Begleitung weggeschickt?
Doch dies entschuldigt nur die erste Dame:
Wo war die zwote?
MONDEKAR *welche indessen zurückgekommen ist und sich unter die übrigen Damen gemischt hat, tritt hervor*
Ihre Majestät,
Ich fühle, dass ich strafbar bin –
KÖNIG Deswegen
Vergönn ich Ihnen zehen Jahre Zeit,
Fern von Madrid darüber nachzudenken.
Die Marquisin tritt mit weinenden Augen zurück. Allgemeines Stillschweigen. Alle Umstehenden sehen bestürzt auf die Königin.
KÖNIGIN Marquisin, *wen* beweinen Sie? *Zum König*
Hab ich
Gefehlt, mein gnädigster Gemahl, so sollte
Die Königskrone dieses Reichs, wornach
Ich selber nie gegriffen habe, mich
Zum mindesten vor dem Erröten schützen.
Gibts ein Gesetz in diesem Königreich,
Das vor Gericht Monarchentöchter fordert?
Bloß Zwang bewacht die Frauen Spaniens?
Schützt sie ein Zeuge mehr als ihre Tugend?
Und jetzt Vergebung, mein Gemahl – ich bin
Es nicht gewohnt, die mir mit Freude dienten,
In Tränen zu entlassen. – Mondekar!
Sie nimmt ihren Gürtel ab und überreicht ihn der Marquisin.
Den König haben Sie erzürnt – nicht mich –
Drum nehmen Sie dies Denkmal meiner Gnade
Und dieser Stunde. – Meiden Sie das Reich –
Sie haben nur in Spanien gesündigt;
In meinem Frankreich wischt man solche Tränen
Mit Freuden ab. – O, muss michs ewig mahnen?
Sie lehnt sich an die Oberhofmeisterin und bedeckt das Gesicht.
In meinem Frankreich wars doch anders.
KÖNIG *in einiger Bewegung* Konnte
Ein Vorwurf meiner Liebe Sie betrüben?
Ein Wort betrüben, das die zärtlichste
Bekümmernis auf meine Lippen legte?
Er wendet sich gegen die Grandezza.
Hier stehen die Vasallen meines Throns.
Sank je ein Schlaf auf meine Augenlider,
Ich hätte denn am Abend jedes Tags
Berechnet, wie die Herzen meiner Völker
In meinen fernsten Himmelsstrichen schlagen? –
Und sollt ich ängstlicher für meinen Thron
Als für die Gattin meines Herzens beben? –
Für meine Völker haftet mir mein Schwert,
Dies Auge nur für meines Weibes Liebe.
KÖNIGIN Verdien ich diesen Argwohn, Sire?
KÖNIG Ich heiße
Der reichste Mann in der getauften Welt;
Die Sonne geht in meinem Staat nicht unter –
Doch alles das besaß ein andrer schon,
Wird nach mir mancher andre noch besitzen.
Das ist mein eigen. Was der König hat,
Gehört dem Glück – Elisabeth dem Philipp.
Hier ist die Stelle, wo ich sterblich bin.
KÖNIGIN Sie fürchten, Sire?
KÖNIG Dies graue Haar doch nicht?
Wenn ich einmal zu fürchten angefangen,
Hab ich zu fürchten aufgehört[1] –
Zu den Granden Ich zähle
Die Großen meines Hofs – der Erste fehlt.
Wo ist Don Karlos, mein Infant?
Niemand antwortet. Der Knabe
Don Karl fängt an, mir fürchterlich zu werden.
Er meidet meine Gegenwart, seitdem
Er von Alkalas[2] hoher Schule kam.
Sein Blut ist heiß, warum sein Blick so kalt?
So abgemessen festlich sein Betragen?
Seid wachsam. Ich empfehl es euch.
ALBA Ich bins.

1 zu fürchten aufgehört: hier: Wenn etwas die Furcht der Könige erregt, ist es schon so gut wie beseitigt.

2 Alkalá: Universitätsstadt in der Nähe von Madrid

Solang ein Herz an diesen Panzer schlägt,
Mag sich Don Philipp ruhig schlafen legen.
Wie Gottes Cherub[3] vor dem Paradies
Steht Herzog Alba vor dem Thron.

LERMA Darf ich
Dem weisesten der Könige in Demut
Zu widersprechen wagen? – Allzu tief
Verehr ich meines Königs Majestät,
Als seinen Sohn so rasch und streng zu richten.
Ich fürchte viel von Karlos' heißem Blut,
Doch nichts von seinem Herzen.

KÖNIG Graf von Lerma,
Ihr redet gut, den Vater zu bestechen:
Des Königs Stütze wird der Herzog sein –
Nichts mehr davon – *Er wendet sich gegen sein Gefolge.*
Jetzt eil ich nach Madrid.
Mich ruft mein königliches Amt. Die Pest
Der Ketzerei steckt meine Völker an,
Der Aufruhr wächst in meinen Niederlanden.
Es ist die höchste Zeit. Ein schauerndes
Exempel soll die Irrenden bekehren.
Den großen Eid, den alle Könige
Der Christenheit geloben, lös ich morgen.
Dies Blutgericht soll ohne Beispiel sein;
Mein ganzer Hof ist feierlich geladen.
Er führt die Königin hinweg, die Übrigen folgen.

(1787)

3 **Cherub:** Ein die Pforte des Paradieses bewachender Engel

Erschließen und interpretieren Sie die Szene. Arbeiten Sie dabei insbesondere die Charaktere des Königs und der Königin heraus.

INFO

Don Karlos **gilt in Hinblick auf die Form als Schillers erstes klassisches Drama. Obwohl die Handlung gegen Ende des 16. Jahrhunderts in Spanien spielt, gestaltet der Dichter einen Konflikt, in dessen Zentrum die Grundgedanken der Aufklärung, insbesondere die Idee der Freiheit stehen.**

Philipp II., der das spanische Weltreich als absoluter Monarch regiert, hat die frühere Verlobte seines Sohnes, des Kronprinzen Don Karlos, aus Staatsgründen geheiratet. Don Karlos ist noch immer in Elisabeth von Valois verliebt, die jetzt allerdings seine ‚Stiefmutter' geworden ist. Er vertraut sich seinem Freund, Marquis Posa, an. Der vermittelt ein Gespräch mit der Königin, die Don Karlos jedoch dazu auffordert, seine Liebe zu vergessen und sich für die Befreiung der Niederlande aus der spanischen Unterdrückung einzusetzen.

Philipp II., der mit harter Hand regiert, spürt, dass er am eigenen Hof keinen Menschen hat, dem er vertrauen kann. Deshalb sucht er in Marquis Posa einen Vertrauten. Er weiß nämlich, dass Marquis Posa sich niemals scheut, seine eigene Meinung zu vertreten, und selbst ihm, dem König, nicht nach dem Munde reden wird. Marquis Posa versucht den König davon zu überzeugen, den Niederlanden die Freiheit zu geben, ja, im gesamten spanischen Reich „Gedankenfreiheit" zu erlauben.

Da Philipp II. nicht auf seine Forderung eingeht, beschließt Marquis Posa – ohne Wissen von Don Karlos – den König durch eine Intrige dazu zu bringen, Don Karlos die Befehlsgewalt über die Niederlande zu geben. Die Intrige wird aufgedeckt, Marquis Posa erschossen und Don Karlos, der sich an die Spitze der Truppen in Flandern setzen will, der Inquisition überantwortet.

Der 6. Auftritt des 1. Aktes spielt in der Sommerresidenz des spanischen Königs, im königlichen Garten in Aranjuez. Dort befindet sich auch das Landhaus der Königin, das Philipp eigens für seine Frau dort erbauen ließ. Elisabeth von Valois, die Königin, zieht sich bewusst vom Königspalast in Madrid und damit von den Staatsgeschäften ihres Mannes zurück. Unmittelbar zuvor hat Don Karlos mit Elisabeth gesprochen und ihr seine Liebe gestanden. Sie hat ihn zurückgewiesen und ihn aufgefordert, seine Gefühle zu besiegen und für die Befreiung der Niederlande zu kämpfen. Dieses Gespräch ist von Marquis Posa vermittelt worden, dem die Königin vertraut und dessen politische Ideen sie teilt. Um ungestört mit Don Karlos reden zu können, hat Elisabeth die Hofdamen weggeschickt.

1. Verstehenshypothese formulieren	→	**2.** Text aspektorientiert untersuchen	→	**3.** These formulieren	→	**4.** Gliederung erstellen	→	**5.** Klausur schreiben	→	**6.** Klausur überarbeiten

1. Entwickeln Sie eine kurze Handlungsskizze:

   Situieren Sie mithilfe der Info-Box (S. 77) die vorliegende Szene innerhalb der Handlung: ______

   Welche Figuren treten auf? Wie ist ihre Anordnung im Raum? ______

   Worüber sprechen sie? ______

2. Beschreiben Sie Ihren ersten Eindruck von der Szene: Wer/was beeindruckt/interessiert Sie besonders?

   ______

3. Worum geht es in dieser Szene? Entscheiden Sie sich für eines oder mehrere der folgenden Stichwörter und formulieren Sie eine entsprechende Verstehenshypothese.

   - ☐ Kampf der Geschlechter
   - ☐ Vater-Sohn-Konflikt
   - ☐ Religionskriege
   - ☐ Verhältnis Hofstaat – Königshaus
   - ☐ Problem der Freiheit in einem absolutistischen Staat
   - ☐ Heimweh der Königin

   ______

1. Verstehenshypothese formulieren	→	**2. Text aspektorientiert untersuchen**	→	**3.** These formulieren	→	**4.** Gliederung erstellen	→	**5.** Klausur schreiben	→	**6.** Klausur überarbeiten

TIPP

Wenn in der Klausuraufgabe keine speziellen Untersuchungsaspekte vorgegeben werden, müssen Sie diese – entsprechend Ihrer Verstehenshypothese – selbst festlegen. Die folgende Fragekette kann Ihnen dabei helfen:

Wer	→	**Aspekt: Figuren/Figurenkonstellation**
spricht	→	**Aspekt: dramatisches Sprechen**
mit wem	→	**Aspekt: Figuren/Figurenkonstellation**
in welcher Situation	→	**Aspekt: Gestaltung von Zeit und Raum**
worüber und in welcher Absicht	→	**Aspekt: Handlungsführung/Konflikt**
wie	→	**Aspekt: sprachliche Wirkungsmittel**

Aspekt: Figur/Figurenkonstellation

Siehe Charakterisierung → S. 25

1. Charakterisieren Sie Philipp II. hinsichtlich seines Auftretens, seiner inneren Einstellung und seiner Beziehung zu anderen Figuren. Vergessen Sie nicht die Textbelege und die Versangaben.

Hinsicht	*Charakterisierung*	*Textbeleg*
Auftreten	unerbittlich	„Von diesem unverzeihlichen Versehn / Soll man die strengste Rechenschaft mir geben" (V. 5f.) „Ein schauerndes/Exempel soll die Irrenden bekehren" (V. 86f.)
	zynisch	„Deswegen / vergönn ich Ihnen zehen Jahre Zeit" (V. 17f.)
innere Einstellung		
Beziehung zu anderen Personen	vertraut unter den Granden scheinbar nur dem Herzog Alba	„Des Königs Stütze wird der Herzog sein" (V. 81)

2. Charakterisieren Sie in ähnlicher Weise die Königin.

Hinsicht	*Charakterisierung*	*Textbeleg*
Auftreten	demütig	„Mein gnädigster Gemahl" (V. 4) widersetzt sich dem Befehl des Königs nicht (V. 20ff.)
	aber kritisch	
innere Einstellung		
Beziehung zu anderen Personen		

3. Inwiefern unterscheidet sich das Auftreten der Königin gegenüber dem König von dem des Hofstaats?

Aspekt: Thematik

4. Welche Auffassung hat der König zum Problem der Freiheit? Welche Auffassung hat dagegen die Königin? Versuchen Sie allgemeine Aussagen zu formulieren, die der König bzw. die Königin unterstützen würden, und verweisen Sie auf entsprechende Textstellen.

König	*Königin*
Frauen müssen beschützt/bewacht werden. (vgl. V. 4 ff.)	
	Untergebene müssen mit Respekt und Dankbarkeit behandelt werden. (vgl. V. 29 ff.)
Der König ist absoluter Herrscher. (vgl. V. 51 ff.)	
Gehorsam gegenüber dem König muss mit Gewalt durchgesetzt werden. (vgl. V. 83 ff.)	
Liebe lässt sich nicht mit Gewalt erzwingen. (vgl. V. 49 f.)	
	Die Niederlande müssen befreit werden. (vgl. Info-Kasten, S. 77)

Aspekt: dramatisches Sprechen/sprachliches Handeln

5. Untersuchen Sie die Redeanteile der Figuren und den Redeaufbau im Verlauf der Szene.
   - Inwiefern bilden sie den Rang der Figuren ab?
   - Welche Informationen gewinnt der Zuschauer aus der Tatsache, dass auf den König und die Königin jeweils längere zusammenhängende Passagen entfallen?

6. Wie bestimmt der Rang der Figuren ihr Gesprächsverhalten?

7. Klären Sie die Wirkung des Schweigens an folgenden Stellen:

„KÖNIG *sieht mit Befremden umher und schweigt eine Zeit lang*" (vor V. 1):

„*Die Marquise tritt mit weinenden Augen zurück. Allgemeines Schweigen.*" (nach V. 19):

„Wo ist Don Karlos, mein Infant? *Niemand antwortet.*" (V. 64):

8. Umreißen Sie stichwortartig das sprachliche Handeln der Figuren. Mit welchen Strategien versuchen sie, ihre Absichten zu verwirklichen? Sie können sich an dem folgenden Beispiel orientieren:

Herzog Alba

Absichten	*Strategien*
will absolute Ergebenheit gegenüber dem König demonstrieren	stellt den Dienst am König als Lebensaufgabe dar: „Solang ein Herz an diesen Panzer schlägt ..." (V. 70f.)
will den Argwohn des Königs in Bezug auf seinen Sohn schüren und bestärken	verspricht nicht nur Wachsamkeit für die Zukunft, sondern schon für die Vergangenheit und Gegenwart: „ich bins" (V. 69) – dadurch Hervorhebung ihrer dringenden Notwendigkeit
will sich als alleiniger Beschützer des Königs etablieren	vergleicht den eigenen Körper mit einem „Panzer" (V. 70), sich selbst mit einem „Cherub" (V. 72)
will dem König schmeicheln	vergleicht den König indirekt mit Gott (vgl. V. 72)

König

Absichten	*Strategien*
will als starker König erscheinen	tritt schweigend auf, zeigt seinen Unwillen durch Blicke; stellt Fragen, fordert Antworten

Königin

Absichten	*Strategien*
will den König besänftigen	spricht ihn demütig, zurückhaltend an (vgl. V. 4)

Graf Lerma

Absichten	*Strategien*
will beim König Gehör finden	bittet um die Erlaubnis zu sprechen (vgl. V. 73 ff.)

Aspekt: formale Gestaltungsmittel

INFO

Nach Auffassung Schillers bedarf das Drama einer sprachlichen Stilisierung: In der Vorrede zur Thalia-Fassung schreibt er 1785: „Ein vollkommenes Drama soll [...] in Versen geschrieben sein, oder es ist kein vollkommenes [...]. Weil ich die Wahrheit jenes Ausspruchs überzeugend erkannte, habe ich diesen Karlos in Jamben entworfen. Aber in reimfreien Jamben."

9. Zeigen Sie, wie Schiller die Möglichkeiten der Versgestaltung nutzt, um die Redeanteile der Figuren miteinander zu verknüpfen.

1. Verstehenshypothese formulieren → 2. Text aspektorientiert untersuchen → **3. These formulieren** → 4. Gliederung erstellen → 5. Klausur schreiben → 6. Klausur überarbeiten

1. Sichten Sie Ihre Analyseergebnisse im Blick auf Ihre Verstehenshypothese (S. 78.). Welche Ergebnisse

- unterstützen Ihre Verstehenshypothese,

- differenzieren Ihre Verstehenshypothese,

- korrigieren oder verwerfen Ihre Verstehenshypothese?

Hier eine ausformulierte These, die zur Grundlage eines Interpretationsaufsatzes werden könnte:

> In dieser Szene werden Philipp II., König von Spanien, und seine Frau, Elisabeth von Valois, charakterisiert, indem sie kontrastiert werden. Es geht dabei nicht nur um die Figuren als Individuen, sondern sie stehen für zwei vollkommen unterschiedliche Auffassungen von Freiheit.

1. Verstehenshypothese formulieren → 2. Text aspektorientiert untersuchen → 3. These formulieren → **4. Gliederung erstellen** → 5. Klausur schreiben → 6. Klausur überarbeiten

TIPP

Für eine kontrastierende Charakterisierung gibt es drei grundsätzliche Möglichkeiten der Textgliederung:

- **Sie charakterisieren erst gesondert die beiden Figuren und arbeiten dann den Kontrast in einem dritten Abschnitt heraus.**
- **Sie erarbeiten erst die Charakterisierung einer Figur und kontrastieren die andere Figur, indem Sie die wesentlichen Charakterzüge dieser Figur gegen die andere Figur stellen.**
- **Sie beschreiben die beiden Figuren von Charakterzug zu Charakterzug und arbeiten so eine kontrastierende Charakterisierung der beiden Figuren heraus.**

1. Beschreiben Sie kurz Vor- und Nachteile der drei Gliederungsmöglichkeiten.

erste Gliederungsmöglichkeit:

zweite Gliederungsmöglichkeit: ______

dritte Gliederungsmöglichkeit: ______

2. Die in der folgenden Tabelle aufgeführten Kriterien können Sie als Gliederungspunkte für eine kontrastierende Charakterisierung verwenden. Füllen Sie zunächst die Tabelle aus.

Kriterium	*König*	*Königin*
Art des Auftretens		
Art des Sprechens		
Umgang miteinander		
Kommunikation untereinander		

3. Rekapitulieren Sie die Ergebnisse Ihrer Textuntersuchung und entwerfen Sie anschließend auf einem separaten Blatt eine vollständige Gliederung Ihres Aufsatzes.

1. Verstehenshypothese formulieren → 2. Text aspektorientiert untersuchen → 3. These formulieren → 4. Gliederung erstellen → **5. Klausur schreiben** → 6. Klausur überarbeiten

Einleitung

TIPP

Zu einer gelungenen Interpretation gehört eine aufgabenbezogene Einleitung. In dieser Einleitung müssen folgende Elemente vorkommen: Text, Autor, Genre, Zeit, Thema, Hinführung zur eigenen Deutung. In welcher Reihenfolge Sie diese Punkte erwähnen, bleibt Ihnen überlassen.

1. Formulieren Sie eine Einleitung für Ihre Interpretation.

Hauptteil

2. Erarbeiten Sie nun auf einem eigenen Blatt Ihrer Gliederung gemäß und unter Rückgriff auf die Vorarbeiten aus dem zweiten Arbeitschritt eine kontrastierende Charakterisierung des Königs Philipp II. und der Königin. Achten Sie dabei darauf, dass Sie

   - das unterschiedliche Verhalten der Figuren nicht bloß wiedergeben, sondern aus dem Verhalten auf Charaktereigenschaften schließen und allgemeinere Aussagen über ihre Einstellungen treffen,
   - die Charakterisierung von Nebenfiguren zwar ebenfalls mit aufnehmen, sie aber im Sinne der Aufgabenstellung als Mittel zur Charakterisierung der Hauptfiguren nutzen; z. B. indem Sie verallgemeinernde Aussagen zum Verhalten des Hofstaats treffen, welches Sie wiederum in unterschiedlicher Weise auf den König und die Königin beziehen können,
   - auch die Ergebnisse der Analyse der Aspekte Handlungsführung/Konflikt, dramatisches Sprechen und formale Gestaltungsmittel mit einbringen; z. B. indem Sie zeigen, wie auch diese Gestaltungsmittel zur indirekten Charakterisierung der Figuren sowie zur Gestaltung des Themas Freiheit beitragen,
   - darstellen, wie durch den Kontrast der Figuren hindurch das Thema Freiheit entfaltet wird (vgl. die These auf S. 83).

Schluss

TIPP

Planen Sie von Anfang an genügend Zeit für die Formulierung Ihres Schlussteils ein!

Der Abschluss Ihrer Klausur ist deshalb so wichtig, weil er der letzte Eindruck für den Leser ist. Wenn hier Ihr Textverständnis gedanklich klar und sprachlich überzeugend zusammengefasst wird, dann wird dem Leser deutlich, dass Sie nicht nur viele Detailkenntnisse und Einzelergebnisse präsentieren, sondern den Text in seinem Zusammenhang, in seinen Intentionen und in seiner Struktur verstanden haben.

3. Vervollständigen Sie diesen Schlussteil. Machen Sie dabei nochmals in möglichst pointierter Weise deutlich, was durch die Kontrastierung der Charaktere geleistet wird.

Obwohl Philipp somit in dieser dramatischen Szene vordergründig die alles beherrschende Figur ist – er stellt die Fragen, er beurteilt und bewertet, er gibt Befehle und Anweisungen –, wird durch das Verhalten der Königin deutlich, dass er ihr letztlich unterlegen ist.

Abituraufgabe

→ Lösungsheft S. 22–23

Text A

BERTOLT BRECHT (1898–1956)

Leben des Galilei, 3. Bild

Texte in alter Rechtschreibung

Sie setzen sich erregt zur Arbeit. Es wird dunkel auf der Bühne, jedoch sieht man weiter am Rundhorizont den Jupiter und seine Begleitsterne. Wenn es wieder hell wird, sitzen sie immer noch, mit Wintermänteln an.

GALILEI Es ist bewiesen. Der vierte kann nur hinter den Jupiter gegangen sein, wo man ihn nicht sieht. Da hast du ein Gestirn, um das ein anderes sich dreht.

SAGREDO Aber die Kristallschale, an die der Jupiter angeheftet ist?

GALILEI Ja, wo ist sie jetzt? Wie kann der Jupiter angeheftet sein, wenn andere Sterne um ihn kreisen? Da ist keine Stütze im Himmel, da ist kein Halt im Weltall! Da ist eine andere Sonne!

SAGREDO Beruhige dich! Du denkst zu schnell.

GALILEI Was, schnell! Mensch, reg dich auf! Was du siehst, hat noch keiner gesehen. Sie hatten recht!

SAGREDO Wer? Die Kopernikaner?

GALILEI Und der andere[1]! Die ganze Welt war gegen sie, und sie hatten recht. Das ist was für Andrea! *Er läuft außer sich zur Tür und ruft hinaus:* Frau Sarti! Frau Sarti!

SAGREDO Galilei, du sollst dich beruhigen!

GALILEI Sagredo, du sollst dich aufregen! Frau Sarti!

SAGREDO *dreht das Fernrohr weg*: Willst du aufhören, wie ein Narr herumzubrüllen?

GALILEI Willst du aufhören, wie ein Stockfisch dazustehen, wenn die Wahrheit entdeckt ist?

SAGREDO Ich stehe nicht wie ein Stockfisch, sondern ich zittere, es könnte die Wahrheit sein.

GALILEI Was?

SAGREDO Hast du allen Verstand verloren? Weißt du wirklich nicht mehr, in was für eine Sache du kommst, wenn das wahr ist, was du da siehst? Und du es auf allen Märkten herumschreist: daß die Erde ein Stern ist und nicht der Mittelpunkt des Universums.

GALILEI Ja, und daß nicht das ganze riesige Weltall mit allen Gestirnen sich um unsere winzige Erde dreht, wie jeder sich denken konnte!

SAGREDO Daß da also nur Gestirne sind! – Und wo ist dann Gott?

GALILEI Was meinst du damit?

SAGREDO Gott! Wo ist Gott?

GALILEI *zornig*: Dort nicht! So wenig wie er hier auf der Erde zu finden ist, wenn dort Wesen sind und ihn hier suchen sollten!

SAGREDO Und wo ist also Gott?

GALILEI Bin ich Theologe? Ich bin Mathematiker.

SAGREDO Vor allem bist du ein Mensch. Und ich frage dich, wo ist Gott in deinem Weltsystem?

GALILEI In uns oder nirgends!

SAGREDO *schreiend*: Wie der Verbrannte[2] gesagt hat?

GALILEI Wie der Verbrannte gesagt hat!

SAGREDO Darum ist er verbrannt worden! Vor noch nicht zehn Jahren!

GALILEI Weil er nichts beweisen konnte! Weil er es nur behauptet hat! Frau Sarti!

SAGREDO Galilei, ich habe dich immer als einen schlauen Mann gekannt. Siebzehn Jahre in Padua und drei Jahre in Pisa hast du Hunderte von Schülern geduldig das Ptolemäische System gelehrt, das die Kirche verkündet, und die Schrift bestätigt, auf der die Kirche beruht. Du hast es für falsch gehalten mit dem Kopernikus, aber du hast es gelehrt.

GALILEI Weil ich nichts beweisen konnte.

SAGREDO *ungläubig:* Und du glaubst, das macht einen Unterschied?

GALILEI Allen Unterschied! Sieh her, Sagredo! Ich glaube an den Menschen, und das heißt, ich glaube an seine Vernunft! Ohne diesen Glauben würde ich nicht die Kraft haben, am Morgen aus meinem Bett aufzustehen.

SAGREDO Dann will ich dir etwas sagen: ich glaube nicht an sie. Vierzig Jahre unter den Menschen haben mich ständig gelehrt, daß sie der Vernunft nicht zugänglich sind. Zeige ihnen einen roten Kometenschweif, jage ihnen eine dumpfe Angst ein, und sie werden aus ihren Häusern laufen und sich die Beine brechen. Aber sage ihnen einen vernünftigen Satz und beweise ihn mit sieben Gründen, und sie werden dich einfach auslachen.

GALILEI Das ist ganz falsch und eine Verleumdung. Ich begreife nicht, wie du, so etwas glaubend, die Wissenschaft lieben kannst. Nur die Toten lassen sich nicht mehr von Gründen bewegen!

SAGREDO Wie kannst du ihre erbärmliche Schlauheit mit Vernunft verwechseln!

GALILEI Ich rede nicht von ihrer Schlauheit. Ich weiß, sie nennen den Esel ein Pferd, wenn sie ihn verkaufen, und das Pferd einen Esel, wenn sie es einkaufen wollen. Das ist ihre Schlauheit. Die Alte, die am Abend vor der Reise dem Maulesel mit der harten Hand ein Extrabüschel Heu vorlegt, der Schiffer, der beim Einkaufen der Vorräte des Sturmes und der Windstille gedenkt, das Kind, das die Mütze aufstülpt, wenn ihm bewiesen wurde, dass es regnen kann, sie alle sind meine Hoffnung, sie alle lassen Gründe gelten. Ja, ich glaube an die sanfte Gewalt der Vernunft über die Menschen.

1 „der andere“: Gemeint ist Giordano Bruno, der das kopernikanische System und ein pantheistisches Gottesbild vertrat. 1600 wurde er in Rom als Ketzer verbrannt.

2 „der Verbrannte“: vgl. Anmerkung 1

Sie können ihr auf die Dauer nicht widerstehen. Kein Mensch kann lange zusehen, wie ich – *er lässt aus der Hand einen Stein auf den Boden fallen* – einen Stein fallen lasse und dazu sage: er fällt nicht. Dazu ist kein Mensch imstande. Die Verführung, die von einem Beweis ausgeht, ist zu groß. Ihr erliegen die meisten, auf die Dauer alle. Das Denken gehört zu den größten Vergnügungen der menschlichen Rasse.

(1955)

BERTOLT BRECHT

Text B

Das Sinnliche in Galilei

Galilei ist natürlich kein Falstaff[1]: als überzeugter Materialist besteht er auf physischen Freuden. Bei der Arbeit würde er zwar nicht trinken; wichtig ist, daß er auf sinnliche Weise arbeitet. Es bereitet ihm Genuß, seine Instrumente mit Eleganz zu handhaben. Ein großer Teil seiner Sinnlichkeit ist geistiger Natur. Da gibt es das „schöne Experiment", die kleine theatralische Darbietung, zu der er jede Lektion gestaltet; die häufig rohe Art, wie er einen Menschen mit der Wahrheit konfrontiert; dann gibt es in seinen Reden Stellen (in 1, 7, 13), wo er gute Wörter auswählt und sie abschmeckt wie Gewürze. (Das hat nichts zu tun mit dem „Gesang" des Schauspielers, der vielleicht mit Genuß seine Arien hinlegt, aber den Genuß der Person, die er darstellt, nicht zeigt.)

1 **Falstaff:** literarische Figur aus Werken von William Shakespeare, die als besonders genusssüchtig gilt

BERTOLT BRECHT

Text C

Sinn und Sinnlichkeit

Es ist unsere [der Deutschen] besondere Unsinnlichkeit, welche den Sinn so auffällig und penetrant macht, sobald er „hereingebracht" wird. Das Unsinnliche ist in der Kunst ohne weiteres auch unsinnig, und kein Sinn bleibt gesund, wenn er nicht sinnlich ist. Bei uns hat die Vernunft gleich etwas Kaltes, Gewaltsames, Mechanisches, und wir haben entweder das Leben oder die Idee, die Leidenschaft oder das Denken, das Nützliche oder das Vergnügliche. So kommt es, daß wir, unseren „Faust" aufführend, was der Bildung wegen regelmäßig geschieht, ihn jeder Sinnlichkeit entkleiden und das Publikum dadurch in eine vage Stimmung versetzen, in der es fühlt, es habe etwas mit allerhand Gedanken zu tun, ohne einen einzigen zu fassen.

› **Erschließen und interpretieren Sie den Dramenauszug. Arbeiten Sie dabei insbesondere die unterschiedlichen Positionen der Dialogpartner heraus und untersuchen Sie die sprachlichen und dialogtechnischen Gestaltungsmittel.**

› **Zeigen Sie, ausgehend von den in den Texten B und C dargelegten Standpunkten Brechts, worin sich die Sinnlichkeit des Galileo Galilei in der vorliegenden Szene äußert, und stellen Sie anhand selbst gewählter Beispiele aus Johann Wolfgang von Goethes *Faust I* dar, wie dort Sinnlichkeit im Sinne Brechts angelegt ist.**

INFO

Das Stück Leben des Galilei spielt um 1600 in Italien. Im Mittelpunkt steht der Astronom und Physiker Galileo Galilei. Im 3. Bild, dem der vorliegende Auszug entnommen ist, wird dargestellt, wie Galilei dank des selbst erfundenen Fernrohrs Phänomene entdeckt, die das kopernikanische (heliozentrische) Weltbild beweisen und damit das von der Kirche propagierte ptolemäische (geozentrische) Weltbild widerlegen.

Analyse und Erörterung von Sachtexten

Denn der Geschichtsschreiber und der Dichter […] unterscheiden sich dadurch, dass der eine das wirklich Geschehene mitteilt, der andere, was geschehen könnte.

ARISTOTELES

Den Unterschied zwischen literarischen Texten und Sachtexten zu definieren ist nicht ganz einfach.
Man kann nicht schlichtweg sagen: Literarische Texte sind „erfunden", Sachtexte beziehen sich auf die Realität.
Denn beide Textarten haben an der Wirklichkeit teil, also an Sachverhalten, die auch außerhalb des Textes bestehen.
Allerdings auf verschiedene Weise:
Der fiktionale Text nimmt immer auch Realitätselemente auf, Elemente aus der Geschichte, der Gegenwart, den persönlichen Erinnerungen und Erlebnissen des Autors etc. So ergibt sich eine Mischung von erfundenen und nicht erfundenen Elementen. Die Einzelelemente entstammen der alltäglichen oder geschichtlichen Wirklichkeit, das Ganze aber ist Fiktion – eine Welt hinter Glas, scheinbar hermetisch von der wirklichen Welt abgeschlossen. So weiß der Leser, wenn er einen Roman aufschlägt oder ins Theater geht: Die dargestellte Wirklichkeit ist nicht das Leben selbst, sondern ein Modell möglicher Wirklichkeit. Das erzählte, geschilderte oder auf der Bühne dargestellte Geschehen existiert nur im Erzählt- oder Dargestelltwerden.
Der Sachtext hat demgegenüber ein anderes Verhältnis zur Realität: Er ist tatsachen- und sachbezogen.
Was er vermittelt, gehört grundsätzlich in das Erfahrungs- und Wissensgebiet seines Autors. Andererseits kann auch er Darstellungsformen, Techniken der Vermittlung und Stilformen nutzen, mit denen üblicherweise der literarische Text seine Leser beeinflussen will. Im Detail kann er poetische Mittel benutzen, als ganzer beabsichtigt er aber immer eine Wirklichkeitsaussage.
Wer eine solche Wirklichkeitsaussage in einem Sachtext erörtern und bewerten soll, muss den Text zunächst gründlich analysieren. Sachtextanalyse und Sachtexterörterung gehören aus diesem Grund eng zusammen und kommen im Abitur so gut wie niemals getrennt vor. Dennoch kann es sinnvoll sein, die Analyse getrennt zu üben (wie wir es in diesem Kapitel zunächst tun). Vor allem aber ist es wichtig, sich zu vergegenwärtigen, was von einer Analyse verlangt wird und was von einer Erörterung – nur dann lassen sich beide Aufgabenbereiche in einer Klausur sinnvoll verbinden.

Das folgende Kapitel will

- Ihnen helfen, Ihr Wissen über Sachtexte einzuschätzen und aufzufrischen,
- Ihnen die Strategien ins Bewusstsein rufen, die für argumentierende Texte typisch sind: damit Sie sie erkennen, beschreiben und ggf. selbst anwenden können,
- Ihnen zeigen, wie man Schritt für Schritt einen Sachtext erschließt,
- mit Ihnen zusammen die sinnvollen Arbeitsschritte hin zu einer gelungenen Erörterung gehen,
- Ihnen ermöglichen, eine Aufgabe im Format der offiziellen Abituraufgaben zu bearbeiten.

Aufgaben zur Selbsteinschätzung

→ Lösungsheft S. 23–24

1. Markieren Sie die Kästchen, die zur Sachtextanalyse gehören, und die Kästchen, die zur Sachtexterörterung gehören, mit unterschiedlichen Farben.

a. *die Mitteilungen des Autors so exakt wie möglich erfassen*	**b.** *eine eigene Position zu den im Text beschriebenen Problemen entwickeln und entfalten*	**c.** *Kontexte (Bezüge zur Autorenbiografie, zu Politik, Zeitgeschichte, Kultur, etc.) einbeziehen*
d. *sich kritisch mit den im Text geäußerten Positionen auseinandersetzen*	**e.** *die Sprache und Argumentationsweise des Textes beschreiben*	**f.** *die Möglichkeiten und Grenzen der konkret vorliegenden Sachtextart mitreflektieren*
g. *sich kritisch mit der Argumentationsweise des Textes auseinandersetzen*	**h.** *den Kommunikationszusammenhang des Textes (seinen Verwendungszweck, seine Wirkungsabsicht) berücksichtigen*	**i.** *auf der Grundlage eigener Fachkenntnisse, Erfahrungen und Überlegungen eine begründete Stellungnahme zum Text selbst und zum Thema des Textes abgeben*

2. Mit welcher Methode argumentiert der Sprecher der folgenden Sätze? Ist seine Argumentation überzeugend?

Wir schließen schnell und einfach: Da alle unter gleichen Verhältnissen geschaffen werden, so sind alle gleich, die Unterschiede abgerechnet, welche die Natur selbst gemacht hat. Es darf daher jeder Vorzüge und darf daher keiner Vorrechte haben.

3. Welche Verfahren der Veranschaulichung nutzt der Autor des folgenden Artikels? Mit welchen sprachlichen Mitteln wertet er die gegnerische Position ab?

Dürfen die das? Eine Truppe von Internetaktivisten veröffentlicht geheime Dokumente und düpiert Amerika. Mit Berichten über den Irak, über Afghanistan, aus Botschaften in aller Welt. Klar, dass Washington schäumt vor Wut. Aber warum konstatieren manche Medien, meinungsführende zumal, gleich einen Abgrund an Landesverrat? Sie stellen Wikileaks auf eine Stufe mit Al Qaida und nennen den Chef der Internetplattform, Julian Assange, einen „Feind der liberalen Demokratie". Starker Tobak!

Verfahren der Veranschaulichung: ______________________________

____

Mittel zur Abwertung der Gegner: ______________________________

____

____

____

Basislexikon Sachtextanalyse und Erörterung

Arbeitsschritte zum Verfassen einer Sachtextanalyse und einer Erörterung

1. Erstes Textverständnis festhalten

Diesen Schritt sollten Sie sofort tun, nachdem Sie den Text einmal gelesen haben: Die ersten Einfälle sind meist die besten.

→ **2. Analyse: Text aspektorientiert untersuchen / Erörterung: Textgehalt klären**

Analyse: Welche Aspekte sinnvoll und lohnend untersucht werden können, hängt vom Text und von der Aufgabenstellung ab.
Erörterung: Als Ausgangspunkt für eine Erörterung dienen nur die Textaussagen. Weitere Aspekte wie Aufbau, Gestaltung etc. sind hierfür nicht von Belang.

→ **3. Analyse: Thesen des Textes erfassen / Erörterung: eigene Position entwickeln**

Analyse: Hier kann eine schriftliche Ausformulierung in einem Satz sinnvoll sein: Oft zeigt sich erst bei diesem Versuch, wie weit man bereits Klarheit über den Text und die Fragestellung gewonnen hat.
Erörterung: Achten Sie darauf, dass Sie Ihre Position argumentativ stützen und die Argumente belegen und mit Beispielen unterfüttern können.

→ **4. Gliederung erstellen**

Für diesen Schritt sollten Sie ausreichend Zeit einplanen: Mit einer detailliert ausgearbeiteten Gliederung kann der eigentliche Schreibprozess leichter bewältigt werden.

→ **5. Klausur schreiben**

Lesen Sie jeden neu geschriebenen Absatz einmal durch, bevor Sie weiterschreiben. Fehler können Sie auf diese Weise sofort korrigieren. Außerdem gelingt der Anschluss des neuen Gedankens leichter und Wiederholungen werden vermieden.

→ **6. Klausur überarbeiten**

Gehen Sie in der Übungsphase hier gründlich vor; konzentrieren Sie sich dagegen in der Klausursituation auf Ihre Schwachstellen und auf die Korrektur gröberer Schnitzer (Basistraining, S. 15–17).

Mögliche Aspekte zum Erschließen eines Sachtextes

Mögliche Aspekte zum Erschließen eines Sachtextes

textimmanent
- Argumentationsweise
- sprachlich-rhetorische Mittel
- Stil
- Textart
- Adressatenbezug
- Textaufbau

textüberschreitend
- historische Epoche: politisch-soziale und geistesgeschichtliche Situation
- Publikationsform
- Biografie und Werk des Autors
- Perspektive des Rezipienten: Gegenwarts- und Lebensweltbezug, tagespolitische Bezüge

Fragen zur kritischen Analyse eines argumentierenden Textes

Standpunkt

- Sind die Interessen, Entscheidungen und Wertungen explizit als solche formuliert? Oder sind sie verdeckt und müssen kritisch herausgearbeitet werden?
- Von welchen Gegeninteressen setzt sich der Autor direkt oder indirekt ab?
- Wie bewertet er selbst die Richtigkeit/Wahrheit/Erfolgsaussicht ... seiner Aussagen?
- Wie betrachtet der Autor seinen Leser? Adressiert er ihn als Gesprächspartner oder als Objekt seiner Überredungskünste?
- Richtet der Autor offen/versteckt Forderungen an den Leser?

Thesen

- Welche Funktion haben die Thesen? Sollen sie zur Diskussion bzw. zum Nachdenken anregen? Sind sie Schritte innerhalb einer Argumentation? Sollen Sie einen Sachverhalt darstellen und/oder veranschaulichen?
- Welchen Charakter haben die Thesen? Den Charakter einer Vermutung/einer Annahme, einer subjektiven Meinung oder den der Überzeugung/eines Urteils?
- Sind die Thesen vorläufig im Sinne einer Vorwegnahme eines Argumentationsergebnisses? Oder sind sie endgültig im Sinne einer Prämisse für alles Weitere?

Umgang mit Gegenthesen

- Geht der Autor auf Gegenthesen ein?
- Welche Funktion haben die Gegenthesen? Sind sie nur vorgetäuscht, um die eigene These zu stärken? Oder dienen sie der ernsten Auseinandersetzung mit Gegenpositionen?
- Wie geht der Autor mit Gegenthesen um? Nimmt er sie ernst? Wie gründlich geht er auf sie ein? Widerlegt er sie auf überzeugende Weise?

Veranschaulichungen und Beispiele

- Kommen die Beispiele aus dem individuellen Erfahrungsbereich, aus dem aktuellen Zeitgeschehen, aus der Geschichte, der Literatur, etc.?

Begründungsverfahren

Ein wesentlicher Aspekt bei der Analyse eines argumentierenden Textes ist die Untersuchung der Art und der Qualität der Argumentation. Neben dem allgemeinen Kriterium der immanenten Stimmigkeit ist auch entscheidend, mit welchem Verfahren die Thesen begründet werden. So hat etwa die Berufung auf eine Autorität einen geringeren argumentativen Wert als eine logische Schlussfolgerung oder die Berufung auf seriöse Forschungsergebnisse. Auf folgende Begründungsverfahren hin kann ein argumentierender Text untersucht werden:

- Berufung auf allgemeingültige Normen und Wertvorstellungen
- Berufung auf Autoritäten
- Berufung auf Erfahrungen, Fakten, Beobachtungen
- Berufung auf analoge Fälle
- Berufung auf Forschungsergebnisse
- logische Schlussfolgerung

Verfahren der Veranschaulichung

- Aktualisierung: Übertragung eines historischen Vorgangs in die Gegenwart
- Dynamisierung: Beschleunigung, Verzicht auf rhetorischen Schmuck und Metaphern
- Versinnlichung: Konkretisierung eines allgemeinen Sachverhalts
- Vergegenwärtigung: schildernde Darstellung im Präsens

Kommunikationsfunktionen von Sachtexten

Eine den Aufbau und Stil bestimmende Eigenschaft eines Sachtextes ist seine Kommunikationsfunktion: Will der Autor dem Leser einen Sachverhalt nüchtern darstellen und/oder erklären? Will er den Leser auf agitatorische Weise „wachrütteln" oder manipulativ zu einem bestimmten Denken oder Verhalten bewegen? Oder geht es dem Autor darum, sich selbst in seiner Individualität ins Zentrum des Textes zu stellen und sich dem Leser mitzuteilen? Wenn auch in kaum einem Text eine dieser drei Kommunikationsfunktionen ausschließlich anzutreffen ist, so lässt sich doch in der Regel feststellen, dass eine die dominante ist und den Text als einer bestimmten Textsorte zugehörig ausweist.

Darstellung	Autor will Leser über einen Sachverhalt informieren; Sachverhalt steht im Mittelpunkt	z. B. Bedienungsanleitung, Nachricht, Bericht, wissenschaftlicher Sachtext
Appell	Autor will Leser zu einem bestimmten Verhalten auffordern; Leser steht im Mittelpunkt	z. B. Werbetext, Flugblatt, Einladung
Ausdruck	Autor will dem Leser seine Situation, Gefühle oder Ansichten mitteilen; Autor steht im Mittelpunkt	z. B. Tagebuch, Brief

Manipulationstechniken

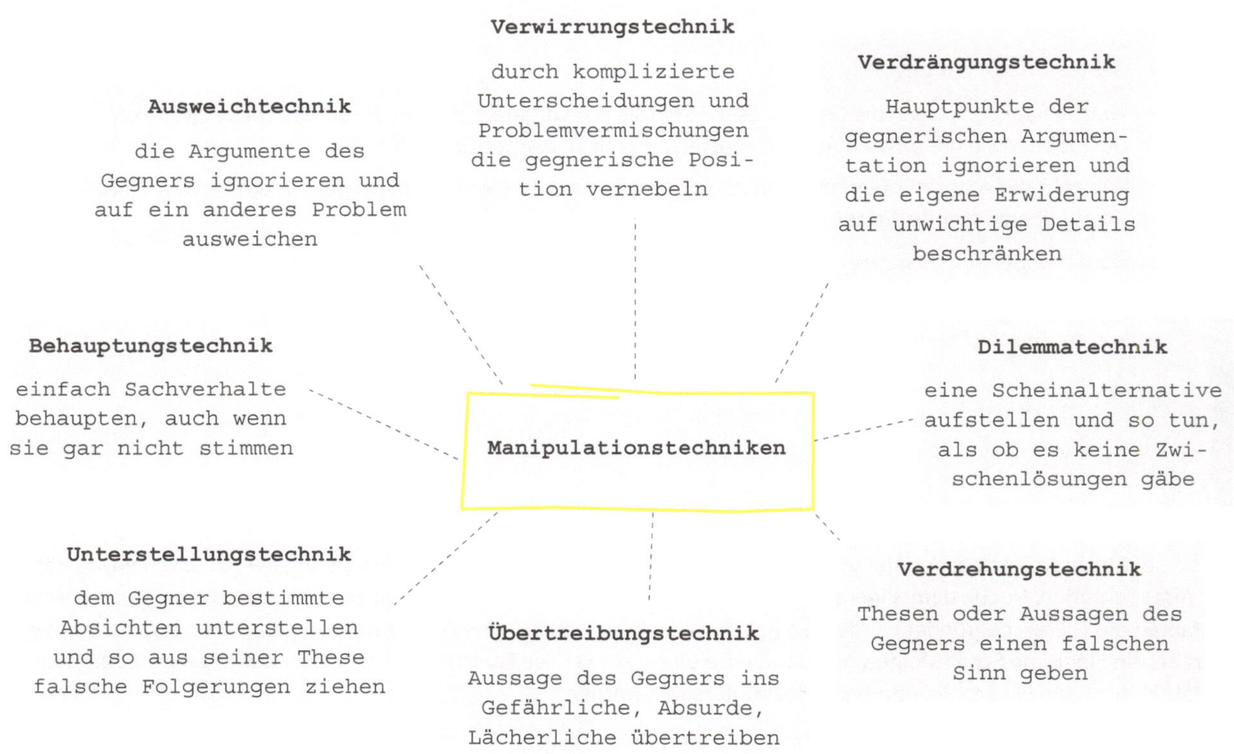

Rhetorische Figuren

Siehe weitere rhetorische Figuren (Tropen) → S. 52

Akkumulation, die	reihende Häufung von Begriffen	Lass mich nicht Ach, nicht Pracht, nicht Lust, nicht Angst verleiten!
Allegorie, die	(im antiken Sinne:) in einem komplexeren Bild fortgeführte Metapher	das Staatsschiff, das der Steuermann durch die Stürme führt
Alliteration, die	Wiederholung des Anfangslauts von sinntragenden Wörtern	Kind und Kegel
Anapher, die	Wiederholung eines Satzteils zu Beginn aufeinanderfolgender Wortgruppen	Das Wasser rauscht, / Das Wasser schwoll.

Anastrophe/ Inversion, die	Umstellung gewöhnlich aufeinanderfolgender Satzteile	der Verstellung schwere Kunst
Antithese, die	Gegenüberstellung zweier Gedanken beliebigen Umfangs	Der Wahn ist kurz, die Reu' ist lang
Asyndeton, das Pl.: Asyndeta	Häufung von Begriffen, die nicht durch „und" oder „oder" koordiniert sind	Alles rennet, rettet, flüchtet.
Ellipse, die	Auslassung eines oder mehrerer grammatisch notwendiger Satzbestandteile	Was nun?
Emphase, die	(heute:) nachdrückliche Hervorhebung einer Aussage durch Betonung oder syntaktische Mittel (Ausruf)	Er ist Prinz. – Noch mehr – Er ist Mensch!
Epipher, die	Wiederholung eines Satzteils am Ende aufeinanderfolgender Wortgruppen	Ihr überrascht mich nicht, erschreckt mich nicht.
Euphemismus, der	beschönigende Umschreibung	hinscheiden
Exemplum, das Pl.: Exempla	Beispiel aus der Geschichte, der Literatur, Mythologie, dem Heiligenleben	
Homonymie, die	Mehrdeutigkeit durch Gleichklang von Wörtern mit verschiedener Bedeutung	Und der Lungenkrebs reibt sich vergnügt die Scheren.
Hyperbel, die	Übertreibung	himmelhochjauchzend, zu Tode betrübt
Ironie, die	(im antiken Sinne:) Verstellung, die das Gegenteil des Gemeinten formuliert	Und Brutus ist ein ehrenwerter Mann!
Katachrese, die Adj.: katachrestisch	gewollter oder ungewollter Bildbruch, Kombination nicht zueinander passender Bilder	Das schlägt dem Fass die Krone ins Gesicht.
Klimax, die Adjektiv: klimaktisch	stufenweise Steigerung im Aussageinhalt	Die von der großen Schuld der Zeiten / Minuten, Tage, Jahre streicht
Onomatopöie, die	Lautmalerei, Schallwort	Kuckuck
Oxymoron, das Pl.: Oxymora	Antithese in einer Wortkombination, z. B. als contradictio in adiecto (Widerspruch zwischen Substantiv und Beiwort)	beredtes Schweigen
Paradox, das Pl.: Paradoxa	scheinbarer oder tatsächlich unauflösbarer, unerwarteter Widerspruch	Weniger ist mehr!
Parallelismus, der	Wiederholung der Satzteilreihenfolge in mehreren aufeinanderfolgenden Sätzen, Gliedsätzen oder Syntagmen	Sie hören weit, sie sehen fern.
Parenthese, die	Zwischenschaltung eines Satzes oder Gedankens in einen anderen Satz	So bitt ich – ein Versehen war's, weiter nichts – / für diese rasche Tat dich um Verzeihung.
Personifikation, die	Ersatz eines Gegenstandes oder abstrakten Begriffs durch Figuren, Vermenschlichung	Vater Staat die Sonne lacht
Pleonasmus, der	Wiederholung derselben Bedeutung auf verschiedene Weise innerhalb einer Wortgruppe	schwarzer Rabe
rhetorische Frage, die	Frage, auf die keine Antwort erwartet wird, verkappte Aussage	Wie lange noch missbrauchst du, Catilina, unsere Geduld?
Synonymie, die	Wiederholungsfigur durch einen anderen Wortkörper für dieselbe Wortbedeutung	Mich, *mich* die Überwundene, Besiegte?
Tautologie, die	Häufung gleichbedeutender Wörter derselben Wortart	voll und ganz

Gliederungsmodelle für Erörterungen

Sanduhrmodell

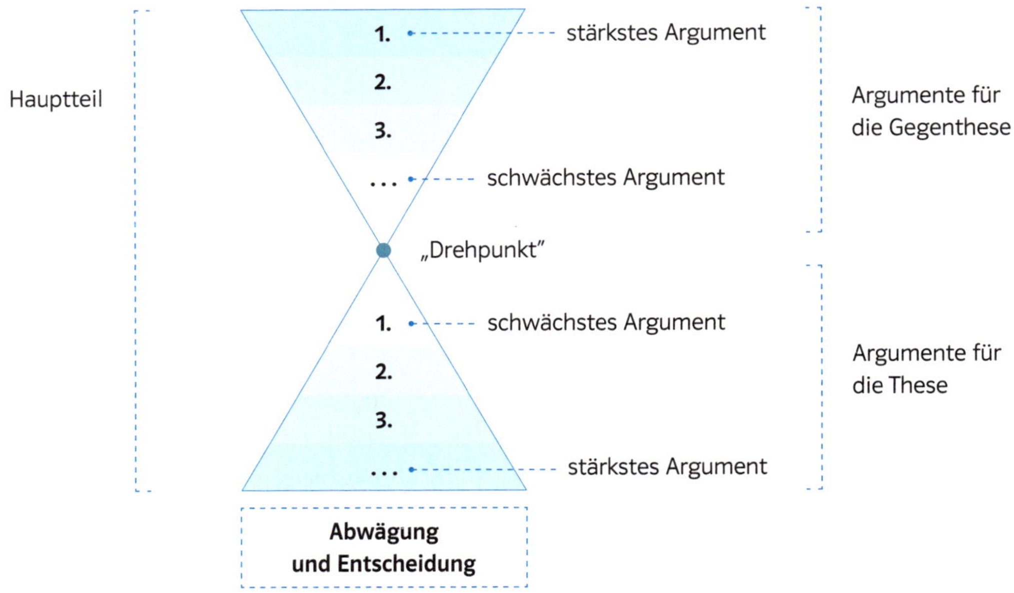

These-Gegenthese-Modell

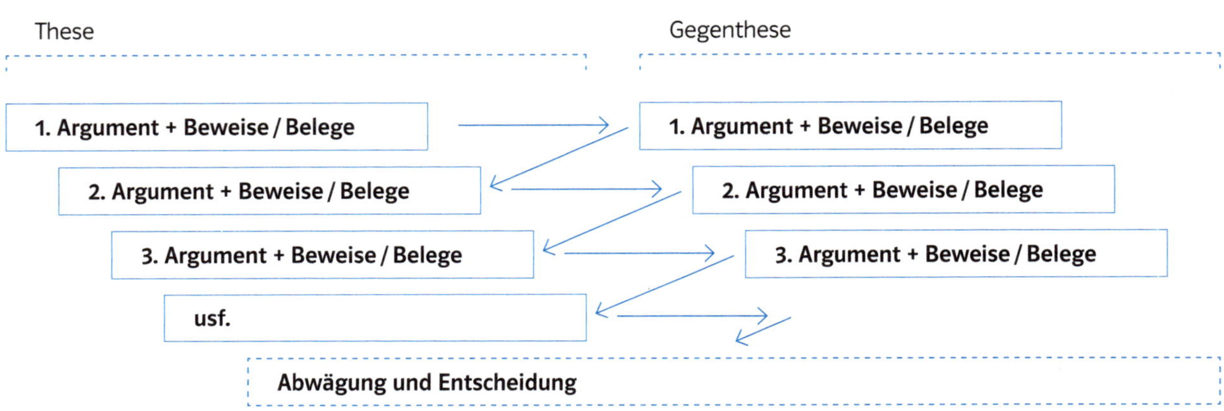

Deduktives Modell

Übersetzt bedeutet das Wort Deduktion soviel wie „Ableitung" oder „Herleitung". Eine Deduktion beginnt mit einer nicht weiter begründeten **Prämisse**, z. B. mit der Formulierung einer Position, bei der vorausgesetzt werden kann, dass sie von den Rezipienten und Rezipientinnen geteilt wird. Die anschließende Argumentation besteht in der **Entwicklung der Implikationen oder Konsequenzen** der Prämisse. Die Logik der Argumentation ist also: Wer a zustimmt, muss auch b, c, … zustimmen.

Struktur der klassischen Rede

1. **Exordium** (= Einleitung): soll den Hörer/Leser aufmerksam, aufnahmebereit und wohlwollend stimmen
2. **Narratio** (= Erzählung des Hergangs): soll den Hörer/Leser kurz und klar über den Sachverhalt informieren
3. **Argumentatio** (= Beweisführung): sachlich oder affektisch; kann untergliedert sein in:
   - **Confirmatio** (= positiver Beweis)
   - **Refutatio** (= negativer Beweis)
4. **Peroratio** (= Schluss): kurze Wiederholung der Beweisführung und Appell

Training 1: Analyse einer Glosse

→ Lösungsheft S. 24–26

UMBERTO ECO (* 1932)

Auch die Bären sind böse

Central Park, zoologischer Garten. Einige Kinder spielen beim Becken der Eisbären. Einer der Jungen fordert die anderen heraus, ins Becken zu springen und zwischen den Bären hindurchzuschwimmen; um die Freunde ins Wasser zu treiben, versteckt er ihnen die Kleider, die Jungs tauchen ein, planschen um einen friedlich dösenden riesigen Bären herum, necken und foppen ihn, der Bär wird ärgerlich, hebt eine Tatze und verschlingt oder vielmehr zerfleischt zwei Kinder, die Reste lässt er zerstückelt liegen. Die Polizei kommt herbeigeeilt, sogar der Bürgermeister erscheint, man diskutiert, ob der Bär getötet werden muss, man gibt zu, dass es nicht seine Schuld war, es werden ein paar eindrucksvolle Artikel geschrieben. Sieh da, die Kinder hatten spanische Namen: Puertoricaner also, womöglich dunkelhäutige, vielleicht vor Kurzem erst angekommen, jedenfalls erpicht auf Bravourstücke, wie es bei allen Jugendlichen vorkommt, die sich in den Armenvierteln zu Banden zusammenrotten.

Diverse Kommentare, alle eher streng. Recht verbreitet die zynische Reaktion, zumindest verbal: natürliche Auslese, wenn die so blöd waren, neben einem Bären zu schwimmen, geschieht's ihnen recht, ich wäre nicht mal als Fünfjähriger in das Becken gesprungen. Soziale Interpretation: große Armut, geringe Bildung, leider ist man Subproletarier auch im Mangel an Vorsicht, an Besonnenheit ... Aber wieso geringe Bildung, was heißt hier Mangel an Erziehung, wenn auch das ärmste Kind heute fernsieht und die Schulbücher liest, in denen die Bären Menschen fressen und von den Jägern getötet werden?

An diesem Punkt habe ich mich gefragt, ob die Kinder nicht gerade deshalb ins Becken gesprungen sind, weil sie dem Fernsehen glaubten und zur Schule gingen. Vermutlich sind sie Opfer unseres schlechten Gewissens geworden, wie es von Schule und Massenmedien interpretiert wird.

Die Menschen waren seit jeher grausam zu den Tieren, und als sie sich ihrer Niederträchtigkeiten bewusst wurden, haben sie angefangen, wenn nicht alle Tiere zu lieben (denn sie fahren unbeirrt fort, sie zu verspeisen), so doch wenigstens gut über sie zu sprechen. Bedenkt man zudem, dass die Medien, die Schule, die öffentlichen Institutionen sich vieles vergeben lassen müssen, was sie den Menschen angetan haben, so wird es alles in allem lohnend, in psychologischer wie in ethischer Hinsicht, nun auf der Güte der Tiere zu beharren. Man lässt die Kinder der Dritten Welt verhungern, aber man fordert die Kinder der Ersten Welt auf, nicht nur Libellen und Häschen zu respektieren, sondern auch Wale, Krokodile und Schlangen.

Eisbär „Knut" im Zoologischen Garten Berlin am 23. März 2007

Wohlgemerkt, an sich ist diese erzieherische Aktion korrekt. Das Falsche ist die Überredungstechnik, die dazu benutzt wird: Um es die Tiere „wert sein" zu lassen, dass sie überleben, werden sie vermenschlicht und verniedlicht. Man sagt nicht, dass sie ein Recht zum Überleben haben, auch wenn sie ihrer Natur nach wild und räuberisch sind, sondern man macht sie respektabel, indem man sie als liebenswert, komisch, gutmütig, brav, geduldig und weise hinstellt.

Niemand ist unbesonnener als ein Lemming, tückischer als eine Katze, geifernder als ein Hund im August, stinkender als ein Ferkel, hysterischer als ein Pferd, idiotischer als ein Nachtfalter, schleimiger als eine Schnecke, giftiger als eine Viper, phantasieloser als eine Ameise und musikalisch einfallsloser als eine Nachtigall. Es gilt lediglich, diese und andere Tiere als das zu lieben, was sie sind – und wenn wir sie beim besten Willen nicht lieben können, sie wenigstens in ihrer Eigenart zu respektieren. Die Legenden von ehedem übertrieben es mit dem bösen Wolf, die Legenden von heute übertreiben es mit den guten Wölfen. Nicht weil sie gut sind, müssen die Wale gerettet werden, sondern weil sie Teil der natürlichen Einrichtung sind und zum ökologischen Gleichgewicht beitragen. Aber unsere Kinder erziehen wir mit Geschichten von sprechenden Walen, von Wölfen, die in den Dritten Orden[1] der Franziskaner eintreten, und vor allem mit Teddybären ohne Ende.

Die Werbung, die Zeichentrickfilme, die Kinderbücher sind voll von gutmütigen, kreuzbraven, kuschelweichen und beschützenden Bären. Deshalb, fürchte ich, sind die armen Kinder vom Central Park nicht aus Mangel, sondern aus Übermaß an Erziehung gestorben. Sie sind Opfer unseres unglücklichen Bewusstseins. Um sie vergessen zu machen, wie schlecht die Menschen sind, hat man ihnen zu oft erzählt, dass die Bären gut seien. Anstatt ihnen ehrlich zu sagen, was die Menschen und was die Bären sind.

(L'Espresso/Die Zeit, 1987)

1 **Dritter Orden:** Terziaren, Tertiarier, in der katholischen Kirche eine Vereinigung von Laien, die unter der geistlichen Leitung eines Ordens nach einer anerkannten Regel, nicht aber in Klöstern leben; im Unterschied zu den (männlichen) Ersten Orden oder den diesen angeschlossenen (weiblichen) Zweiten Orden.

Analysieren Sie Umberto Ecos Glosse *Auch die Bären sind böse*. Berücksichtigen Sie dabei insbesondere die Darstellungsweise.

1. Erstes Textverständnis festhalten	→	**2.** Text aspektorientiert untersuchen	→	**3.** Thesen des Textes erfassen	→	**4.** Gliederung erstellen	→	**5.** Klausur schreiben	→	**6.** Klausur überarbeiten

1. Halten Sie fest, wie der Text auf Sie wirkt.

2. Formulieren Sie stichwortartig die zentralen Aussageabsichten der Glosse.

3. Erklären Sie den Titel (<u>*Auch*</u> *die Bären sind böse*) und sein Verhältnis zum Text, besonders zum letzten Satz.

1. Erstes Textverständnis festhalten	→	**2. Text aspektorientiert untersuchen**	→	**3.** Thesen des Textes erfassen	→	**4.** Gliederung erstellen	→	**5.** Klausur schreiben	→	**6.** Klausur überarbeiten

Aspekt: Textaufbau

Siehe Konspektmethode → **S. 7**

1. Vervollständigen Sie die folgende Gliederung des Eco-Textes auf einem eigenen Blatt.

   1. Einstieg
      - 1.1 Anlass: Zerfleischung zweier Kinder durch einen Eisbären im New Yorker Central Park
      - 1.2 Erste öffentliche Reaktion: Imponiergehabe von Unterschichtkindern
   2. Argumentation
      - 2.1 Kommentare in der Öffentlichkeit/den Medien
        - 2.1.1 biologische (darwinistische) Argumente

2. Wählen Sie zur Beurteilung der Gedankenentwicklung eines oder mehrere der folgenden Attribute:

- ☐ assoziativ, sprunghaft
- ☐ gedanklich stringent
- ☐ kreisend
- ☐ dialektisch
- ☐ redundant
- ☐ pointiert
- ☐ narrativ
- ☐ verallgemeinernd

Aspekt: Argumentationsweise

3. Notieren Sie, auf welche Weise Eco – im Vergleich zu seinen Argumentationsgegnern – eine gedankliche Verknüpfung zwischen These, Argumenten und Belegen herstellt.

	Argumentationsgegner: *Medien/Öffentlichkeit*	*Eco*
These	Die Kinder sind dafür verantwortlich zu machen.	
Argumente	1. Die Kinder wollten durch ein Bravourstück imponieren. 2. Wer so dumm ist, ist selbst schuld. 3. Die mangelhafte Erziehung und Bildung sind schuld.	
Belege	Kein Beleg, sondern Vermutungen: Es handelt sich *vermutlich* um Puertoricaner, *also* um Einwandererkinder.	

4. Welche Begründungsverfahren benutzen Eco und seine Gegner?

Siehe
Begründungsverfahren
→ S. 91

Begründungsverfahren in Medien/Öffentlichkeit: ______________________

____

____

____

Begründungsverfahren Ecos: ______________________

____

____

____

____

Siehe
Verfahren der Veranschaulichung
→ S. 91

5. Welche Verfahren der Veranschaulichung nutzt Eco? Mit welchen sprachlichen Mitteln setzt er sie um?

Veranschaulichungsverfahren	*sprachliche Mittel*	*Zeilenverweise*

Aspekt: Stil

Siehe
Rhetorische Figuren
→ S. 92 f.

6. Welche Stilmittel erscheinen besonders zutreffend für die Beschreibung des Stils in Umberto Ecos Text? Führen Sie charakteristische Beispiele an und erläutern Sie ihre Funktion.

Stilmittel	*Beispiel/Beleg*	*Funktion*
	„Diverse Kommentare, alle eher streng […] Soziale Interpretation: große Armut, geringe Bildung" (Z. 19 ff.)	
Asyndeton		
		Gegensatz zur übertriebenen Verniedlichung von Tieren
Antithese		

Aspekt: Textart

7. Lesen Sie die folgende Definition der Glosse.

INFO

Die Textform der Glosse gehört zu den meinungsäußernden und meinungsbildenden journalistischen Darstellungsformen. Sie ist die schwierigste Kommentarform, da sie die Meinung des Autors konzentriert und prägnant formuliert. Ein kurzer und scheinbar leicht lesbarer Text, nimmt sie in eleganter Polemik eine (meist) aktuelle Nachricht des Tages oder ein allgemeines Problem aus Gesellschaft und Kultur aufs Korn. Durch eine schlagende Beweisführung und eine überraschende Pointe zieht sie aus einer sachlichen Nachricht die satirisch überzeichnete Nutzanwendung oder fragt danach, welche Konsequenzen sich aus dem berichteten Vorfall ergeben (müssten).

8. Inwiefern handelt es sich bei *Auch die Bären sind böse* um eine Glosse? Gibt es Texteigenschaften, die ihn von einer prototypischen Glosse unterscheiden?

Aspekt: Adressatenbezug

9. Beschreiben Sie den Adressatenbezug des Autors: Welches Publikum (Schicht, Bildung) hat er wohl beim Schreiben vor Augen?

Aspekt: biografischer Kontext

10. Unterstreichen Sie in dem folgenden Info-Kasten jene Auskünfte über Ecos Biografie, die Ihnen für die Analyse seiner Glosse interessant erscheinen.

INFO

Umberto Eco (*5. Januar 1932): italienischer Schriftsteller und Medienwissenschaftler. Lehrte bis 2007 Semiotik (Wissenschaft von den Zeichensystemen) an der Universität Bologna. Seine zahlreichen Essays reichen von der Ästhetik des Mittelalters bis zur Poetik der Avantgarde, der Massenkommunikation und der Kultur des Konsums. Er arbeitet für zahlreiche Tageszeitungen; seit 1985 schreibt er für die italienische Wochenzeitschrift *L'Espresso* nachdenkliche, humoristische oder auch bösartige Kolumnen unter dem Titel „Bustine di Minerva". Die italienische Politik verfolgt er mit kritischer Aufmerksamkeit und hat vor allem das populistische Regime Silvio Berlusconis mit intellektuellem Widerstand begleitet. Weltberühmt wurde er durch seine Romane, insbesondere den Mittelalterroman *Der Name der Rose*.

Aspekt: Publikationsform

11. Markieren Sie in dem folgenden Material-Kasten diejenigen Informationen, die Sie in Ihre Analyse übernehmen möchten.

MATERIAL

Streichholzbriefe – italienisch *Bustine di Minerva* – heißen jene nicht nur von Rauchern geschätzten flachen Heftchen, die nicht nach der Göttin der Weisheit, sondern nach den gleichnamigen Zündhölzern benannt sind.

„Wenn die Innenseite einmal zufällig frei von Reklame ist, pflegen Männer sich darauf vage Ideen zu notieren, Telefonnummern von Frauen, die sie eines Tages womöglich lieben sollten, Titel von Büchern, die sie kaufen oder vermeiden wollen. Ich halte es durchaus für nützlich, Ideen auf Streichholzheftklappen zu notieren", meint Eco, und deshalb hat er seine regelmäßige Kolumne im *Espresso*, die von der deutschen Wochenzeitung *Die Zeit* teilweise übernommen wurde, so genannt. „Gedanken über das letzte nicht gelesene Buch, über die Intuition, die einem durch den Kopf schießt, wenn man auf der Autobahn plötzlich bremsen muss, um nicht auf einen Lastzug aufzufahren, über das Sein und das Nichts, über die berühmten Steppschritte von Fred Astaire …"

1. Erstes Textverständnis festhalten → 2. Text aspektorientiert untersuchen → **3. Thesen des Textes erfassen** → 4. Gliederung erstellen → 5. Klausur schreiben → 6. Klausur überarbeiten

1. Formulieren Sie die zentrale Aussage- und Wirkungsabsicht der Glosse von Umberto Eco.

1. Erstes Textverständnis festhalten → 2. Text aspektorientiert untersuchen → 3. Thesen des Textes erfassen → **4. Gliederung erstellen** → 5. Klausur schreiben → 6. Klausur überarbeiten

1. Welche Aspekte Ihrer Vorarbeiten übernehmen Sie in die Einleitung?

2. Vervollständigen Sie das Gliederungsbeispiel für den Hauptteil der Klausur und formulieren Sie zu den einzelnen inhaltlichen Kernaussagen jeweils eine Überschrift.

1. These: Ecos Polemik gegen die Anthropomorphisierung von Tieren
2. Entfaltung der Argumentation bei Eco
   - 2.1 Erzählen eines Exemplums
   - 2.2
   - 2.3
     - 2.3.1
     - 2.3.2
3. Begründungsverfahren
   - 3.1
   - 3.2
4. Stil
   - 4.1
   - 4.2
   - 4.3
5. Kontexte

3. Überlegen Sie, welche Möglichkeit, den Schluss zu gestalten, am besten zu Ihrem Gedankengang passt:

- ☐ Zusammenfassung zur Argumentationsweise
- ☐ Zusammenspiel von Intention und Wirkung
- ☐ Einschätzung der Wirksamkeit der Glosse
- ☐ Zusammenfassender Vergleich mit einem anderen Text zu demselben oder einem vergleichbaren Thema
- ☐ Bedeutung des Textes für Sie selbst
- ☐ oder: ______________________________

____

1. Erstes Textverständnis festhalten → 2. Text aspektorientiert untersuchen → 3. Thesen des Textes erfassen → 4. Gliederung erstellen → **5. Klausur schreiben** → 6. Klausur überarbeiten

Einleitung

1. Schreiben Sie eine Einleitung auf ein eigenes Blatt.

Hauptteil

2. Formulieren Sie nach der Einleitung – Ihrer Gliederung entsprechend – den Hauptteil bis einschließlich Punkt 3 aus.

TIPP

Ein schwieriges Kapitel beim Schreiben stellt die Stilanalyse dar. Zu leicht geschieht es,

- **dass man es bei einem bloßen Benennen einzelner formaler Kennzeichen bewenden lässt,**
- **dass stilistische oder rhetorische Mittel lediglich aneinandergereiht werden,**
- **dass Nebensächlichkeiten des rhetorischen Schmucks aufgegriffen und ins Zentrum gestellt werden.**

Stattdessen sollte man Stilbeobachtungen immer mit der inhaltlichen Deutung verknüpfen, also

- **ihre Funktion im Sinngefüge erklären,**
- **zentrale Wirkungsmittel des Textes erfassen,**
- **mehrere ähnliche Phänomene unter einem bestimmten Gesichtspunkt zusammenfassen.**

3. Wählen Sie mithilfe der obigen Kriterien einen der folgenden Ausschnitte aus Schülerarbeiten für Ihre Stilanalyse aus.

Siehe Rhetorische Figuren → S. 92 f.

a

Eco stellt die Reaktionen der Öffentlichkeit auf den Tod der Kinder im Zeitraffer dar. Einerseits fasst er sie unter einem Oberbegriff zusammen („zynische Reaktion" … „soziale Interpretation", Z. 20, 23 f.), andererseits benutzt er rhetorische Mittel der Satzreduktion, vor allem die Ellipse und das Asyndeton im Zusammenhang mit der Akkumulation, scheut sich auch nicht, den Anakoluth anzuwenden („große Armut, geringe Bildung, leider ist man Subproletarier", Z. 24 f.), und macht – ohne dass er ausdrücklich seine Meinung formulieren müsste – mit diesen gehäuften Mitteln der Verkürzung und Verknappung seine Einschätzung der Medienkommentare deutlich: Der Leser kann sie getrost überfliegen, denn sie sind von untergeordneter Bedeutung, sie sind so unwichtig, dass nicht einmal ihre Urheber genannt, sondern zu Typen („zynische Reaktion", „soziale Interpretation") zusammengefasst werden.

b

Eco stellt die Bären als putzige Wesen dar. Vor allem durch Adjektive aus dem Bereich des Niedlichen und Gemütlichen („voll von gutmütigen, kreuzbraven, kuschelweichen und beschützenden Bären", Z. 78 f.) kann der Leser sich die knuffigen Tiere plastisch vorstellen und fühlt sich an seine eigene Kindheit erinnert. Dem Leser von heute tritt automatisch das Bild des Berliner Eisbären Knut vor Augen.

c

Der Autor benutzt auch Anaphern, so in Z. 11, 12: „man diskutiert ... man gibt zu ...". Auch in Z. 67–69 findet sich noch eine Anapher: „Die Legenden von ehedem ... die Legenden von heute". Epiphern hat Eco nicht verwendet, doch zahlreiche Asyndeta, um die tatsächlichen Eigenschaften der Tiere zu verdeutlichen.

4. Stellen Sie nun – entsprechend Ihrer Gliederung – auf eigenem Papier ausgewählte Kontexte dar.

Schluss

5. Hier einige Anregungen für den Schluss Ihrer Klausur, die Sie ausbauen oder miteinander verknüpfen könnten.

ABI

Eine reflektierte Schlussfolgerung am Ende Ihrer Klausur ist unabdingbar. Sie bündelt die Analyse und bringt sie auf den Punkt und sie zeigt die Resultate, die aus dem Zusammenspiel von Struktur, Intention und Wirkung entstehen.

Zusammenfassung zur Argumentationsweise

Zeitgeistanalyse, Kritik des „unglücklichen Bewusstseins" – trotz der essayistisch-feuilletonistischen Form argumentiert Eco durchaus systematisch und in deutlich aufklärerischer, didaktischer Absicht. Wenn er dabei auch keine sozialwissenschaftlichen oder biologisch relevanten Belege anführt, so geht er doch von Erfahrungswerten aus ...

Zusammenspiel von Intention und Wirkung

Eco nutzt die Darstellungsmöglichkeiten der Glosse: Er arbeitet mit Mitteln des Makabren, des schwarzen Humors, der Pointe, der Paradoxie: für den (schockierten, amüsierten, nachdenklichen) Leser ein schlaglichtartiges Bewusstwerden der Fehlentwicklungen im Verhältnis von Tier und Mensch.

Einschätzung der Wirksamkeit der Glosse

Eco stellt im gesamten Text einen überzeugenden Leserbezug her. Er nutzt und mischt verschiedene Sprachfunktionen, um das Leserinteresse wachzuhalten: So beginnt er mit einem pointiert formulierten Bericht über ein grausiges Ereignis, entfaltet danach aber eine systematisch aufgebaute und übersichtlich strukturierte Argumentation und rundet die Analyse ab, indem er mit seinem Schlusssatz noch einmal auf den Titel zurückgreift. Das ist eine geschickte Methode, den Leser auch nach der Lektüre noch einmal über „Mensch" und „Tier" und ihre wahre Natur nachdenken zu lassen.

Training 2: Materialgestützte Erörterung

→ Lösungsheft S. 26–27

Die Rechten sind nicht nur die anderen

Von der Strukturuntersuchung zur Selbstaufklärung: Ein Gespräch mit Volker Lösch und Stefan Schnabel über Theater, Rechtsradikalismus und die demokratische Mitte

THEATER HEUTE Wir wollen uns mit der Frage beschäftigen, ob und wie man tatsächlich „Theater gegen Rechts" machen kann. So nennt sich eine Aktion der Theater in Sachsen-Anhalt. Sie, Stefan Schnabel, haben als Dramaturg von Volker Löschs Dresdner *Woyzeck*-Inszenierung[1] im Begleitbuch geschrieben, der Dresdner Bürgerchor solle „einen Bericht zur Lage der Nation formulieren, das Staatsschauspiel wird zum Forum, auf dem die Bürger unserer Stadt von ihrem Leben sprechen und handeln". Es geht um „Ursprung, Gefährdung und Zukunft der Demokratie in den neuen Bundesländern". Wie sind Ihre Erfahrungen, nicht nur mit *Woyzeck*, auch mit den Vorläufern, in denen ein Dresdner Bürgerchor mitspielte, die *Orestie*[2] 2003 und die *Weber*[3] von 2004?

STEFAN SCHNABEL Mit diesem Label „Theater gegen Rechts" fängt das Problem schon an. Der Begriff Rechtsextremismus unterstellt, dass es eine gesunde, demokratische Mitte gibt und undemokratische, rechtsextremistische Ränder. Doch leider belegen sozialwissenschaftliche Studien, dass zum Beispiel drei Viertel aller Sachsen der Meinung sind, in Deutschland leben zu viele Ausländer. 45 Prozent meinen, dass Ausländer zurückgeschickt werden müssten, wenn die Arbeit knapp wird. Das heißt: Rechtsextremismus ist kein Randphänomen und kein Jugendlichenproblem, sondern kommt aus der Mitte der Gesellschaft. Also von uns. Deshalb haben wir unsere Zuschauer nach ihren Wünschen, Ängsten, politischen Meinungen gefragt und die Antworten in die *Woyzeck*-Geschichte montiert. Die zentrale Frage unserer Arbeit war: Was haben wir friedliebenden, aufgeklärten Theaterbesucher mit menschenfeindlichen Einstellungen und rechtsextremistischer Gewalt zu tun? Der Dresdner *Woyzeck* ist vor allem Theater gegen uns selbst.

VOLKER LÖSCH Ich würde sagen: Das ist Theater über Rechtssein, nicht Theater gegen Rechts. Wenn ich gegen Rechts vorgehen will, werde ich besser Streetworker oder Sozialarbeiter, engagiere mich also auf eine ganz unmittelbare Art. Das Theater ist ja dagegen sehr mittelbar, weil nur eine ganz bestimmte Klientel da unten sitzt und nicht alle reingehen. Was mich oft sehr wütend und unzufrieden macht. Aber das ist eine andere Geschichte. Es geht um unser Rechtssein, nicht darum, wie ich mir einen Rechten vorstelle. Ein Schauspieler, der einen Skin spielt, das leuchtet mir nicht mehr ein. Obwohl ich das früher als Schauspieler selbst gemacht habe. Es bedeutet doch, Dinge darzustellen, von denen man letztlich überhaupt nichts versteht. Das führt beim Zuschauer zu wohligem Schauer, und danach geht man schön essen.

THEATER HEUTE Moralische Selbstbefriedigung.

VOLKER LÖSCH Genau: Rührung statt Berührung, das ist geradezu kontraproduktiv. Ich habe in Dresden 2001 Ferdinand Bruckners *Rassen* inszeniert, da steht im dritten Akt der Held, der nach rechts abgedriftet ist, vorm Spiegel, gewinnt erschreckt Einsicht in sein Tun und kehrt um. Wir haben den dritten Akt dann komplett gestrichen und stattdessen eine Szene erfunden, die unsere hohlen Betroffenheitsrituale bezüglich jüdischer Opfer thematisierte. Das war ein erster Impuls, bei uns selber nachzugucken. Aber wie kommen wir da dauerhaft ran? Wir sitzen ja auch ständig vor dem Spiegel – im Theater nämlich. Wir kommen ja gar nicht ran an die Wirklichkeit.

THEATER HEUTE Die Methode dafür war der Bürgerchor, beginnend mit der *Orestie*, wo Sie die Bürger selber zum Reden gebracht haben.

VOLKER LÖSCH Da hatte der Chor noch eine passivere Rolle, weil er nur kommentierte. Er war eine Folie, vor der die Schauspieler spielten. Wir hatten die Beteiligten nach ihrem Verhältnis zur Demokratie gefragt und haben das in den Pausen im Film gezeigt. Und das Interessante war, dass die irritierenden, beunruhigenden Antworten von den Laien kamen. Von den Schauspielern kam nur routiniert reflektierter Quatsch, der intellektuell wirken wollte. Unverstellte, direkte Antworten zu erhalten, das ist wohl nur mit Laien möglich. Was wir da über

1 ***Woyzeck***: nach dem sozialen Drama *Woyzeck* von Georg Büchner (1813–1837)

2 ***Orestie***: nach der antiken Tragödien-Trilogie *Orestie* des Dichters Aischylos (525–456 v. Chr.)

3 ***Weber:*** nach dem sozialen Drama *Die Weber* von Gerhart Hauptmann (1862–1946)]

die Einstellung zur Demokratie erfahren haben, hat mich schockiert und als Westdeutschen ganz neu über den Ort nachdenken lassen, an dem ich arbeitete.

STEFAN SCHNABEL Der erste Schritt der Aufklärung über Rechts ist die Erschütterung unseres Selbstbewusstseins, dass die Rechten die anderen sind. Dass wir damit nichts zu tun haben. Im Dresdner *Woyzeck* sitzt der geheime Regisseur im Zuschauerraum und bestimmt das Spiel auf der Bühne. Die Zuschauer werden zu Augenzeugen einer Gewalt, die sie selbst verursacht haben. Und ihre eigenen Aussagen tragen entscheidend dazu bei, dass ihre gesellschaftliche „Mittäterschaft" an Rechtsextremismus und Gewalt in Ostdeutschland mit den Mitteln des Theaters aufgeklärt werden kann. Das ist die Utopie des Dresdner *Woyzeck*. [...]

(Theater heute, 2008)

INFO

Volker Lösch, geb. 1963 in Worms und aufgewachsen in Montevideo, ist seit der Spielzeit 2005/2006 Hausregisseur am Schauspiel Stuttgart. Seine Regiearbeit ist davon geprägt, dass er Schauspiellaien einsetzt, die auf der Bühne ihre politischen Ansichten, Sorgen und Ängste artikulieren. Zurzeit arbeitet er hauptsächlich in Stuttgart, Berlin und Hamburg.

Seit der *Weber*-Inszenierung begleitete Stefan Schnabel, geb. 1958 in Nürnberg, von 2006 bis 2009 Chefdramaturg in Dresden, Volker Löschs Dresdner Arbeiten dramaturgisch. Seit 2009 ist er Chefdramaturg Schauspiel am Theater Magdeburg.

Nehmen Sie – ausgehend von den Thesen von Regisseur und Dramaturg – Stellung zu der Frage, ob Theater politisch wirken soll und kann.

1. Verstehens-hypothese formulieren → **2.** Textgehalt klären → **3.** Eigene Position entwickeln → **4.** Gliederung erstellen → **5.** Klausur schreiben → **6.** Klausur überarbeiten

1. Erläutern Sie nach der ersten Textlektüre die Überschrift.

2. Wieso weisen Lösch und Schnabel die Bezeichnung „Theater gegen Rechts" für ihre Arbeit zurück?

3. Formulieren Sie eine vorläufige Einschätzung: Soll und kann Theater politisch wirken?

1. Verstehenshypothese formulieren → **2. Textgehalt klären** → 3. Eigene Position entwickeln → 4. Gliederung erstellen → 5. Klausur schreiben → 6. Klausur überarbeiten

1. Erläutern Sie zentrale Aussagen des Textes, indem Sie die folgenden Lückentexte ergänzen.

a

Der Dresdner *Woyzeck* ist vor allem Theater gegen uns selbst. (Z. 20 f.)

Die Form der Inszenierung deckt bei jedem Beteiligten ______

______ Regungen auf.

b

Das Theater ist ja dagegen sehr mittelbar (Z. 24)

Theater kann nicht ______

______ sondern spricht nur diejenigen an, die ______

______.

c

Rührung statt Berührung, das ist geradezu kontraproduktiv. (Z. 33)

Der Zuschauer ist durch das Dargestellte ______,

was ihm das Gefühl ______ gegenüber den gezeigten

Tätern verschafft. Dieses Gefühl verhindert jedoch, dass der Zuschauer ______

______.

d

Wir sitzen ja auch ständig vor dem Spiegel – im Theater nämlich. (Z. 39)

Auch die professionellen Schauspieler ______,

______ sondern stellen die Wirklichkeit

so dar, wie sie sie sich vorstellen.

1. Verstehens-hypothese formulieren → 2. Textgehalt klären → **3. Eigene Position entwickeln** → 4. Gliederung erstellen → 5. Klausur schreiben → 6. Klausur überarbeiten

1. Entwickeln Sie Ihre eigene Position, indem Sie die Aussagen in der linken Spalte der folgenden Tabelle bewerten und Ihre Position begründen. Ergänzen oder korrigieren Sie ggf. die Aussagen entsprechend.

Aussage	*eigene Position*	*Begründung*	*Ergänzung oder Korrektur*
Theater soll vor allem unterhalten.	☐ stimme zu ☐ stimme bedingt zu ☐ stimme nicht zu		
Erschütterung des Zuschauers kann zu Verhaltensänderung führen.	☐ stimme zu ☐ stimme bedingt zu ☐ stimme nicht zu		
Bewirkt Theater Rührung, dann dient es der moralischen Selbstbefriedigung.	☐ stimme zu ☐ stimme bedingt zu ☐ stimme nicht zu		
„Bürgerchor" ist geeignetes Mittel zur Aufklärung über unsere unreflektierten Gedanken und Gefühle.	☐ stimme zu ☐ stimme bedingt zu ☐ stimme nicht zu		
Theaterpublikum ist nicht die Zielgruppe politischen Wirkens.	☐ stimme zu ☐ stimme bedingt zu ☐ stimme nicht zu		

2. Nennen Sie nun weitere Ihnen wichtig scheinende Argumente.

Argument	*Begründung*	*Beispiel*

3. Formulieren Sie nun möglichst prägnant Ihre eigene Position: „Soll und kann Theater politisch wirken?"

1. Verstehens-hypothese formulieren	→	2. Textgehalt klären	→	3. Eigene Position ent-wickeln	→	**4. Gliederung erstellen**	→	5. Klausur schreiben	→	6. Klausur überarbeiten

1. Entwickeln Sie auf einem eigenen Blatt eine Gliederung für den Hauptteil auf der Grundlage Ihrer Vorarbeiten (S. 106). Beachten Sie dabei, dass beide Teilaspekte (*Soll* und *kann* Theater politisch wirken?) klar unterschieden werden.

Siehe
Gliederungs-modelle für Erörterungen
→ S. 94

1. Verstehens-hypothese formulieren	→	2. Textgehalt klären	→	3. Eigene Position ent-wickeln	→	4. Gliederung erstellen	→	**5. Klausur schreiben**	→	6. Klausur überarbeiten

1. Formulieren Sie auf einem eigenen Blatt eine Einleitung zu Ihrer Erörterung. Dabei können Ihnen die folgenden Anregungen helfen.

Bei diesem Thema bietet sich für die Einleitung der **Bezug zu einem tagespolitischen Ereignis** an. Sie können auch von einer **eigenen Theatererfahrung** berichten, die deutlich in diesen Zusammenhang passt. Darüber hinaus besteht bei einer materialgestützten Erörterung immer die Möglichkeit, eine **zentrale These oder ein beschriebenes Vorkommnis aus dem Text** herauszugreifen (mit Quellenangabe!) und zum Ausgangspunkt der eigenen Argumentation zu machen.

Die Einleitung sollte direkt in die zu erörternde Frage münden. Diese kann

- als indirekte Frage (wörtlich) aus der Aufgabenstellung übernommen werden:

> In diesem Zusammenhang stellt sich die Frage, ob Theater politisch wirken soll und kann.

- als direkte Frage (auch sinngemäß) wiedergegeben werden:

> Doch soll Theater politisch wirken? Und ist es dazu überhaupt in der Lage?

- in einer Aussage impliziert sein:

> Dem Theater kommt dabei eine aufklärerische Rolle zu, wobei die durch das Medium selbst bedingten Möglichkeiten und Grenzen selbstverständlich bedacht werden müssen.

2. Setzen Sie die Erörterung auf der Grundlage Ihrer Gliederung fort.

Abituraufgabe

→ Lösungsheft S. 27–28

THOMAS JONIGK (* 1966)

Corpoate Identity

Ich kenne niemanden unter zwanzig, der gerne ins Theater geht

[...] Unkonkretheit, Moral, sauertöpfische Gekränktheit, ausweichende Opulenz statt einfacher, ehrlicher Ratlosigkeit: Kein Wunder, dass unter diesen Bedingungen ein Botho Strauß[1] als intellektuell führend angesehen wird, dessen irgendwelche Befindlichkeiten artikulierender Text *Die Ähnlichen*[2] für mich zum Unerträglichsten seit langem zählt. Wenn dieser, zwischen unfasslicher Banalität [...] und Beliebigkeit [...] schwankende Text als Bestandsaufnahme oder gar Analyse der deutschen Gesellschaft angesehen wird, kann ich nur sagen: Ich lebe nicht in dieser Gesellschaft.

Ich verlange nicht von einem älteren Autor, zum Anwalt der Themen meiner Generation zu werden. Das wäre grotesk. Ich verlange aber wohl, dass die Inhalte meiner Generation wahrgenommen werden und ihren Platz am Theater erhalten. Hätte ich gemeinsam mit einem jungen Regisseur das identische Resultat auf die Bühne gebracht wie Botho Strauß und Peter Stein[3] mit *Die Ähnlichen* am Wiener Theater an der Josefstadt, wir wären von Kritikern und Publikum in der Luft zerrissen worden. Zu Recht. [...]

Ich will mich nicht in Schuldzuweisungen ausmehren. Es ist mir lieber, dass *Die Ähnlichen* gespielt wird, als der hundertfünfzigste Versuch zu beweisen, wie aktuell *Nathan der Weise*[4] gerade heute wieder ist. Gute Gegenwartstexte lassen sich nicht aus dem Boden stampfen, aber es gibt genügend verfügbare. Es ist schwer zu sagen, wie es sein sollte, aber legitim zu sagen, wie es nicht sein sollte: Schluss mit Ausstattungswahn, manierierten[5] Starschauspielern, Regisseuren, die alles tun, damit es um nichts geht. Hin zur einfachen Aussage, zur schlichten Frage, zum vertretenen Anliegen, dem beklagten Defizit, der formulierten Sehnsucht, der Unfertigkeit, zu bekennender Brüchigkeit, zum Mut zur Unterhaltung, zur Poesie und Utopie. Raus aus dem Museum, hinein in die Gegenwart. Herunter von ausgetretenen Pfaden, auch wenn nicht klar ist, wo entlang es gehen soll. [...] Die Anbiederung an ein traditionelles Abonnementpublikum funktioniert ebenfalls nicht mehr. Selbiges stirbt ohnehin in nächster Zukunft aus, weil nicht im ausreichenden Maß Wege beschritten werden, die sich an eine junge Generation wenden, ohne die die Zukunft des Theaters nicht stattfinden wird. Ich kenne niemanden unter zwanzig, der gerne ins Theater geht. [...]

Es mag Ausnahmeregisseure geben, die Schillers *Räuber*[6] packend aufbereiten können, aber auch diese haben ihre stärksten Momente beim Zerlegen eines Textes von Elfriede Jelinek[7]. Symptomatischerweise erhalten die meisten aktuellen Theatertexte nicht die gleichen Startbedingungen wie ihre Ahnen. Verbannt auf die Werkstattbühne, umgesetzt von ambitionierten Regieassistenten, nach der Premiere schnell wieder vergessen. Es stimmt: Die guten Gegenwartstexte sind rar gesät. Aber es gibt sie. Und sie verdienen, bemerkt zu werden. Stücke gehören aus inhaltlichen, nicht aus Publicity-Gründen gespielt. [...]

Natürlich ist das Problem, die „Krise" des Theaters, nicht von außen zu verändern. Mehr Geld, bessere Schauspieler, finanzielle Unterstützung junger Autoren durch Stipendien etc., Absetzung der Alten; es wäre naiv zu glauben, dass hier die Rettung liegen könnte. Da das Problem des Theaters kein Problem des Theaters, sondern eines der Gesellschaft, der Welt ist, spiegelt sich auf dem Bühnenboden lediglich das, was die Situation der Menschheit am Ende des Zwanzigsten Jahrhunderts ausmacht: die große Müdigkeit, Melancholie, Utopieverluste, ein Defizit an Freude und Ausgelassenheit, an Unterhaltung. Das Wissen um die Anwendbarkeit psychologischen Denkens und Vokabulars und das Wissen darüber, dass Psychologie nur bei der Bewusstwerdung von Problemen hilft, nicht aber zu deren Behebung beiträgt. Die Angst, dem täglichen Leben nicht gewachsen zu sein. Die Angst vor dem eigenen Briefkasten. Ein Mangel an Poesie. Die Wut darüber, Verantwortung für das Leiden, die Ungerechtigkeit und die Armut in der gesamten Welt zu tragen. Die Unfähigkeit des Deutschen Volkes zu trauern. Zunehmende Gewaltbereitschaft in der Gesellschaft. Die Irrationalität von Gewalt, die eine pragmatische Lösung des Problems verhindert. Zunehmende Infantilisierung der Gesellschaft. Zunehmender Verlust an Privatsphäre. Vulgarisierung der Sexualität. Sexualität als Allheilmittel. Der Verlust des Glaubens und die zähneknirschende Erkenntnis darüber, dass ein Leben ohne Spiritualität unmöglich ist. Die Unzufriedenheit mit Ersatzgöttern. Der Zusammenbruch des Kapitalismus. Der Zusammenbruch der Natur in Form von Ozonlöchern, schmelzenden Polkappen, abgeholzten Regenwäldern, sich ausbreitenden Wüsten, verschmutzter Luft, verschmutztem Grundwasser und aufgebrauchten Rohstoffen. Nukleare Bedrohung. Anscheinend fehlende Feindbilder. Fremdenfeindlichkeit. Arbeitslosigkeit. Nationalismus in unterschiedlichsten Ausformungen. Aids. Neue Armut. Um nur einige zu nennen.

Warum ist davon im Theater kaum etwas zu sehen?

Es ist schwer, über oben genannte Bereiche zu schreiben. Ein Grund dafür ist sicherlich, dass in Deutschland immer sofort die Lösung, das Besserwissen, die Wertung integriert sein muss. Ein simples Darlegen eines

1 **Botho Strauß:** Schriftsteller (* 1944), der zu den meist gespielten zeitgenössischen Dramatikern auf deutschen Bühnen zählt

2 ***Die Ähnlichen*:** Stück von Botho Strauß

3 **Peter Stein:** bekannter Theater- und Filmregisseur (* 1937)

4 ***Nathan der Weise*:** Drama der Aufklärung von G. E. Lessing

5 **manieriert:** gekünstelt, unnatürlich, übertrieben

6 ***Die Räuber*:** Drama des Sturm und Drang von Friedrich von Schiller (1759–1805)

7 **Elfriede Jelinek:** österreichische Schriftstellerin und Literaturnobelpreisträgerin (* 1946)

Symptoms, einer Auswirkung eines Problems, einer Frage würde den Zugang ermöglichen. Mut zum Bruchstück, zum lediglich Angedachten ist hier gefordert. Weiterhin gibt es den hinderlichen Anspruch an die Autoren, zeitlos zu bleiben und nicht zu sehr der gesellschaftlichen Realität des Augenblicks verhaftet zu sein. Das Zerfleischen des Achill durch Penthesilea[8] auf der Bühne scheint legitim zu sein. Wagt aber ein junger Autor in einem Stück zu zeigen, dass Rechtsradikale in Berlin polnischen Bürgern die Zungen herausschneiden oder Menschen im Krieg zu Massentötungen und Massenvergewaltigungen fähig sind, dann gilt das als zu brutal, und Gewalt als Mittel auf der Bühne ist verpönt. Die Frage, wie der Ausweg aus der Gewalt aussehen könnte, wird dagegen zur Pflicht. Dass ein Autor sie weder stellt noch beantwortet, dass er Gewalt darstellt, statt, wie bei Kleist[9], darüber zu berichten, wird zum Vorwurf, ohne zu berücksichtigen, dass das Rezeptionsverhalten heute ein anderes ist und das Theater andere, möglicherweise direktere Signale benötigt, um ein Publikum zu erreichen. Sicher ist Gewalt, ist sie nur aus voyeuristischen Gründen eingebaut, höchst fraglich. Das ist das billige Niveau des Privatfernsehens oder des misslungenen Kinofilms. Das gleiche gilt für Sexualität bzw. Nacktheit. Aber offenbar gelingt es über das Mittel der Direktheit, ein junges Publikum anzusprechen. Und wenn es über die Geradlinigkeit gelingt, den Ton zu treffen, der uns trifft, dann ist das Theater voll von jungen Menschen, die sich angesprochen fühlen.

Diese Erfahrung konnte ich Anfang 1998 am Schauspielhaus Wien machen, wo ich gemeinsam mit Hans Gratzer und Gerald Singer eine Aufführungsreihe von drei britischen Stücken realisierte. Inszeniert wurden Sarah Kanes *Blasted*, Jim Cartwrights *I Licked A Slag's Deodorant* sowie Mark Ravenhills *Shopping & Fucking*. Abgerundet wurde dieser Aufführungsblock durch eine Diskussionsveranstaltung „Violence, Sociecy & Theatre", zu der auch die Autoren Sarah Kane und Anthony Neilson sowie Graham Whybrow, Literary Manager des Royal Court Theatre, London, erschienen. Fakt ist, dass alle drei Stücke sich regen Zuspruchs erfreuten, insbesondere eines jungen Publikums. Alle drei Stücke fanden im gleichen Raum statt, der von Hans Gratzer entworfen wurde und eine Bettenlandschaft im Barambiente darstellte. Das Publikum lag während der Aufführungen auf Betten und konnte davor und danach einer Live-DJ-Line zuhören oder dazu tanzen. Hier hat der Versuch Erfolg gezeigt, Theater als etwas Zeitgenössisches wahrzunehmen, indem es die Clubbing-Realität der jüngeren Zuschauer aufgreift und nicht als Oberflächlichkeit abtut. Hier wurde eingeladen und nicht zur Umerziehung einer „kulturlosen" Gesellschaftsgruppe angesetzt. Theater als event. Frank Castorf mit seiner Berliner Volksbühne hat wohl als erster begriffen, dass Theater sich nicht auf das Bühnengeschehen reduzieren lässt. Jedes Haus braucht eine „Corporate Identity" und Raum zum Wohlfühlen. Das, was das Leben eines Menschen unter zwanzig ausmacht, muss ernst genommen und ins Theater gebracht werden. Hierbei handelt es sich nicht um Anbiederung, sondern um Offenheit, Neugier und Abenteuer, unerlässlich für kreative Prozesse.

Inhaltlich haben die neuen britischen Stücke am ehesten eine Notwendigkeit ausgestrahlt, die vom jungen Publikum sofort wahrgenommen wurde. Es handelte sich um Texte, die die aktuelle gesellschaftliche Realität (Arbeitslosigkeit, Drogensucht, Gewalt, Bandenkriege, Zukunftsangst) aufgriffen, ohne moralisch zersetzt oder sozialdramatisch verkitscht zu sein. Deshalb kann es auch nicht mehr die Frage sein, ob *Shopping & Fucking* ein gutes Stück ist oder deshalb nicht, weil Mark Ravenhill keine spezifische Sprache entwickelt hat. Aber es zieht das Publikum massenhaft an. Der Autor hat es verstanden, ein Lebensgefühl wiederzugeben, das bislang auf dem Theater vernachlässigt wurde.

Es ist natürlich ein Trugschluss, jetzt nur noch britische Stücke spielen zu wollen. Viele Stücke sind wegen ihrer speziellen Gebundenheit an Wales, Schottland oder England auf deutschsprachigen Bühnen nur bedingt spielbar. Viele andere sind langweilig oder extrem konventionell. Dennoch gibt es Autoren und Autorinnen wie Sarah Kane, die sich mit ihrem neuesten Stück *Crave* in eine spannende Richtung weiterentwickelt hat. Dass jedoch Peter Zadek[10] ihren Text *Cleansed* mit dem Kommentar inszenieren wird, es handele sich hierbei um den Ausdruck der jungen Generation, stimmt skeptisch. Ist es dann nicht eher der Ausdruck einer jungen Generation, so wie eine ältere sich diesen vorstellt? Werden die Stücke ihre Bedeutung behalten, wenn sie etabliert sind oder liegt ihre Kraft im Subversiven, im Nichtanerkannten? Es steht zu befürchten, dass die Kritik alles goutiert, was von arrivierten Regisseuren und Bühnen angeboten wird. Das wäre die Todeserklärung eines aufregenden Kapitels jungen, lebendigen Theaters.

(Theater der Zeit, Nov./Dez. 1998)

8 Penthesilea: Die Amazonenkönigin Penthesilea zerfleischt im gleichnamigen Stück von H. v. Kleist ihren Geliebten Achill.

9 Heinrich von Kleist: Schriftsteller (1777–1811)

10 Peter Zadek: Regisseur und Theater-Intendant (1926–2009)

- **Analysieren Sie den Text hinsichtlich seiner Argumentation und seiner Darstellungsweise.**
- **Erörtern Sie die Frage, ob die Rezeption von Klassikern früherer Jahrhunderte für junge Menschen heute noch lohnend ist. Beziehen Sie neben den Thesen Jonigks auch Ihre eigenen Theater-Erfahrungen mit ein.**

Adressatenbezogenes Schreiben

Einen Brief schreiben, eine Rede halten, einen Debattenbeitrag verfassen oder eine Argumentationsstrategie ausarbeiten – die eine oder andere dieser Schreibaufgaben wird im Laufe Ihres Lebens – und das heißt schon bald: außerhalb der Schule – an Sie herangetragen werden. Umso wichtiger ist es, dass Sie schon während Ihrer Schulzeit das Bewältigen solcher realistischen Schreibsituationen üben. Um dies zu unterstreichen, hat die Kultusministerkonferenz der Länder eine Aufsatzform in den Kanon der möglichen Abituraufsätze aufgenommen, die dort „Adressatenbezogenes Schreiben" genannt wird. Der Abituraufgabe zu dieser Aufsatzform liegt ein Sachtext zugrunde, die Aufgabenstellung ist in der Regel zweiteilig:

Im ersten Aufgabenteil werden Sie aufgefordert, den vorliegenden Text in Bezug auf seinen Inhalt, seine Argumentation und seine Sprache zu analysieren.

Im zweiten Aufgabenteil sollen Sie sich mit dem Ausgangstext auf eine gestaltende Weise auseinandersetzen. Hierzu wird Ihnen eine Schreibsituation vorgegeben, die Sie sich genau vorstellen müssen. Die argumentative Textsorte, die Sie für diese Situation verfassen sollen, wird ebenfalls vorgegeben. Es kommt also darauf an, dass Sie sich zum einen mit Ihrem Schreibprodukt genau auf den kommunikativen Kontext und auf die Adressatengruppe beziehen und dass Sie zum anderen die formalen und sprachlichen Merkmale der zu entwerfenden Textsorte genau kennen und umsetzen. Darüber hinaus sollten Sie selbstverständlich auch den Sachansprüchen des Themas gerecht werden.

Das folgende Kapitel will

- **Ihnen helfen, Ihr Wissen über jene Textsorten einzuschätzen und aufzufrischen, die Sie für die Aufsatzart „Adressatenbezogenes Schreiben" kennen sollten,**
- **Ihnen die Strategien ins Bewusstsein rufen, die Sie beherrschen müssen, um einen guten argumentierenden Text zu schreiben,**
- **Ihnen zeigen, wie man Schritt für Schritt einen Sachtext erschließt und die Gestaltungsaufgabe vorbereitet,**
- **mit Ihnen zusammen die sinnvollen Arbeitsschritte hin zu einer gelungenen Klausur gehen,**
- **Ihnen ermöglichen, eine Aufgabe im Format der offiziellen Abituraufgaben zu bearbeiten.**

Aufgaben zur Selbsteinschätzung

→ Lösungsheft S. 28

1. Bestimmen Sie die Textart der folgenden Textauszüge und geben Sie an, woran Sie die Textart erkannt haben.

a

Lieber Wilhelm! 10. Mai
Eine wunderbare Heiterkeit hat meine ganze Seele eingenommen, gleich den süßen Frühlingsmorgen, die ich mit ganzem Herzen genieße. Ich bin allein und freue mich meines Lebens in dieser Gegend, die für solche Seelen geschaffen ist wie die meine. Ich bin so glücklich, mein Bester, so ganz in dem Gefühle von ruhigem Dasein versunken, dass meine Kunst darunter leidet …

Textart: ______________ erkannt an: ______________

____

b

Ganz Deutschland profitiert von starken Bundesländern und ihren Kontakten in andere Länder. Wir leisten damit einen Beitrag für die europäische Integration. Lassen Sie uns durch diesen Beitrag zu mehr Internationalität ein wenig weltoffener werden. Politiker, die ins Ausland reisen, stehen immer unter dem Verdacht, sich auf Kosten der Steuerzahler die Welt anschauen zu wollen. Doch diese Welt verändert sich dramatisch.

Textart: ______________ erkannt an: ______________

____

c

Bei Schiller war der Wille das Organ der Freiheit. Die Frage, ob es einen freien Willen geben könne, beantwortete er eindeutig: Wie sollte er nicht frei sein dieser Wille, da jeder Augenblick einen Horizont von ergreifbaren Möglichkeiten eröffnet. Man hat zwar stets begrenzte aber unerschöpfliche Möglichkeiten vor sich. Insofern ist Freiheit offene Zeit …

Textart: ______________ erkannt an: ______________

____

d

Martin Mosebach hat mit „Was davor geschah" einen der fesselndsten Romane der aktuellen deutschen Literatur geschrieben – ebenso grimmig wie scharfsinnig, ebenso spielerisch wie bösartig und satirisch. Dieser Gesellschaftsroman porträtiert die ersten Kreise der Frankfurter Gesellschaft und liefert gleichzeitig eine luzide psychologische Studie dieser Schicht, in der sich Ehrgeiz mit Geltungssucht paart und die Liebe im Dienste der Vermehrung von Geld und Einfluss steht.

Textart: ______________ erkannt an: ______________

____

e

Na, die Ölscheichs werden sich nicht wenig wundern. Wenn nämlich erst das deutsche Rindvieh an die Energiefront rückt. Denn sollte die wahrhaftig geniale Idee unseres Bundestierschützers Professor Grizmek, den Methangasausstoß unserer Kühe in Heizkraft umzusetzen, eines Tages eine Sache sein, die Hand und vier Füße hat, ließe sich sehr viel leichter auf die Wüstenbohrer pfeifen.

Textart: ______________________ erkannt an: ______________________

____

2. Lesen Sie die *Ratschläge für einen guten Redner* von Kurt Tucholsky.

Hauptsätze, Hauptsätze, Hauptsätze.
Klare Disposition im Kopf – möglichst wenig auf dem Papier.
Tatsachen, oder Appell an das Gefühl. Schleuder oder Harfe. Ein Redner sei kein Lexikon. Das haben die Leute zu Hause.
Der Ton einer einzelnen Sprechstimme ermüdet; sprich nie länger als vierzig Minuten. Suche keine Effekte zu erzielen, die nicht in deinem Wesen liegen. Ein Podium ist eine unbarmherzige Sache - da steht der Mensch nackter als im Sonnenbad.
Merk Otto Brahms Spruch: Wat jestrichen is, kann nich durchfalln.

3. Paraphrasieren Sie die einzelnen Ratschläge durch eine Aufforderung im Infinitiv (z. B.: „Möglichst frei reden") und begründen Sie anschließend den jeweiligen Ratschlag.

a. Parataxen bilden: Komplexe Satzgefüge sind in einer Rede schwer nachzuvollziehen, da sie vom Publikum nur gehört und nicht gelesen werden.

b. Möglichst frei reden: ______________________

c. ______________________

d. ______________________

e. ______________________

f. ______________________

Basislexikon adressatenbezogenes Schreiben

Arbeitsschritte zum Verfassen einer Klausur zum adressatenbezogenen Schreiben

1. Erstes Textverständnis festhalten → **2. Text aspektorientiert untersuchen** → **3. Gestaltungsideen entwickeln** → **4. Gliederung erstellen** → **5. Klausur schreiben** → **6. Klausur überarbeiten**

1\. Diesen Schritt sollten Sie sofort tun, nachdem Sie den Text einmal gelesen haben: die ersten Einfälle sind meist die besten.

2\. Welche Aspekte sinnvoll und lohnend untersucht werden können, hängt vom Text und von der Aufgabenstellung ab. Sie sollten also den Text noch einmal gründlich lesen (Basistraining, S. 7–12) und die Aufgabenstellung analysieren (Basistraining, S. 13–14), bevor Sie sich auf Untersuchungsaspekte festlegen. Beachten Sie auch den Aspektestern auf S. 90.

3\. Dieser Schritt verlangt einige Kreativität, aber vielleicht nicht so viel, wie man denken könnte. Die Gestaltungsidee richtet sich wesentlich nach den Vorgaben der Aufgabenstellung: der Textsorte, die Sie verfassen sollen, der Adressatengruppe und dem Kommunikationskontext. Selbst festlegen können Sie den Aufbau Ihres Textes und Ihre Schreibstrategie (S. 114).

4\. Für diesen Schritt sollten Sie ausreichend Zeit einplanen: Mit einer detailliert ausgearbeiteten Gliederung kann der eigentliche Schreibprozess leichter bewältigt werden.

5\. Lesen Sie jeden neu geschriebenen Absatz einmal durch, bevor Sie weiterschreiben. Fehler können Sie auf diese Weise sofort korrigieren. Außerdem gelingt der Anschluss des neuen Gedankens leichter und Wiederholungen werden vermieden.

6\. Gehen Sie in der Übungsphase hier gründlich vor; konzentrieren Sie sich dagegen in der Klausursituation auf Ihre Schwachstellen und auf die Korrektur gröberer Schnitzer (Basistraining, S. 15–17).

Gängige Textarten für das adressatenbezogene Schreiben

Leserbrief

› In der Regel ist dies die Zuschrift eines Lesers an eine Zeitung. Der Leser nimmt in diesem Brief kritisch oder berichtigend oder ergänzend Bezug auf einen Artikel, der in der Zeitung erschienen ist. Manchmal bezieht er sich auch auf ein Thema, das von allgemeiner Bedeutung ist und das noch nicht in der Zeitung besprochen worden ist. Der Leser hat oft einen emotionalen Bezug zum Thema, sodass der Leserbrief stark subjektiv gefärbt sein kann.

Rezension

› Die Rezension, manchmal auch Kritik genannt, gehört zu den meinungsbildenden Texten in den Medien. In ihr werden Veröffentlichungen und kulturelle Ereignisse besprochen, z. B. Bücher, CDs, Theaterstücke, Konzerte, Ausstellungen, Filme. Die Wiedergabe des Inhalts und die Wertung durch den Rezensenten werden nicht immer sauber getrennt, vielmehr geht beides oft ineinander über. Eine gute Rezension informiert nicht nur, sondern bewertet auch die Qualität der Veröffentlichung oder des kulturellen Ereignisses.

Kommentar

› In einer Zeitung gehört der Kommentar zu den meinungsbildenden Textsorten. Er nimmt zu einem aktuellen Ereignis Stellung, erläutert die Wichtigkeit des Themas, macht mit Zusammenhängen vertraut, wägt unterschiedliche Auffassungen ab und verhilft dem Leser dazu, sich ein abgerundetes Bild über das Ereignis zu machen. In einem guten Kommentar sollte immer die Position des Schreibers deutlich werden.

Glosse

› Die Glosse gehört ebenfalls zu den meinungsäußernden und meinungsbildenden journalistischen Darstellungsformen. Sie ist die schwierigste Kommentarform, da sie die Meinung des Autors konzentriert und prägnant formuliert. Scheinbar ein leicht lesbarer Text, nimmt sie in eleganter Polemik eine (meist) aktuelle Nachricht des Tages oder ein allgemeines Problem aus Gesellschaft und Kultur aufs Korn. Durch eine schlagende Beweisführung und eine überraschende Pointe zieht sie aus einer sachlichen Nachricht die satirisch überzeichnete Nutzanwendung oder fragt danach, welche Konsequenzen sich aus dem berichteten Vorfall ergeben (müssten).

Essay

- Der Essay (engl. Versuch, Abhandlung) ist ein Text, der sich mit einem kulturellen, politischen oder auch gesellschaftlichen Thema in geistvoll durchdachter Weise auseinandersetzt. Im Unterschied zu einer streng wissenschaftlichen und möglichst objektiven Abhandlung ist der essayistische Stil eher geschliffen, geistreich pointiert, teilweise assoziativ. Die Argumentation ist weniger abwägend, sondern zugespitzt und durchaus subjektiv. Der Essay zielt weniger auf systematisch hergeleitete Ergebnisse als vielmehr auf Denkanstöße.

Exposé

- Das Exposé dient dazu, eine schriftliche Arbeit vorzustellen, die erst noch verwirklicht werden soll. Es kann zur Diskussion des Projektes und später als Fahrplan für das Verfassen der Arbeit genutzt werden. Das Exposé enthält die Skizze einer Fragestellung oder eines Handlungsgangs sowie eine Gliederung der geplanten Arbeit. Außerdem werden zugrunde liegende Hypothesen sowie Ziele und Methoden der Arbeit skizziert.

Rede

- Die Rede ist eine in sich geschlossene und mündlich vorgetragene sprachliche Mitteilung über ein bestimmtes Thema. Im Unterschied zu einem sachgebundenen Vortrag will der Redner nicht nur die dargebotenen Tatsachen darstellen, sondern auch seine Einstellung zu den Sachverhalten mitteilen und so die Zuhörer von seiner Sicht der Dinge überzeugen.

Schreibstrategien

- rhetorisch-appellativ
- sachlich-distanziert
- ironisch-satirisch

Möglichkeiten des Textaufbaus

- systematisch / unsystematisch
- streng argumentierend / mit Abschweifungen, kleinen Anekdoten
- ohne Beispiele / mit Beispielen

Ton

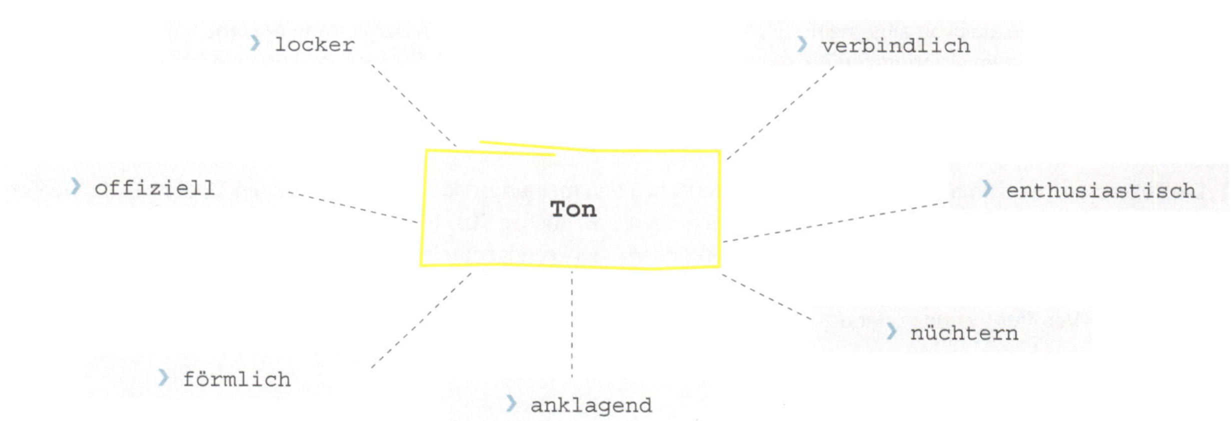

Fragen zur Bestimmung des Kommunikationskontextes

Wer spricht
- in welcher Weise?
- mit wem?
- worüber?
- wo?
- wann?
- warum?

Fragen zur Bestimmung der Adressatengruppe

- bekannt? / unbekannt?
- jung? / alt?
- gebildet? / bildungsfern?
- aufgeschlossen, interessiert? / skeptisch, distanziert?

Lösungen
zum Arbeitsheft schriftliches Abitur

978-3-12-350485-6

Basistraining

Textarbeit

» Seite 9

2., 4., 5.

ALBERTO MANGUEL

Lesen lernen

In jeder Schriftkultur kommt das Lesenlernen einer Initiation gleich, einem ritualisierten Übergang vom Zustand der Unselbständigkeit und der beschränkten Verständigung zur Fähigkeit, mit Hilfe der Bücher am kollektiven Gedächtnis teilzuhaben und sich mit einer kulturellen Tradition vertraut zu machen, die sich mit jedem Leseakt weiter erschließt.

Lesenlernen als Erwachsenwerden (T)

In der jüdischen Gemeinschaft des Mittelalters zum Beispiel wurde das Ritual des Lesenlernens ausdrücklich gefeiert. Beim Fest des Schawuot, das an den Tag erinnert, da Moses die Thora aus Gottes Händen empfing, wurde der Junge, der in die Gemeinschaft aufgenommen werden sollte, in einen Gebetsschal gehüllt und von seinem Vater zum Lehrer gebracht. Der Lehrer nahm den Jungen auf den Schoß und zeigte ihm eine Schieferplatte, auf der das hebräische Alphabet, ein Vers aus der Heiligen Schrift und die Worte „Möge die Thora dein Beruf sein" geschrieben waren. Der Lehrer las jedes Wort vor, und das Kind wiederholte es. Dann wurde die Tafel mit Honig bestrichen, das Kind leckte sie ab und nahm so die heiligen Worte in sich auf. Desgleichen wurden Bibelsprüche auf hart gekochte Eier und Honigkuchen geschrieben, die das Kind essen durfte, nachdem es dem Lehrer die Sprüche vorgelesen hatte.

Lesenlernen als Ritual im Judentum (B)

Obwohl es schwierig ist, über viele Jahrhunderte und Ländergrenzen hinweg zu verallgemeinern, war das Lesen und Schreiben in der christlichen Gesellschaft des späten Mittelalters und der Frührenaissance – abgesehen von der Kirche – fast ausnahmslos das Privileg des Adels und, nach dem 13. Jahrhundert, der bürgerlichen Oberklasse. Auch wenn es Aristokraten und Patrizier gab, die Lesen und Schreiben als niedere Tätigkeiten betrachteten, für die allein arme Kleriker taugten, lernten die meisten Jungen und nicht wenige Mädchen, die in diese Gesellschaftsschicht hineingeboren wurden, das Alphabet sehr früh. Die Amme des Kindes begann, wenn sie selbst lesen konnte, mit dem Unterricht, und sie wurde mit größter Umsicht ausgewählt, da sie nicht nur für die Milch, sondern auch für die richtige Wortwahl und Aussprache der Kinder sorgen musste […]

Lesenlernen im späten Mittelalter: ein Privileg der Oberklasse (T)

(B)

Obwohl im 15. Jahrhundert die meisten reichen Häuser ausreichend Platz für einen Unterricht im Hause boten und auch für die erforderliche Ruhe und die Ausrüstungen sorgen konnten, empfahlen die Gelehrten gewöhnlich, dass die Jungen außerhalb der Familie, in der Gesellschaft anderer Jungen erzogen werden sollten; andererseits debattierten die mittelalterlichen Moralisten hitzig über den Nutzen der privaten oder öffentlichen Erziehung von Mädchen. „Es schickt sich nicht für Mädchen, lesen und schreiben zu lernen, falls sie nicht Nonnen werden wollen, da sie sonst von einem bestimmten Alter an Liebesbriefe schreiben und empfangen könnten", warnte der Adlige Philippe de Novare, aber manche Zeitgenossen widersprachen ihm. […]

Geschlechtsspezifische Unterschiede in der Lese-Erziehung (T) (Zit)

Im Wesentlichen bestand die scholastische Lehrmethode in der Behandlung der Lehrtexte nach feststehenden, offiziell beglaubigten Kriterien, die den Schülern gründlich und schmerzhaft eingepaukt wurden. Beim Lesenlernen hing der Erfolg der Methode mehr von der Ausdauer als von der Intelligenz der Schüler ab.

Lehrmethode im späten Mittelalter: Einpauken ohne Verständnis (T)

In der Mitte des 13. Jahrhunderts befasste sich der spanische König Alfons der Weise mit diesem Problem: „Gut und wahrhaftig sollen die Lehrer ihr Wissen den Schülern zeigen, indem sie ihnen Bücher vorlesen und nach Kräften zu deren Verständnis beitragen; […] Und wenn sie bei Gesundheit sind, sollen sie niemand anderen zum Lesen vorschicken, es sei denn, um ihm Ehre zu erweisen, aber nicht, um sich der Aufgabe des Lesens zu entziehen." […]

(B, Zit)

Die wenigsten Studenten konnten sich Bücher leisten, und oft besaß nur der Lehrer die teuren Bände. Er schrieb die komplizierten Grammatikregeln an die Tafel – gewöhnlich ohne sie zu erklären, da gemäß der scholastischen Pädagogik das Verständnis kein unerlässlicher Bestandteil des Wissens war. Die Schüler waren dann gezwungen, die Regeln auswendig zu lernen. Wie zu erwarten, waren die Ergebnisse oft enttäuschend.

Ergebnisse der Methode (T)

» Seite 10

6.

Lesen heißt mit einem fremden Kopfe~~, statt des eigenen,~~ denken. Nun ist aber dem eigenen Denken~~, aus welchem allemal ein zusammenhängendes Ganzes, ein, wenn auch nicht streng abgeschlossenes, System sich zu entwickeln trachtet,~~ nichts nachteiliger, als ein~~, vermöge beständigen Lesens,~~ zu starker Zufluss fremder Gedanken; weil diese~~, jeder einem andern Geiste entsprossen, einem andern Systeme angehörend, eine andere Farbe tragend,~~ nie von selbst zu einem Ganzen des Denkens~~, des Wissens, der Einheit und Überzeugung~~ zusammenfließen~~, vielmehr eine leise babylonische Sprachverwirrung im Kopfe anrichten und dem Geiste, der sich mit ihm überfüllt hat, nunmehr alle Einsicht benehmen und so ihn beinahe desorganisieren~~.

7.

Lesen heißt mit einem fremden Kopfe~~, statt des eigenen,~~ denken. Nun ist aber dem eigenen Denken~~, aus welchem allemal ein zusammenhängendes Ganzes, ein, wenn auch nicht streng abgeschlossenes, System sich zu entwickeln trachtet,~~ nichts nachteiliger, als ein~~, vermöge beständigen Lesens,~~ zu starker Zufluss fremder Gedanken; weil diese~~, jeder einem andern Geiste entsprossen, einem andern Systeme angehörend, eine andere Farbe tragend,~~ nie von selbst zu einem Ganzen des Denkens~~, des Wissens, der Einheit und Überzeugung~~ zusammenfließen~~, vielmehr eine leise babylonische Sprachverwirrung im Kopfe anrichten und dem Geiste, der sich mit ihm überfüllt hat, nunmehr alle Einsicht benehmen und so ihn beinahe desorganisieren~~.

8.

Lesen heißt mit einem fremden Kopfe, statt des eigenen, denken. Nun ist aber dem eigenen Denken, aus welchem allemal ein zusammenhängendes Ganzes, ein, wenn auch nicht streng abgeschlossenes, System sich zu entwickeln trachtet, nichts nachteiliger, als ein, vermöge beständigen Lesens, zu starker Zufluss fremder Gedanken; weil ~~diese~~ [fremde Gedanken], jeder einem andern Geiste entsprossen, einem andern Systeme angehörend, eine andere Farbe tragend, nie von selbst zu einem Ganzen des Denkens, des Wissens, der Einheit und Überzeugung zusammenfließen, vielmehr eine leise babylonische Sprachverwirrung im Kopfe anrichten und dem Geiste, der sich mit ~~ihm~~ [dem Zufluss fremder Gedanken] überfüllt hat, nunmehr alle Einsicht benehmen und so ~~ihn~~ [den Geist] beinahe desorganisieren.

» Seite 11

1. Gewiss sind alle genannten Motive in irgendeiner Weise Bedeutungsträger, sonst wären sie überflüssig. Da Sie aber immer nur (nicht zuletzt aus Zeitgründen) exemplarisch vorgehen können, wählen Sie besonders aussagekräftige Beispiele aus (Meer-Wetter) oder suchen nach umfassenderen Motiven (Warze), denen sich andere zuordnen lassen (Polyp, Hühnerhaut, Antonio Gaudí).

2. direkte Rede Reinhards
gedankliche Reaktionen der Ich-Erzählerin
die Warze
das Meer/die Witterung

GABRIELE WOHMANN

Flitterwochen, dritter Tag

Reinhard am dritten Tag gegen fünf, auf der Bierkneipenterrasse: du wirst deine Arbeit aufgeben. Du wirst einfach kündigen. Es war fast windstill, die Luft feucht. Ich kam aber nicht ganz dahinter, ob es mir richtig behagte. Ich starrte immer weiter den Mann mit der Warze an. Reinhard hob sein Glas, trank mir zu, mit irgendeinem Trinkspruch auf unsere Zukunft. Die Warze sah wie ein Polyp aus. Reinhard schlug vor, so wie jetzt an der See auch später regelmäßig abends spazieren zu gehen. Ja. Warum nicht? Schließlich: die Wohnung mit ihrer günstigen Lage. Unterm Hemd würde die Warze sich auch bemerkbar machen. Sie war mehr als einen Zentimeter lang. Seitlich vom Schlüsselbein stand sie senkrecht ab. Prost, Schatz, cheerio! Vielleicht, bei diesem Unmaß, hieß das nicht mehr Warze, was ich immer noch anstarrte. Liebling, he! Wir sind getraut! Du und ich, wir zwei – was man sich so zunuschelt kurz nach der Hochzeit. Reinhards Lieblingsgerichte, dann meine. Durch die Fangarme sah die Warze einer Narrenkappe ähnlich. Die Wohnung werden wir nach deinem Geschmack einrichten: der Garten – bloß Wildnis. Tee von Reinhards Teegroßhändler. Nett, so einig zu sein. Abwegiges Grau der See, und mein zweites Glas leer. Die Oberfläche der Warze war körnig, wie die Haut auf Hühnerbeinen. Reinhard hat noch zwei Stella Artois bestellt, ich fühlte nun doch ziemlich genau, dass es mir zusagte, das Ganze, Bier, diese Witterung, dies bemerkenswerte Meer und unser Gerede über alles, zum Beispiel: Hauptsache, du bist dein blödes Büro los. Das schrundige Ding auf der Schulter, erstarrtes Feuerwerk, stand nicht zur Debatte. Reinhard schützte wiedermal ein Schiff

vor und starrte durchs Fernglas runter auf den Strand. Gewitter stand unmittelbar bevor, unser Zusammenleben auch, auch Abendspaziergänge, Teebestellungen, Leibgerichte, die Warze war immer noch sichtbar nun unterm Hemd, das der Mann anzog. Antonio Gaudi hätte sie geträumt haben können. Reinhard redete, und ich habe eine Zeitlang nicht zugehört, weil ich – ich hätte schon ganz gern gewusst, ob das nicht wehtat, wenn mehr als nur ein Hemd auf die Warze Druck ausübte. Organisation, Schatz, sagte Reinhard, und er ist nicht nur billiger bei diesem Großhändler, es ist einfach besserer Tee. Weitere Stella Artois, die Schwüle war mir recht, das Meer lieb und wert, egal Reinhards Seitensprünge durchs Fernglas. Die leicht bekleidete Krake, der vertrauliche Vielfuß, Verruca die Warze. Freust du dich, Schatz? Reinhard war mir jetzt näher. Auf alles, Schatz? Und was man so sagt. Es war nett. Der Mann mit der neukatalanischen Warze bezahlte. Dann verstaute er sein Fernglas in einem etwas abgeschabten Lederetui. Er stand auf. Da stand auch ich auf. Der Mann mit der Warze bahnte sich den besten Weg zwischen den Korbsesseln. Ich hinterher. Er brauchte nicht weiter auf mich zu warten, ich habe kaum gezögert, er wartete, wieder mir zugekehrt, die Warze, das Wappen, er wartete, Reinhard wartete, mein Mann mit der Warze.
(1968)

» Seite 12

5.

JOHANN CHRISTIAN GÜNTHER	
Als er der Phillis einen Ring mit einem Totenkopfe überreichte	1. das „Bild“ des Ringes
Erschrick nicht vor dem Liebeszeichen, Es träget unser künftig Bild, Vor dem nur die allein erbleichen, Bei welchen die Vernunft nichts gilt.	1.1 Anrede an die Geliebte: kein Erschrecken vor dem Bild des Todes
Wie schickt sich aber Eis und Flammen? Wie reimt sich Lieb und Tod zusammen?	1.2 Fingierte Fragen nach der Vereinbarkeit von Tod und Liebe
Es schickt und reimt sich gar zu schön, Denn beide sind von gleicher Stärke Und spielen ihre Wunderwerke Mit allen, die auf Erden gehn.	1.3 Antwort: als Schicksalsmächte beide unausweichlich 2. die Lehre
Ich gebe dir dies Pfand zur Lehre: Das Gold bedeutet feste Treu, Der Ring, dass uns die Zeit verehre, Die Täubchen, wie vergnügt man sei; Der Kopf erinnert dich des Lebens,	2.1 Auslegung des Sinnbildes
Im Grab ist aller Wunsch vergebens, Drum lieb und lebe, weil man kann, Wer weiß, wie bald wir wandern müssen!	2.2 Schlussfolgerung: carpe diem!
Das Leben steckt im treuen Küssen, Ach, fang den Augenblick noch an! (1721)	2.3 Appell: Küss mich sofort

Aufgabenanalyse

» Seite 14

1. a. richtig sind:
- › die Erzählsituation und Erzählhaltung untersuchen
- › den Inhalt des Ausschnitts zusammengefasst wiedergeben
- › einen Zusammenhang zwischen Erzählhaltung und Wirkung herstellen
- › den Stil untersuchen und seine Wirkung beschreiben

b. richtig sind:
- › den Epochenkontext beider Werke berücksichtigen
- › Gemeinsamkeiten in der Themengestaltung herausarbeiten
- › den Inhalt des Vergleichstextes zusammengefasst wiedergeben

c. richtig sind:
- › das Thema des Textes nennen
- › sprachliche Besonderheiten und ihre Wirkung darstellen
- › die Hauptthese herausarbeiten
- › untersuchen, wie die einzelnen Argumente begründet werden

Klausurüberarbeitung

» Seite 15

1.

In dem Gedicht „Als er der Phillis einen Ring mit einem Totenkopfe überreichte" von Johann Christian Günther, welches 1721 verfasst wurde werden 2 bedeutsame Themen hervorgehoben: Das Leben – und damit auch die Liebe – und der Tod. Inwiefern aber das Symbol des Todes hier als der Liebe förderlich dargestellt wird, zeigt die folgende Untersuchung.	Z Wdh R W R
Günther beschreibt anfangs, in den Zeilen 1–10, die Begriffe Liebe und Tod und vergleicht diese miteinander. Dafür verwendet er Metaphern, wie Eis und Flammen, die verbildlichen sollen, wie unterschiedlich, jedoch durch ihre Stärke auch gleich sind. Hierbei steht Eis für den Tod, da er genauso kalt und gefühlslos ist. Die Flammen hingegen stehen für die Liebe, die aufregend und emotional warm ist. Diese Antithese zeigt also, wie unterschiedlich und zugleich gleich die Begriffe zueinander stehen. In dem darauf folgenden Teil von Zeile 11–20 wird näher auf den Ring eingegangen, den das lyrische Ich Phillis geschenkt hat.	I A Z A Gr R Wdh Wdh A A W

2.

In dem von Johann Christian Günther 1721 verfassten **(1)** Gedicht „Als er der Phillis einen Ring mit einem Totenkopfe überreichte" stehen zwei **(2)** bedeutsame Themen im Mittelpunkt: das **(3)** Leben – und damit auch die Liebe – und der Tod. Inwiefern aber das Symbol des Todes hier als der Liebe förderlich dargestellt wird, zeigt die folgende Untersuchung. Das lyrische Ich **(4)** beschreibt anfangs, in den Versen **(5)** 1–10, die Begriffe Liebe und Tod und vergleicht diese miteinander. Dafür werden Metaphern verwendet **(6) (7)** wie Eis und Flammen, die verbildlichen sollen, wie unterschiedlich, jedoch in ihrer Stärke auch vergleichbar **(8)** beide Phänomene **(9)** sind. Hierbei steht Eis für den Tod, da er genauso kalt und gefühllos **(10)** ist. Die Flammen hingegen repräsentieren **(11)** die Liebe, die aufregend und emotional warm ist. Diese Antithese zeigt also, wie unterschiedlich und zugleich ähnlich **(12)** die Begriffe sich zueinander verhalten **(13)**. In dem darauf folgenden Teil von Vers 11 bis 20 **(14) (15)** wird die Bedeutung des Rings erläutert **(16)**, den das lyrische Ich Phillis geschenkt hat.	**(1)** zur Vermeidung der Wiederholung **(2)** ausschreiben **(3)** Kleinschreibung unvollständiger Sätze nach Doppelpunkt **(4)** Autor entspricht nicht dem Sprecher **(5)** Fachbegriff in Gedichten **(6)** als Konsequenz aus (4) **(7)** kein Komma bei notwendiger Erläuterung **(8)** zutreffender Ausdruck **(9)** grammatikalisch notwendige Ergänzung **(10)** kein Fugen-s **(11)** zur Vermeidung der Wiederholung **(12)** zur Vermeidung der Wiederholung **(13)** angemessener Ausdruck **(14)** Fachbegriff in Gedichten **(15)** entweder „in den Versen 11–20" oder „von Vers 11 bis 20" **(16)** präziserer Ausdruck

» Seite 18

1.

	a. Sprache	b. Plausibilität	c. Kohärenz
Johann Christian Günthers Gedicht „Als er der Phillis einen Ring mit einem Totenkopfe überreichte" stammt aus dem Jahre 1721 und gehört in die Zeit des Spätbarock. Das aus zwei Strophen bestehende Gedicht handelt davon, dass das lyrische Ich einem Mädchen einen Ring schenkt, auf dem ein Totenkopf zu sehen ist. Indem das lyrische Ich erklärt was der Totenkopf repräsentiert, beschreibt es die Vanitas, also die Vergänglichkeit des Lebens.	W Z	Ansatz einer These, aber zu vage	
Am Anfang des Gedichts rechtfertigt sich das lyrische Ich für sein Geschenk, das die Geliebte verstören und ängstigen könnte. Es möchte dazu auffordern, das Leben zu genießen, denn der Totenkopf „träget unser künftig Bild" (V. 2). Das Gedicht widerspiegelt also das Carpe diem. Die beiden rethorischen Fragen in den Versen 5 und 6 enthalten jeweils	Gr/A R	Erläuterung des Zitats fehlt / keine rhetorischen Fragen	

Gegensätze: „Eis und Flammen" sowie „Lieb und Tod" sind Antithesen. Doch wird in den Versen 7-10 erklärt, dass die Gegensatzpaare bei all ihrer Unterschiedlichkeit darin übereinstimmen, dass sie das menschliche Schicksal unausweichlich bestimmen.			
So rechtfertigt das lyrische Ich sein befremdliches Geschenk. Das Gedicht ist eine Erklärung für den Ring mit dem Totenkopf. Dieser Gegenstand wird in der zweiten Strophe mit vielen Metaphern gedeutet, die seine Besonderheit demonstrieren sollen. So heißt es in Vers 12, dass der Ring aus Gold gemacht ist, und dieses Element wird als Bild der Treue ausgelegt, weil es zu den beständigsten Metallen zählt. Die Tauben (vgl. V. 14), Symbole des Friedens und unschuldiger Liebeständelei, sollen als Zeichen der vergnügten Freude dienen. „Der Kopf erinnert dich des Lebens" ist eine Mahnung an die Beschenkte, das Leben zu ehren und zu nutzen, bevor dazu durch den jederzeit möglichen Tod keine Gelegenheit mehr besteht.	W Zit Gr	Das ist nicht die Funktion des Gedichts.	Redundanz; keine Überleitung zum Gegenstand des Absatzes
Die letzten vier Verse des Gedichts enthalten einen Appell an die Geliebte, der aber von allen Menschen beherzigt werden sollte. Diese Verse halten dazu an, sich selbst einen Gefallen zu tun, sein Leben so sinnvoll und glücklich wie möglich zu gestalten („Drum lieb und lebe", V. 17). Das Gedicht endet mit dem Aufruf, keine Zeit mehr zu vergeuden, sondern sofort („den Augenblick", V. 20) damit zu beginnen.	Bz		
Aufgrund des Reimschemas gliedert sich das Gedicht in zwei Strophen. Das Reimschema der Verse 1-10 (ababccdeed) wird in den Versen 11-20 wieder aufgegriffen. In der ersten Strophe wird die Situation (die Übergabe des Rings) geschildert und das vermeintliche Gegensatzpaar Liebe und Tod in den Mittelpunkt gestellt. In der zweiten Strophe werden die Bilder des Rings ausgelegt und daraus wird eine Schlussfolgerung gezogen.		falsche Begründung; Verhältnis von Inhalt und Aufbau nicht expliziert	Analyse des Aufbaus zu spät nachgetragen
Wenngleich das Gedicht den Tod thematisiert, vermittelt es doch dank des Aufrufs am Schluss eine zuversichtliche Stimmung. An dieser Haltung ist erkennbar, dass das Gedicht gegen Ende der Barockzeit entstanden ist, da es Hoffnung widerspiegelt, die die Menschen zurzeit des Dreißigjährigen Krieges nicht hatten.	R		

Anmerkungen zur Plausibilität:

- Die These ist vage formuliert und müsste nicht nur den Vanitas-Gedanken, sondern auch das paradoxe Verhältnis von Memento mori und Carpe diem exponieren, was noch weiter entfaltet werden müsste.
- Die These wird jedoch mit Argumenten vertreten, die sinnvoll belegt werden.
- Der zeitgeschichtliche Kontext ist angesprochen, könnte aber weiter ausgeführt werden.
- Wesentliche, für das Gedicht charakteristische Fachbegriffe werden in angemessener Weise verwendet. Allerdings sind die Fragen in den Versen 5/6 keine rhetorischen. Die rhetorische Frage setzt voraus, dass der Angesprochene die Antwort kennt. Die Strategie des lyrischen Ichs besteht hier vielmehr darin, einen Dialog mit der Geliebten zu fingieren, deren scheinbare Frage aufzugreifen und sie antithetisch zu beantworten.
- Das Repertoire der Fachbegriffe müsste noch erweitert werden (Euphemismus, Parallelismus, Chiasmus, Paradox).

Anmerkungen zur Kohärenz:

- Die Gliederung ist nur in der Makrostruktur (Einleitung – Hauptteil – Schluss) zweckmäßig. Die Binnengliederung sollte so nicht imitiert werden, weil hier chronologisch und nicht aspektorientiert verfahren wird. Dadurch ist zwar ein roter Faden vorhanden, doch werden einige Aspekte nur beiläufig gestreift oder ganz übersehen (genauere Kennzeichnung des lyrischen Ichs und seines Verhältnisses zur Geliebten, intensivere Untersuchung der Metaphorik, Erweiterung der stilistisch-rhetorischen Analyse). – Davon abgesehen hat die Schülerin ihre Ergebnisse weitgehend schlüssig miteinander verknüpft und eine sachlich-analytische Stilebene eingehalten.
- Die Analyse des Aufbaus wird erst am Schluss des Hauptteils nachgetragen und bringt an dieser Stelle wenig Erkenntnisgewinn. An früherer Stelle hätte eine Auswertung der Struktur deutlich machen können, dass das Gedicht symmetrisch gebaut ist und in jedem der Teile wiederum die Paarreime die Gegensätze Tod und Leben zusammenbinden.

Erschließung und Interpretation epischer Texte

Aufgaben zur Selbsteinschätzung

» Seite 21

1. Erzählverhalten: auktorial

   Begründung:
   - Beginn mit Erzählerkommentar
   - Distanz des erzählenden Ichs zur erzählten Welt (kein erlebendes Ich)
   - Anspruch auf Objektivität
   - umfangreiches, „objektives" Wissen
   - Ankündigung der Entwicklung größerer Zusammenhänge

2. Ein Vorschlag:

   Hier saß er nun, eingesperrt wie ein Tier. Ungerechtfertigterweise. War doch das Verhalten seiner Familienmitglieder verantwortlich dafür, dass er nun seine Tage in einer Heil- und Pflegeanstalt zubringen musste. Tief in seine Vergangenheit reichte die Ursachenkette zurück: Alles begann bereits vor seiner Geburt, wie er inzwischen wusste. Denn war nicht schon seine Großmutter Anna Bronski beteiligt?
   Diese hatte an einem Oktobernachmittag am Rande eines Kartoffelackers gesessen.

3. Zunächst deuten der Name des Ich-Erzählers („Oskar") sowie die Tatsache, dass sich der Erzähler zum Zeitpunkt des Erzählens in einer Heil- und Pflegeanstalt befindet, darauf hin, dass eine Übereinstimmung mit dem Autor Günter Grass sehr unwahrscheinlich ist. Vor allem aber ist der Text von Autor und Verlag ausdrücklich als Roman ausgewiesen, also als ein fiktionaler Text, in dem auch der Erzähler eine vom Autor ausgedachte und ausgestaltete Figur ist – selbst dann, wenn sie biografische Züge des Autors aufweist.

» Seite 22

4. **a. Gedankenbericht**

   Erwartungen und Gefühlsregungen gerafft: „die Sehnsucht nach Tat"; Wertungen des Erzählers durch Wortwahl deutlich: „Macht", „Begier", dadurch nachdrückliche Vermittlung des psychischen Zustandes der Figur

   b. direkte Rede

   szenische Darbietung; unmittelbares Miterleben des Lesers; zeitdeckend; der Dialog, nicht der Erzähler, erzeugt komische Wirkung

   c. indirekte Rede

   Konjunktiv I nach einleitendem Verb: „verlangte zu wissen […] beigebracht habe"; Distanzierung, Ironie: „Weisheit – Stupidität"; zeitraffende Rededarstellung

   d. innerer Monolog

   Darstellung des Bewusstseins in direkter Rede; Ich-Form; Präsens: „Ich muss auf die Uhr schauen"; keine logische Folge, assoziativ, Unterbrechungen: „… Was ist es denn eigentlich? […] Ja, richtig: Oratorium?"; Innensicht; Empathie des Lesers: Er kann die Geduldsprobe des unmusikalischen Leutnants unmittelbar nachvollziehen.

   e. erlebte Rede

   Innensicht, durch den Erzähler vermittelt; kein einleitendes Verb; Präteritum wie die Erzählung: „lebte … neigte … schien"; „er", nicht „ich": „K. lebte doch …"; Perspektive des dargestellten Bewusstseins; Beschränktheit der Wahrnehmung, hier: Selbstbetrug: K. kennt die Gründe für die Verhaftung nicht, versucht sie zu bagatellisieren

   f. Bewusstseinsstrom

   interpunktionsloses Dahinfließen des Bewusstseins; Auflösung der regulären Satzbaustruktur: „ein Zug irgendwo der pfeift"; 1. Person Präsens: „ich bin froh" – Erinnerungen, gedankliche Assoziationen („Loves old sweet sonnnng"), vermischt mit Wahrnehmung sinnlicher äußerer Eindrücke („Frsiiiiiiiifronnnng"); Sogwirkung auf den Leser

Training 1: Erschließung und Interpretation einer Parabel

» Seite 29

→ 2. Arbeitsschritt

1.

Bildebene	*Bedeutungsebene*
Schweine	Menschen in Gesellschaft
Stacheln	abstoßende Eigenschaften und Fehler
kalter Wintertag	Langeweile, Isolation in der Gesellschaft
Wärme	menschliche Nähe, Freundschaft, Liebe
mittlere Entfernung	Höflichkeit, Gesittung, Anstand

2. Der Autor überträgt einen moralischen Satz, eine Lehre, in eine Bildgeschichte, um aufzuklären und zu bessern. Seine Bilder entstammen der Lebenswelt seiner Leser. Der Leser schließt von der Bildebene zurück auf die gemeinte Sache und die vermittelte Lehre, muss den Leseprozess also aktiv vollziehen.

3. (Stachelschweine), Übel, Leiden, Leere, Monotonie, ihre vielen widerwärtigen Eigenschaften und unerträglichen Fehler

4. auktorial, olympische Perspektive: der Erzähler achtet seine Figuren gering (indirekt auch den Leser), kennt ihre Motive und ihre Wesensart; (nahezu) Allwissenheit; Lenkung durch massive Wertung und Abwertung

» Seite 30

→ 3. Arbeitsschritt

1. Für den Durchschnittsmenschen gilt: Komm niemandem zu nahe. Wenn du nicht anders kannst, als in Gesellschaft zu leben, ist das dein Problem. In diesem Fall verhalte dich wohlgesittet wie ein britischer Gentleman und bleibe in der nötigen Distanz zu deinen abstoßenden Mitmenschen.
2. Für den Ausnahmemenschen gilt: Du brauchst weder Mitmenschen noch Gesellschaft. Du bist dir selbst genug, entfalte deine eigenen Möglichkeiten.
3. Wie Sie Stellung nehmen, ist allein Ihre Sache und nicht zuletzt dadurch bestimmt, welche Erfahrungen Sie mit Ihren Mitmenschen gemacht haben.

→ 5. Arbeitsschritt

» Seite 31

1. In seiner Parabel *Die Stachelschweine*, die 1851 veröffentlicht wurde, stellt der Philosoph Arthur Schopenhauer alternative Lebensformen vor Augen und beantwortet die Frage, welche davon dem Menschen angemessen ist: Eine isolierte Existenz oder ein Leben in Gesellschaft? Im Hinblick auf die Fehler und Schwächen der menschlichen Natur kommt er zu dem Ergebnis, dass eine Gesellschaft nur funktionieren kann, wenn ihre Mitglieder Distanz zueinander einhalten.
2. Die Gliederung müsste so aussehen:

Bildebene
- Extremzustände
  - Kälte
  - Wärme
- mittlere Entfernung

Bedeutungsebene
- Monotonie in der Ferne – abstoßende Fehler in der Nähe
- Lösung: Gesellschaftsleben, aber in Distanz

» Seite 32

3.

a Der zweite Abschnitt geht von Zeile 11 bis 23.	› Fehler: Umgangssprache › Korrektur: Der zweite Abschnitt umfasst die Zeilen 11-23.
b Im ersten Absatz drängt sich eine Herde Stachelschweine eng zusammen, in Zeile 5 streben sie wieder auseinander.	› Fehler: Vermischung von Form- und Inhaltsebene › Korrektur: Im ersten Abschnitt wird dargestellt, wie sich eine Herde Stachelschweine zunächst eng zusammendrängt, dann aber wieder auseinanderstrebt
c Wenn nun das Bedürfnis der Erwärmung sie wieder näher zusammenbrachte, spürten sie ihre gegenseitigen Stacheln.	› Fehler: falsches Tempus › Korrektur: In dem Moment, in dem sie sich aufgrund des Bedürfnisses nach Wärme einander annähern, spüren sie die Stacheln des jeweils anderen.
d Im ersten Abschnitt wird vom Verhalten der Stachelschweine berichtet.	› Fehler: unpassendes Prädikat › Korrektur: Im ersten Abschnitt wird das Verhalten von Stachelschweinen dargestellt.
e Folgend kommt der Erzähler zu dem Schluss, dass die mittlere Entfernung zwischen Menschen die richtige Kompromisslösung ist.	› Fehler: unkorrekte Verknüpfung › Korrektur: Im Folgenden …

4. Doch bleibt die Parabel nicht bei dieser Kompromisslösung stehen. Genau betrachtet lässt sich noch ein dritter Abschnitt feststellen: Hier wird gezeigt, dass es noch einen Menschentypus gibt, der die Gesellschaft zum Überleben nicht benötigt, weil er sich selbst genügt.

Eine zusätzliche Möglichkeit, in der die Textbeschreibung in eine Strukturanalyse überführt wird, könnte so aussehen:

Den Bildteil baut Schopenhauer so auf, wie es für die klassische Fabel typisch ist: Auf eine Handlung (das Zusammendrängen der Stachelschweine) folgt eine Gegenhandlung (die Tiere empfinden die Stacheln der anderen und gehen auf Distanz). Dieses Handlungsmuster wiederholt sich, so dass sich das Leben der Schweine zwischen zwei Polen (Kälte und Verwundung) abspielt: Beide bringen ein Leiden mit sich, haben aber zugleich einen positiven Effekt: Die Nähe schützt vor dem Erfrieren, die Entfernung vor dem Schmerz. Das Leiden an dieser Situation erzeugt in einem dritten Schritt (dem Kompromiss) einen Lernprozess, und die Stachelschweine entscheiden sich für eine mittlere Entfernung. Einerseits verletzen sie sich aufgrund der Distanz nicht mehr, andererseits lässt sich dank der relativen Nähe die Kälte ertragen.

5. Deutung der Bildebene (S. 29, Aufgabe 1)
Untersuchung des Genres Parabel (S. 29, Aufgabe 2)
Beschreibung des Erzählverhaltens: die Wertungen des Erzählers, die Erzählhaltung (S. 29, Aufgabe 3, 4)

» Seite 33

6. Mit dem Vergleichswort „so" wird der Übergang von der Bildebene auf die Bedeutungsebene signalisiert. Zug um Zug wird in diesem zweiten Teil die Bildebene ausgelegt: Mit dem Rudel der Stachelschweine ist die menschliche Gesellschaft gemeint, die das Bedürfnis nach Nähe zueinandertreibe, weil der Mensch aufgrund der „Leere und Monotonie des eigenen Innern" (Z. 12 f.) nach gesellschaftlichem Umgang strebe. Diese Ursache für menschliches Zusammenleben ist die Übersetzung des Bildes

vom „kalten Wintertage", so dass der Schluss nahe gelegt wird, dem Menschen fehle die innere Wärme, um die Situation des Alleinseins zu ertragen. Übertragen auf die Bedeutungsebene bedeutet das, dass der Durchschnittsmensch es nicht lange mit sich allein aushält, da ihm die notwendige Fantasie, die geistigen Fähigkeiten oder der innere Reichtum fehlen, um ein Leben fern von Gleichförmigkeit, Routine und Geistlosigkeit zu gestalten: Bleibt er allein, wird er ein Opfer der Langeweile. Wahre Freundschaft und Liebe, so ist zu folgern, gibt es nicht, sie sind das Ergebnis eines egoistischen Motivs. Weil das Menschenbild der Parabel derart pessimistisch ist, bringt andererseits auch die Flucht aus Isolation und Einsamkeit in die Nähe der Mitmenschen keine Lösung des Problems mit sich: Viele Eigenschaften der Durchschnittsmenschen (seine „Stacheln") sind schlicht „widerwärtig" und seine Fehler „unerträglich" (Z. 14 f.). Es sind schließlich Schweine, die als Zentralfiguren der Versuchsanordnung fungieren. Nicht nur Stacheln zeichnen sie aus, sondern alle sonstigen mit dieser Tierart normalerweise verbundenen unangenehmen Eigenschaften. Würden sich die Menschen zu nahe kommen, würde es zum Kampf aller gegen alle kommen: So pulsiert das menschliche Leben scheinbar zwischen Leiden und Langeweile. Der „Lösungsvorschlag", die Balance zwischen Nähe und Ferne, kann unter der Voraussetzung dieses Menschenbildes nur ein Notbehelf sein: Die Gesellschaft reglementiert die Umgangsformen – „Höflichkeit und feine Sitte" (Z. 18) –, um das Zusammenleben erträglich zu gestalten.

7. Die eigentliche Pointe folgt jedoch am Schluss: Es gibt nach Ansicht des Erzählers offensichtlich Ausnahmen von dieser Regel. Menschen, die den „kalten Wintertag" (Z. 2) ertragen können und, um im Bild zu bleiben, genügend eigene innere Wärme besitzen. Dieses Bild überträgt Schopenhauer diesmal nicht selbst, und der Leser muss aktiv werden, um sich eine Vorstellung von der Art Mensch machen zu können, die der Autor meint. Aufgrund der Vorgaben der Parabel ergibt sich der Schluss: Da eine ideale Gemeinschaft nicht möglich, ein Zusammenleben auf Distanz aber nur ein Kompromiss ist, wäre die einzig richtige Lösung der Verzicht auf Gemeinschaft und der Rückzug in das eigene Ich. Freilich müssten dann die Voraussetzungen andere sein als die der gemeinen Stachelschweine. – Der Mensch müsste das reiche Innenleben besitzen, das ihm die Gesellschaft entbehrlich macht. Dazu aber ist nur der Ausnahmemensch befähigt, der einerseits die Stärke besitzt, um autark zu sein und auf den Beistand der Gesellschaft zu verzichten, und der andererseits so genial ist, dass seine Fähigkeiten – Geist, Fantasie, künstlerische und philosophische Begabung – sein Leben auszufüllen vermögen.

›› Seite 34

8. Die **wesentlichen Merkmale** sind: auktoriale Erzählhaltung, Ironie, Sarkasmus, Abwertung der Figuren, Leserlenkung in Wertungsfragen.

Vor allem wird mit begründenden Konjunktionen und Partikeln verknüpft: „da" – „deshalb" – „ja". Außerdem setzt der Autor hinweisende Pronomina ein, um zwei Gedanken **zu verbinden**: „Das [der vorher genannte Sachverhalt] spiegelt sich in …".

Der **leitende Gesichtspunkt** ist die auktoriale, hier vor allem ironische Erzählhaltung. Diesem werden die anderen Aspekte zu- oder untergeordnet: die Überlegenheit des Erzählers, seine Distanzierung durch abfällige Wertungen, seine Geringschätzung des Alltagsmenschen, sein Anspruch, die Menschen durchschauen zu können, seine belehrende Grundhaltung.

9. 1. Schülerbeispiel: Vergleich/Kontrast mit einer anderen Moral/Auffassung vom Menschen
2. Schülerbeispiel: Kritik am Autor
3. Schülerbeispiel: begründete Gegenposition zur Lehre der Parabel

Training 2: Erschließung und Interpretation einer Erzählung

›› Seite 37

→ 1. Arbeitsschritt

2.
- Ort und Zeit des Geschehens: Wohnung der Familie Samsa, unbestimmte Zeit
- beteiligte Personen: Gregor, sein Vater, seine Mutter, seine Schwester
- ihre Rolle im Textauszug: im Zentrum Gregor als Protagonist und der Vater als Antagonist, die Schwester an der Peripherie; die Mutter als Fürsprecherin (legt den Konflikt bei, ohne ihn lösen zu können)
- Entwicklung des Geschehens (in Form einer Zusammenfassung, die sich an den Abschnitten des Textes orientiert):
  Z. 1–12 Ankunft des Vaters und Gretes Mitteilung von Gregors Ausbruchsversuch
  Z. 12–23 Gregors vergeblicher Versuch, den Vater zu besänftigen
  Z. 23–66: Die Veränderung in Auftreten und Wirkung des Vaters
  Z. 66–102: Die Verfolgungsjagd und das Bombardement mit Äpfeln
  Z. 102–113: Der Vermittlungsversuch der Mutter

›› Seite 38

→ 2. Arbeitsschritt

1.

vor der Verwandlung	*nach der Verwandlung*
äußeres Erscheinungsbild, äußeres Verhalten	
Schlafrock, alter Mantel, Krücke	straffe Uniform, steifer Kragen, Stiefel, Mütze
sitzend, stehend, gebückt	hoch aufgerichtet, stark, Doppelkinn
beinahe unfähig aufzustehen: Lehnstuhl, Bett	großer Bewegungsradius
farblos, verwahrlost	Goldapplikationen, peinlich saubere Frisur
schlurfen	energische Schritte

Charakterzüge	
Fassaden-Ich	eigentliches Ich
schwach, matt, träge, energielos	männlich, vital, selbstbewusst
passiv	aggressiv
greisenhaft, kränklich	verjüngt
unterlegen, machtlos	dominant, autoritär
friedfertig	gewalttätig, barbarisch, brutal
bankrott	soldatisch
trotz der Schwäche gleichzeitig Ausbeuter des Sohnes	
➛ Autorität des Vaters „vergraben" (Z. 35)	➛ „Auferstehung" des wahren Vaters

2.

Vater	*Sohn*
Dominanz	Abhängigkeit, Unterlegenheit
ohne Schuldbewusstsein	Schuldgefühl
Unberechenbarkeit	Gehorsam
Tyrann	Opfer
strotzende Kraft	Lungenkrankheit
Uniformität, Konformität	Vereinzelung, Isolation, Außenseitertum

» Seite 39

4. Das **Verwandlungsmotiv** stellt für Reinhard Meurer eine Regression dar: Gregor Samsa verweigert sich den Ansprüchen der Familie und des ‚Geschäfts', d. h. des bürgerlichen Lebens. Er zieht sich zurück in sein Inneres, dies allerdings nicht aus freiem Willensentschluss. Da der Vater ihn in entscheidenden Momenten zurückdrängt, dürfte er die verantwortliche Instanz sein, die Gregor eine Position in der Familie verweigert.

Nach Heinz Politzer wird Gregor mit dem **Apfel**wurf endgültig aus dem ‚Paradies' der Familie vertrieben. Der übergroße (Gott-)Vater verdammt den Sohn, ohne dass diesen eine spezielle Schuld träfe. Der vom Vater geworfene Apfel bleibt in der Wunde stecken.

» Seite 40

5.

[…] Es verging eine kleine Weile, Gregor lag matt da, ringsherum war es still, vielleicht war das ein gutes Zeichen. Da läutete es. Das Mädchen war natürlich in ihrer Küche eingesperrt und Grete musste daher öffnen gehen. Der Vater war gekommen. „Was ist geschehen?", waren seine ersten Worte; Gretes Aussehen hatte ihm wohl alles verraten. Grete antwortete mit dumpfer Stimme, offenbar drückte sie ihr Gesicht an des Vaters Brust: „Die Mutter war ohnmächtig, aber es geht ihr schon besser. Gregor ist ausgebrochen." „Ich habe es ja erwartet", sagte der Vater, „ich habe es euch ja immer gesagt, aber ihr Frauen wollt nicht hören." Gregor war es klar, dass der Vater Gretes allzu kurze Mitteilung schlecht gedeutet hatte und annahm, dass Gregor sich irgendeine Gewalttat habe zuschulden kommen lassen. Deshalb musste Gregor den Vater jetzt zu besänftigen suchen, denn ihn aufzuklären hatte er weder Zeit noch Möglichkeit. Und so flüchtete er sich zur Tür seines Zimmers und drückte sich an sie, damit der Vater beim Eintritt vom Vorzimmer her gleich sehen könne, dass Gregor die beste Absicht habe, sofort in sein Zimmer zurückzukehren, und dass es nicht nötig sei, ihn zurückzutreiben, sondern dass man nur die Tür zu öffnen brauche, und gleich werde er verschwinden.	**Erzählhaltung**: Personaler Erzähler, enger Blickwinkel, keine Überschau über die gesamte Wirklichkeit, Horizont einer Vierzimmerwohnung, große Nähe des Erzählers zur Reflektorfigur Gregor Samsa: Was sich außerhalb ihres Blickfeldes ereignet, wird als Vermutung dargestellt – „einsinnige" Perspektive.
Aber der Vater war nicht in der Stimmung, solche Feinheiten zu bemerken; „Ah!", rief er gleich beim Eintritt in einem Tone, als sei er gleichzeitig wütend und froh. Gregor zog den Kopf von der Tür zurück und hob ihn gegen den Vater. So hatte er sich den Vater wirklich nicht vorgestellt, wie er jetzt dastand; allerdings hatte er in der letzten Zeit über dem neuartigen Herumkriechen versäumt, sich so wie früher um die Vorgänge in der übrigen Wohnung zu kümmern, und hätte eigentlich darauf gefasst sein müssen, veränderte Verhältnisse anzutreffen. Trotzdem, trotzdem, war das noch	**Gedankenwiedergabe**: Erlebte Rede: nicht der Vater ‚an sich' wird geschildert, sondern der Vater, wie ihn das Bewusstsein Gregors erlebt und interpretiert. Die entscheidende Verwandlung des Vaters zum autoritären Patriarchen stellt sich dar als ausschließlicher

der Vater? Der gleiche Mann, der müde im Bett vergraben lag, wenn früher Gregor zu einer Geschäftsreise ausgerückt war; der ihn an Abenden der Heimkehr im Schlafrock im Lehnstuhl empfangen hatte; gar nicht recht imstande war, aufzustehen, sondern zum Zeichen der Freude nur die Arme gehoben hatte, und der bei den seltenen gemeinsamen Spaziergängen an ein paar Sonntagen im Jahr und an den höchsten Feiertagen zwischen Gregor und der Mutter, die schon an und für sich langsam gingen, immer noch ein wenig langsamer, in seinen alten Mantel eingepackt, mit stets vorsichtig aufgesetztem Krückstock sich vorwärts arbeitete und, wenn er etwas sagen wollte, fast immer stillstand und seine Begleitung um sich versammelte? Nun aber war er recht gut aufgerichtet; in eine straffe blaue Uniform mit Goldknöpfen gekleidet, wie sie Diener der Bankinstitute tragen; über dem hohen steifen Kragen des Rockes entwickelte sich sein starkes Doppelkinn; unter den buschigen Augenbrauen drang der Blick der schwarzen Augen frisch und aufmerksam hervor; das sonst zerzauste weiße Haar war zu einer peinlich genauen, leuchtenden Scheitelfrisur niedergekämmt. Er warf seine Mütze, auf der ein Goldmonogramm, wahrscheinlich das einer Bank, angebracht war, über das ganze Zimmer im Bogen auf das Kanapee hin und ging, die Enden seines langen Uniformrockes zurückgeschlagen, die Hände in den Hosentaschen, mit verbissenem Gesicht auf Gregor zu. Er wusste wohl selbst nicht, was er vorhatte; immerhin hob er die Füße ungewöhnlich hoch, und Gregor staunte über die Riesengröße seiner Stiefelsohlen. Doch hielt er sich dabei nicht auf, er wusste ja noch vom ersten Tage seines neuen Lebens her, dass der Vater ihm gegenüber nur die größte Strenge für angebracht ansah. Und so lief er vor dem Vater her, stockte, wenn der Vater stehen blieb, und eilte schon wieder vorwärts, wenn sich der Vater nur rührte. So machten sie mehrmals die Runde um das Zimmer, ohne dass sich etwas Entscheidendes ereignete, ja ohne dass das Ganze infolge seines langsamen Tempos den Anschein einer Verfolgung gehabt hätte. Deshalb blieb auch Gregor vorläufig auf dem Fußboden, zumal er fürchtete, der Vater könnte eine Flucht auf die Wände oder den Plafond für besondere Bosheit halten. Allerdings musste sich Gregor sagen, dass er sogar dieses Laufen nicht lange aushalten würde; denn während der Vater einen Schritt machte, musste er eine Unzahl von Bewegungen ausführen. Atemnot begann sich schon bemerkbar zu machen, wie er ja auch in seiner früheren Zeit keine ganz vertrauenswürdige Lunge besessen hatte. Als er nun so dahintorkelte, um alle Kräfte für den Lauf zu sammeln, kaum die Augen offenhielt; in seiner Stumpfheit an eine andere Rettung als durch Laufen gar nicht dachte; und fast schon vergessen hatte, dass ihm die Wände freistanden, die hier allerdings mit sorgfältig geschnitzten Möbeln voll Zacken und Spitzen verstellt waren – da flog knapp neben ihm, leicht geschleudert, irgend etwas nieder und rollte vor ihm her. Es war ein Apfel; gleich flog ihm ein zweiter nach; Gregor blieb vor Schrecken stehen; ein Weiterlaufen war nutzlos, denn der Vater hatte sich entschlossen, ihn zu bombardieren. Aus der Obstschale auf der Kredenz hatte er sich die Taschen gefüllt und warf nun, ohne vorläufig scharf zu zielen, Apfel für Apfel. Diese kleinen roten Äpfel rollten wie elektrisiert auf dem Boden herum und stießen aneinander. Ein schwach geworfener Apfel streifte Gregors Rücken, glitt aber unschädlich ab. Ein ihm sofort nachfliegender drang dagegen förmlich in Gregors Rücken ein; Gregor wollte sich weiterschleppen, als könne der überraschende unglaubliche Schmerz mit dem Ortswechsel vergehen; doch fühlte er sich wie festgenagelt und streckte sich in vollständiger Verwirrung aller Sinne. Nur mit dem letzten Blick sah er noch, wie die Tür seines Zimmers aufgerissen wurde, und vor der schreienden Schwester die Mutter hervoreilte, im Hemd, denn die Schwester hatte sie entkleidet, um ihr in der Ohnmacht Atemfreiheit zu verschaffen, wie dann die Mutter auf den Vater zulief und ihr auf dem Weg die aufgebundenen Röcke einer nach dem anderen zu Boden glitten, und wie sie stolpernd über die Röcke auf den Vater eindrang und ihn umarmend, in gänzlicher Vereinigung mit ihm – nun versagte aber Gregors Sehkraft schon – die Hände an des Vaters Hinterkopf um Schonung von Gregors Leben bat. […]

Bewusstseinsinhalt der wahrnehmenden Figur. Ob der Vater ‚objektiv', tatsächlich, diese Wandlung durchgemacht hat, erfährt der Leser nicht, weil es keinen Standpunkt außerhalb gibt. Was er weiß, weiß er aufgrund der erlebten Rede der Reflektorfigur – auch das verlangt vom Leser die Fähigkeit, Unsicherheiten und Ambivalenzen aushalten zu können.

Erzählhaltung: Froschperspektive bei der Wahrnehmung des Vaters

Sympathielenkung: Der Leser nimmt den übermächtigen, rätselhaften Vater aus Gregors Blickwinkel wahr, womit die Sympathie des Lesers zugunsten Gregors gelenkt wird.

Sympathielenkung: Da der Leser an den Gedanken und Gefühlen der Reflektorfigur intensiv teilnimmt, entwickelt er Empathie und empfindet Gregors Leiden, Hoffnungen und Wünsche nach, zumal der Käfer in seiner Außenseiterrolle menschliche Züge bewahrt. Zudem weckt die drastische Wortwahl, mit der der Angriff des Vaters auf Gregor ausgedrückt wird, Mitleid.

Erzählhaltung: Die Begrenzung des Gesichtsfeldes wird am Schluss des Ausschnittes verstärkt: Die letzte Szene nimmt der halb blinde Käfer nur noch „mit einem letzten Blick" wahr. Die Begrenztheit des Wissens, die Ungenauigkeiten in der Wahrnehmung, das Fehlen von Erklärungen und Begründungen sind verantwortlich für die große Irritation, die sich auf den Leser überträgt.

6.

Benennung des Phänomens/ Beobachtung	Funktion
weit geschwungene Periode, komplexe Satzstruktur, Reihung („wie …, …wie … und wie …")	Spannungskurve durch Reihung der Nebensätze: Ergebnis der Handlung erst am Schluss der Periode
Hypotaxe, ungewöhnliche, zusätzliche Kommasetzung	syntaktische Veranschaulichung des stolpernden Laufs der Mutter
Einschub, Parenthese („– nun versagte aber Gregors Sehkraft schon –")	Hinweis auf die begrenzte Perspektive Gregors, Relativierung des Vorgangs
Raumaufteilung, Anordnung der Figuren (die Mutter zwischen Sohn und Vater)	Vermittlungsfunktion der Mutter, gleichzeitig dem Vater gegenüber inferior (an seinem Hals hängend); Atemnot wie Gregor
Groteske (die Mutter im Hemd, einen Rock nach dem anderen abwerfend, stolpernd, sich an des Vaters Hals hängend)	krasser Kontrast zwischen Komik der Darstellung und der tödlichen Bedrohung
Wortwahl („entkleidet", „die aufgebundenen Röcke", „auf den Vater eindrang", „in gänzlicher Vereinigung mit ihm")	erotisches, ja obszönes Vokabular: Kontrast zwischen der sexuellen Vereinigung der Eltern und der eigenen Isolation

» Seite 41

7. Parallelen:
   - Melancholie, Antriebsschwäche als Ausdruck der Unfähigkeit, sich dem ‚Leben' und seinen Ansprüchen zu stellen; das Bett als Zuflucht vor der Wirklichkeit, Ort der Träume und Fantasien.
   - Verfolgungsmotiv, scheiternde Emanzipation von der Autorität der Eltern, Bindung durch die Eltern, Verhinderung des Selbstständigwerdens.
   - Drohgebärden des Vaters, Verfolgung des Sohns durch den Vater, die Mutter als Vermittlerin, ‚Begnadigung' durch den Vater, der Vater als quasigöttliche Instanz.
   - Bindungsunfähigkeit, zurückgeführt auf die Dominanz des Vaters; Allgegenwärtigkeit des Vaters, die die Emanzipation des Sohnes verhindert; Unfähigkeit zur bürgerlichen Ehe und Familiengründung; Verweigerung gegenüber bürgerlicher Existenz, Flucht ins Schreiben/Verwandlung in den Käfer.

   Diese und manche anderen Motive und Handlungsstränge finden ihre Parallelen in Kafkas Biografie. Doch werden diese biografischen Tatsachen nicht einfach in der Novelle abgebildet. Im Gegenteil: Die Novelle verwirklicht in literarischer Form Träume und Fantasien des Autors, die dieser nicht ausleben konnte oder durfte: „Wie es nämlich wäre, tatsächlich nicht aufzustehen, sondern einfach liegen zu bleiben und jede Verantwortung für die Folgen abzulehnen; die von der Familie immer wieder betonte Verpflichtung zur Nützlichkeit zurückzuweisen […]; das Ideal des ‚reinen' Junggesellen konsequent zu leben […]. Das Schicksal Samsas ist genau der Ausweg aus der Misere, den es (für Kafka) nicht gibt […]." (Ulf Abraham)

8. Orientierungsverlust – Ich-Zerfall – Sehnsucht nach einem neuen Menschen – Vater-Sohn-Konflikte – Bruch mit der Vätergeneration – akademisch gebildet, aber auf gegenbürgerlichen Abwegen – Künstler-Bürger-Problem – gesellschaftliches Außenseitertum – Frontstellung gegen Mechanisierung und Enthumanisierung

   Ästhetik des Hässlichen vs. bürgerliche, klassizistische Ästhetik – Groteskes – Regressionsfantasien (Rückzug auf eine frühere Stufe der Persönlichkeitsentwicklung als Abwehrmechanismus gegen gesellschaftliche Verpflichtungen) – Simultaneität des Heterogenen – neue Ausdrucksmöglichkeiten, Sprachexperimente: Paradoxe, Verfremdung

» Seite 42

9. *Die Verwandlung* – eine expressionistische Erzählung?

   PRO
   - Gregors Vereinsamung, Isolation, Ohnmacht
   - Verdinglichung, Animalisierung des Menschen
   - groteske Verfremdung der Wirklichkeit
   - Vaterproblem als Problem einer ganzen Generation
   - trotz der scheinbaren Sachlichkeit radikale Subjektivierung der Wahrnehmung und der Sprache: die Welt ist Gregors Vorstellung
   - den Leser schockierende Darstellung von Widersprüchen in der Wirklichkeit
   - Entfremdungserfahrung durch bürgerlichen Beruf, Apparat und Hierarchie in der Geschäftswelt
   - Begrenztheit des Raums, Gefühl des Gefangenseins

   KONTRA
   - keine Formzertrümmerung, keine Sprachfetzen
   - Vaterproblem als individuelle Problematik, keine Zeitgeist-problematik
   - Unterkühltheit, scheinbare Sachlichkeit der Sprache
   - Darstellungsfunktion, nicht Ausdrucksfunktion der Sprache wie im Expressionismus
   - Vereinsamung nicht bedingt durch die ‚typisch' expressionistischen Erfahrungen der Anonymität in der Großstadt
   - keine Ausweitung der persönlichen Entfremdung zu Untergangsvisionen und Apokalypsen, keine Visionen

→ 4. Arbeitsschritt

1. Eine Gliederung des ersten Hauptteils könnte z. B. so aussehen:

   2. *Die Verwandlung* – ein Familienkonflikt
      2.1 Machtrolle des Vaters
      2.2 Vermittlerrolle der Mutter
      2.3 Opferhaltung Gregors
      2.4 Biografische Züge der Erzählung

» Seite 43

2. Gliederungsmöglichkeit nach dem deduktiven Modell (hier: für die These, *Die Verwandlung* sei eine expressionistische Erzählung):

3. *Die Verwandlung* – ein Zeugnis des Expressionismus
   3.1 Entfremdung des Subjekts
   3.2 Verfremdung der Wirklichkeit
   3.3 Subjektivität der Darstellung
   3.4 Protest gegen die Vätergeneration

Gliederungsmöglichkeit nach dem Sanduhrmodell (hier: gegen die These, *Die Verwandlung* sei eine expressionistische Erzählung):

3. *Die Verwandlung* vor dem Hintergrund des Expressionismus
   3.1. Übereinstimmungen mit expressionistischer Dichtung
      3.1.1 Aufbegehren gegen die Vätergeneration
      3.1.2 Vereinsamung des Menschen in der Moderne
      3.1.3 Verfremdung der Wirklichkeit
      3.1.4 Subjektive Perspektive auf die Umwelt
   3.2 Unterschiede zu expressionistischer Dichtung
      3.2.1 Sachlichkeit der Sprache
      3.2.2 Vaterkonflikt als individuelle Problematik
      3.2.3 Isolation als Einzelschicksal
      3.2.4 Fehlender Ausdruck von Endzeitstimmung
      3.2.5 Gleichzeitigkeit von Vielfältigem

→ 5. Arbeitsschritt

1. Nach dem deduktiven Modell könnte sich folgende Argumentation ergeben:

Ich möchte die These verteidigen, dass Kafkas *Verwandlung* ein typisches Zeugnis des Expressionismus ist. Denn was steht im Zentrum der Erzählung? – ein in ein Ungeziefer verwandelter Mensch. **(Beleg)** Was die Expressionisten am meisten bewegte, war die Entfremdung und Verdinglichung des Ichs. **(1. Argument)** Wenn in dem Gedicht *Kleine Aster* von Gottfried Benn eine Wasserleiche in ihre Einzelteile seziert wird **(Beleg)**, zeigt der Dichter, dass der Mensch seine Stellung als Krone der Schöpfung verloren hat und wie ein Ding zerfällt **(Teil des 1. Arguments)**.

Er erzielt damit denselben schockierenden Effekt wie Kafka **(2. Argument)**, der den Leser mit demselben Abscheu auf das eklige Untier reagieren lässt wie Gregors Schwester **(Beleg)**. Die Zeiten der Ästhetik des Schönen sind in der Moderne endgültig vorbei **(Teil des 2. Arguments)**: Die Kunst soll nicht gefallen, sondern provozieren.

Allerdings ist auch richtig, dass Kafka eine unterkühlte, scheinbar sachliche, von Emotionen scheinbar freie Sprache schreibt, während viele Expressionisten sich in ekstatischen Sprachformen äußerten. Oft zerfiel ihre Sprache wegen des intensiven Gefühlsausdrucks in Fetzen, während Kafkas Prosa eher gelassen und unaufgeregt wirkt, selbst dann, wenn ein Mensch in ein ungeheures Ungeziefer verwandelt wird. **(1. Argument der Gegenseite)** Wenn man also die Oberfläche seiner Werke betrachtet, scheint Kafka tatsächlich wenig mit der expressionistischen Bewegung gemeinsam zu haben. **(Zugeständnis an die These der Gegenseite)**

Doch ist Kafkas Sprache nur scheinbar sachlich. Tatsächlich ist sie nicht weniger subjektiv als die der Expressionisten. **(3. Argument)** Indem Kafka einen Erzähler wählt, der sich ganz nahe an der Perspektive Gregors befindet, schildert er die enge Welt der Familie Samsa aus der subjektiven Perspektive des Käfers. Die klaren Konturen verschwimmen, je mehr auch dessen Blick sich trübt. **(Beleg)** Kafka lehrt den verstörten Leser, die Welt neu zu sehen – wie auch die Expressionisten. **(Teil des 3. Arguments)**

Von entscheidender Bedeutung für die Ausgangsfrage ist Kafkas Vaterproblem. Auch wenn es durch die Biografie des Autors geprägt ist **(2. Argument der Gegenseite)**, so teilt Kafka dieses Problem doch mit der Generation der expressionistischen Dichter **(4. Argument)**. Die Isolation, die die Berliner Expressionisten als Folge des großstädtischen Lebens beobachteten, ist bei Kafka Ausdruck eines familiären Konflikts und einer Erziehung, die die Bindungsunfähigkeit des Sohnes zur Folge hatte. **(Beleg für das 2. Argument der Gegenseite)** Wichtiger jedoch ist, dass er seine persönlichen Erfahrungen verallgemeinert und wie die Expressionisten die bürgerliche Kultur als Entfremdung erlebt. **(Teil des 4. Arguments)** Gregor Samsas Verwandlung ist nichts anderes als eine Reaktion auf diese Entfremdung. Von seinem bürgerlichen Beruf, der Routine der Arbeitswelt, angeekelt, wird er selbst in ein Ekeltier verwandelt, das den Ansprüchen des Vaters nicht mehr nachkommen kann (oder will) und sich auf sein eigenes Ich zurückzieht. **(Beleg für das 4. Argument)**

Abituraufgabe: Erwartungshorizont

» Seite 44/45

Erschließen Sie den vorliegenden Romanausschnitt ...

Aufbau
1. Beschreibung der Geburt Felix Krulls, Darstellung seiner Grundeinstellung dem Leben gegenüber
2. Bevorzugung durch das Glück, der Erwählte
3. Frühkindliche Rollenspiele des späteren Hochstaplers:
   a. als Kaiser
   b. als Prinz Karl
4. Krulls Äußeres: die Schönheit des „Sonntagskindes"

Inhaltliche Schwerpunkte
Passivität bei der Geburt – das paradoxe Verhältnis von Weltflucht und Weltliebe – Mutterbindung – Schlaflust – Auserwähltheit – Bevorzugung durch das Glück / das Schicksal – symbolischer Vorname – Ausklammerung des Leidens – persönliche Vorzüge, besonders des Äußeren – Darstellung des Körpers bis ins Detail – Abgrenzung von der „Dutzendware" der Durchschnittsmenschen
Die Rollenspiele: das Imitationstalent – Bevorzugung repräsentativer Rollen (Kaiser, Prinz): Verkörperungen gesellschaftlicher Macht, Sich-Unterwerfen des Publikums

Erzählsituation und Erzählhaltung
auktorialer Ich-Erzähler – verfügt frei über seine Geschichte – weiß von sich auch aus der ‚pränatalen' und präverbalen Phase – permanenter Erzählerkommentar mit Rechtfertigungen, Reflexionen, Selbstlob – unmittelbarer Leserbezug – Verknüpfung von Erzählgegenwart und erzählter Vergangenheit: keine Einsicht, keine Reue – Andeutung des Zuchthausaufenthaltes und des vorzeitigen Alterns

Stilhaltung
weit geschwungene Perioden, viele Parenthesen und hypotaktische Konstruktionen: Imitation der Stilmuster der klassischen

Dichtung – Überladenheit (Reihungen, Häufungen) – exklusive Wortwahl, hoher Stil im Kontrast zum banalen Inhalt → komischer Effekt

... und interpretieren Sie ihn unter Berücksichtigung der Selbstdarstellung des Erzählers.

Interpretationsansätze

Die Selbstdarstellung des Erzählers
Narzissmus: Selbstliebe, Egomanie – Schlaflust als Regressionswunsch – Kindlichkeit des Erzählers: nicht abgeschlossene Persönlichkeitsentwicklung – setzt mit seinen Hochstapeleien die Kinderspiele fort – Beziehungsunfähigkeit – Sinnlichkeit und betonte Körperlichkeit – keine Selbstzweifel, keine Selbstkritik – Ausblenden alles Fragwürdigen
als Ich-Erzähler ein unzuverlässiger Erzähler, als Hochstapler ein Erzähler, dem generell nicht zu trauen ist – Verführung auch des Lesers – keine Entwicklung vom erlebenden zum erzählenden Ich: keine Einsicht, keine Reue – Ausblendung von Misserfolg und Leiden – Hybris, die nur durch die ungewollte Komik gemildert wird – Widerspruch zwischen „Bekenntnis" einerseits, Hochstapelei andererseits: Das Bekenntnis ist Fortsetzung des Hochstapelns

Stilistische Anmaßung
Übertreibungen und Superlative als Ausdruck der Selbstverliebtheit – Unangemessenheit des hohen Stils, entlarvt durch eingestreute Phrasen – Widersprüche des Stils vom Autor inszeniert: ironisches Spiel des Autors mit seiner Figur

Vergleichen Sie die Gestaltung dieses Ich-Erzählers mit derjenigen in einem anderen epischen Werk.

Bei der Auswahl des Vergleichswerks sollte auf tatsächliche Vergleichbarkeit geachtet werden, in diesem Fall etwa auf Kriterien wie: Erzählhaltung, Stil, Bekenntnischarakter u. ä., wobei sowohl starke Ähnlichkeit als auch starke Unterschiedlichkeit im Vordergrund stehen kann. Hierfür eignet sich z. B. der ebenfalls als „Bekenntnis" charakterisierbare Roman *Homo faber* (1957) von Max Frisch:

Vergleich der beiden Ich-Erzähler:

Gemeinsamkeiten
- als „Lebensbeichte" gestaltet
- Romane simulieren Authentizität. *Homo Faber* sogar als „Bericht" ausgegeben, also als objektive Wiedergabe und nicht als Fiktion
- Ich-Erzähler als narzisstische Einzelgänger, beziehungsunfähig, ohne Selbstzweifel; Krull lebt seinen Narzissmus auch als Erzähler aus; Faber durchlebt zumindest ansatzweise einen Wandlungsprozess und während des Schreibens eine Bewusstseinskrise.
- unzuverlässige Erzähler, schalten frei über ihre Geschichte
- Wunsch der Rechtfertigung durch das Erzählen: Krull seine Hochstapeleien, Faber seine Inzestschuld
- Versuche, die Schuld hinwegzuargumentieren, das Schicksal oder den Zufall (bei Krull: das Glück, die Natur) verantwortlich zu machen
- Hybris, einerseits als Kennzeichen des technischen Menschen (Faber), andererseits Merkmal des Illusionskünstlers Krull, wird in Fabers Fall durch die Erinnyen bestraft.
- Prägung der Perspektive und damit der Weltsicht durch Ichbezogenheit: Welt ist lediglich Vorstellung des erzählenden Ich: Ausklammerung des Irrationalen im Erzählen (Faber), Konstruktion einer Märchenkulisse (Krull), die einzig um seinetwillen existiert.
- Fehlen einer übergeordnete Erzählerinstanz zur Korrektur der subjektiven Verstellungen und Vorspiegelungen
- Ausgangssituation ohne Zukunftsperspektive: nach Gefängnisaufenthalt und „müde, sehr müde" (Krull) bzw. vor Krebsoperation stehend (Faber)
- sprechende Namen, die aber auf den zentralen Unterschied deuten: Beherrschung der Welt durch die Technik (Faber) bzw. durch die Mittel der Kunst und des schönen Scheins (Felix Krull)

Unterschiede
- Schwergewicht der Romanthematik: Faber: Problem existenziell, sein Roman tendiert zur Tragödie; Krull: Bekenntnissen fehlt das existenzialistische Schwergewicht: Rollenspiel realisiert sich als Komödie
- folgerichtig auch unterschiedliche Stilhaltung: Banales, Stereotypes, Funktionales (Faber), Überladenheit, Anmaßung, Unangemessenheit (Krull)

Erschließung und Interpretation lyrischer Texte

Aufgaben zur Selbsteinschätzung

» Seite 47

1. **I. d** Vierfüßiger **Jambus**; Verszeile beginnt jeweils mit Auftakt (alle Silben, die vor die erste Hebung fallen, werden als Auftakt bezeichnet); Auftakt: bei beschwingten, fröhlichen Versen – doch lässt sich dieser Eindruck nicht verallgemeinern

   II. b Trochäus, im zweiten Vers dreihebig, im ersten Vers vierhebig; letzter Versfuß ist katalektisch, d. h. unvollständig.

   III. c seltenes Beispiel für den **Anapäst** in deutscher Sprache

   IV. a Fünfhebiger **Daktylus**; letzter Vers ist katalektisch; ein Versfuß vor allem der antiken und der klassischen Dichtung, hier von einem Kirchenlieddichter verwendet

   V. f Sechsfüßiger **Jambus**; besonders in der Barockzeit beliebt als „Alexandriner"; nach dem dritten Versfuß findet sich oft eine Zäsur, ein Einschnitt, der im Vortrag als kurze Pause erscheint

   VI. e Daktylischer **Hexameter**; bestehend aus sechs Daktylen, von denen der letzte immer unvollständig (katalektisch) ist; durch die syntaktische Gliederung entsteht in diesem Fall im dritten Daktylus eine Zäsur

» Seite 48

2.

	Reimschema	Reimform	Kadenzen
a	abab	Kreuzreim	stumpf, klingend, stumpf, klingend
b	abba	umarmender Reim	stumpf, klingend, klingend, stumpf
c	aabb	Paarreim	stumpf, stumpf, klingend, klingend

3. Original ist die Kreuzreimstrophe.
   - klangliche Wirkung der drei Reimformen: Der Paarreim in Version c lässt diese am gefälligsten klingen, während der umarmende Reim der Version b den größten Spannungsbogen erzeugt und sie am kompliziertesten erscheinen lässt. Die Version a liegt mit ihrem Kreuzreim in der Mitte.
   - syntaktische Ebene: Version b ist auch auf syntaktischer Ebene die am wenigsten gefällige. In allen Versionen bestehen drei der Verse aus einem Hauptsatz, ein Vers aus zwei mit „und" verknüpften Hauptsätzen. Die Position dieses Verses am Ende der Strophe (Version a und c) entspricht stärker der Hörgewohnheit, während ihre Position in Version b (3. Vers) den Leser ins Stocken bringt.

   ➛ Mit Günter Waldmann lässt sich sagen, dass Version a am besten „einerseits in der Lage ist, die Fremdheit einer sinnentleerten Welt auszudrücken [...], andererseits aber doch der abmildernden komisch-grotesken Darstellungsweise des Gedichtes gerecht zu werden [...]."

4. Das Gedicht bildet die musikalische Beschwingtheit vor allem durch den **Zeilensprung (Enjambement)** und den **Strophensprung** ab – dadurch werden die Pausen am Ende der Zeile und der Strophe übersprungen. Es gibt nur eine Ausnahme in Vers 10, in der das „Aufatmen", der kreative Augenblick, hervorgehoben wird.

   Auch der schwere **Rhythmus** betont die Schritte des Tangos: **Auftaktlos**, durch den **Trochäus** betont, schreitet er vorwärts bis zum siebten Vers, in der das „Wunder" geschieht: „ein Wunder" und „Überraschung" sind durch den **Auftakt** besonders hervorgehoben.

   Die dreimal **wiederholte Anapher** „für einen Moment" (Vers 8–10) unterstreicht die Bedeutung, die der Augenblick des Glücks für den Hörer hat. Gleich darauf wird klar (Vers 13), dass dieser Moment keine Dauer hat und schnell schriftlich fixiert werden muss, um die Erinnerung daran wach zu erhalten.

Training 1: Erschließung und Interpretation eines Gedichtes

→ 2. Arbeitsschritt

» Seite 54

2. Anmerkung: Die ersten drei der folgenden Bedeutungsbereiche müssen identifiziert werden, um die wesentliche Aussage des Gedichts zu erfassen. Alle weiteren Bedeutungsbereiche betreffen das Detailverständnis.
   - poetische Sprache: „Metapher" (V. 3), „Syntax" (V. 5), „Worten (V. 10, 28), „Schrift" (V. 24), „Satzzelle" (V. 32), „Worthappen" (V. 34), „Vokals" (V. 35), „Konsonanten" (V. 36), „Schreibkrampf" (V. 39), „Druck" (V. 40), „Papier" (V. 41), „angezettelten Wortopern" (V. 42)
   - Genuss: „Delikatessen" (Titel), „gefällt" (V. 1), „ausstaffieren" (V. 3), „Mandelblüte" (V. 4), „Lichteffekt" (V. 6), „überflüssige Dinge" (V. 8), „verköstigen" (V. 33), „Worthappen erster Güte" (V. 34), „Libido" (V. 35), „Liebhaberwerte" (V. 36), „Wortopern" (V. 42)
   - Leid: „Hunger" (V. 13), „Schande" (V. 14), „Tränen" (V. 15), „Finsternis" (V. 17), „Schluchzen" (V. 18), „Verzweiflung" (V. 19, 20), „verzweifle" (V. 20), „Elend" (V. 21), „Krankenstand" (V. 22), „Lebenskosten" (V. 22)
   - Gefangenschaft: „gefangennehmen" (V. 31), „abführen" (V. 32), „Satzzelle" (V. 32)
   - Vernichtung: „einreißen" (V. 41), „wegfegen" (V. 42), „vernichtend" (V. 43)
   - Körperlicher Schmerz: „Schädel zerbrechen" (V. 7), „verhagelten Kopf" (V. 38), „Schreibkrampf in dieser Hand" (V. 39), „dreihundertnächtigem Druck" (V. 40)

» Seite 55

3. Die poetische Sprache erfährt Ablehnung durch das lyrische Ich aufgrund ihres Genusscharakters, der mit der nüchternen Wirklichkeit, dem Leid der untersten Klasse, kontrastiert.

4. Die Übertragung des Inhalts eines Gedichtes in Alltagssprache ist nie ganz unabhängig von seiner Interpretation möglich. Hier ein Vorschlag:

Nichts mehr gefällt mir.	Mir gefällt gar nichts mehr: nichts in der Wirklichkeit, nichts an der Poesie.
Soll ich eine Metapher ausstaffieren mit einer Mandelblüte? die Syntax kreuzigen auf einen Lichteffekt? Wer wird sich den Schädel zerbrechen über so überflüssige Dinge –	Soll ich mir den Kopf darüber zerbrechen, wie ich eine Metapher noch gefälliger ausgestalten könnte? Soll ich an einzelnen Satzgefügen herumfeilen und die normalsprachliche Grammatik einem poetischen Effekt opfern? Nein, das alles ist überflüssig.

Ich habe ein Einsehn gelernt mit den Worten, die da sind (für die unterste Klasse)	Ich weiß inzwischen, dass es ein Bildungsdünkel ist zu glauben, man müsse die Sprache immerzu neu erschaffen. Die gewöhnlichen Worte der Sprache, die auch die Unterklasse beherrscht, können das wirklich Wichtige gut fassen:
Hunger Schande Tränen und Finsternis	ihr großes Leid.
Mit dem ungereinigten Schluchzen, mit der Verzweiflung (und ich verzweifle noch vor Verzweiflung) über das viele Elend, den Krankenstand, die Lebenskosten, werde ich auskommen.	Ich möchte die Wirklichkeit ungeschönt wahrnehmen, auch wenn das sehr weh tut.
Ich vernachlässige nicht die Schrift, sondern mich. Die andern wissen sich weißgott mit den Worten zu helfen. Ich bin nicht mein Assistent.	Verwehrt man sich der beschönigenden Sprache der Poesie, dann schadet das keineswegs der Literatur, wohl aber der Psyche des Schreibenden. Letzteres nehme ich in Kauf. Ich will den Beruf des Dichters nicht, wie es andere tun, als Mittel zur Bewältigung individueller Probleme missbrauchen.
Soll ich einen Gedanken gefangen- nehmen, abführen in eine erleuchtete Satzzelle? Aug und Ohr verköstigen mit Worthappen erster Güte? erforschen die Libido eines Vokals, ermitteln die Liebhaberwer- te unserer Konsonanten?	Ich möchte nicht, dass die Form meiner Aussagen wichtiger ist als ihr Gehalt, nur, damit der Wohlklang der Worte unterhält und Vergnügen bereitet.
Muß ich mit dem verhagelten Kopf, mit dem Schreibkrampf in dieser Hand,	Und was folgt aus all dem? Dass ich nun mit der Pose des an seinem Beruf verzweifelnden Dichters und mit der
unter dreihundertnächtigem Druck einreißen das Papier, wegfegen die angezettelten Wortopern, vernichtend so: ich du und er sie es	pathetischen Geste des Zertrümmerers gegen die verklärende Wirkung der Dichtung schreibend protestieren muss? Womit ich wiederum nur um mich selbst kreisen und wiederum die Wirklichkeit aus den Augen verlieren würde, nämlich:
wir ihr?	uns und euch.
(Soll doch. Sollen die andern.)	Das überlasse ich den Kollegen.
Mein Teil, es soll verloren gehen.	*Ich* verzichte auf das Dichten.

5. Ein Vorschlag:

Der erste Vers nimmt in komprimierter Weise den wesentlichen Inhalt des Gedichtes vorweg: Die Ablehnung der poetischen Sprache hat ihren Grund nicht allein innerhalb ihrer selbst, sondern in ihrem Verhältnis zu der durch Leid und Ungerechtigkeit gekennzeichneten Wirklichkeit. Weil dem lyrischen Ich zufolge die Dichtung der Negativität der Wirklichkeit keinen angemessenen Ausdruck verleihen kann, lehnt es sie ab. Das „Nichts" umfasst also die poetische Sprache und die Wirklichkeit.

6. Stellen, an denen das lyrische Ich
- › sich selbst benennt: „mir" (V. 1), „ich" (V. 2, 9, 20, 23, 24, 29, 30, 37, 43), „mich" (V. 25), „mein" (V. 29, 46);
- › über andere spricht: „die unterste Klasse" (V. 12), „die andern" (V. 26, 45);
- › andere anspricht: Ein Du oder mehrere Personen werden durch die rhetorischen Fragen angesprochen (vgl. V. 2–8, V. 30–36, V. 37–43).

7. Das lyrische Ich spricht vorwiegend über sich selbst, weil in dem Gedicht eine Entscheidungssituation inszeniert wird. Umso mehr fällt ins Gewicht, von wem in den wenigen Fällen, in denen über andere gesprochen wird, die Rede ist: „die unterste Klasse" und „die andern", wobei mit letzten die Dichterkollegen gemeint sein dürften, von denen das lyrische Ich sich ausdrücklich distanziert. Die rhetorischen Fragen werden an kein erkennbares Gegenüber gerichtet. Sie können ebenso Ausdruck der Selbstvergewisserung des lyrischen Ichs sein, wie sie sich auch an den Leser wenden, der dadurch unmittelbar in die Entscheidungssituation einbezogen wird.

8. Es unterstellt der Dichtung, sich selbst zu genügen, der Form den Vorrang vor dem Inhalt zu geben und die Realität zu beschönigen.

» Seite 56

9. Entschlossenheit: zentrale Verse 1 und 46 sowie Titel in Form kategorischer Aussagen oder Forderungen, rhetorische Fragen

10.
- › Einzelvers – sieben unterschiedlich lange, ungebundene Strophen – drei Einzelverse
- › dritte Strophe ist typografisch wie eine Treppe angelegt
- › Strophen 1, 6, 7 umfassen je sieben Verse

11. › Titel: Aufforderungssatz
› Aussagesätze: V. 1, V. 9–23, V. 24–29
› Fragesätze: V. 2–8, V. 30–36, V. 37–44;
› indirekte Aufforderungssätze: V. 45, 46;

12. Enjambements:
› V. 2/3, 30/31, 37/38: nach „ich"
› V. 26–28: „weißgott"

Inversionen:
› V. 32: „abführen"
› V. 35: „erforschen"
› V. 36: „ermitteln"
› V. 41: „einreißen"
› V. 42: „wegfegen"
› V. 43: „vernichtend"

» Seite 57

13.

Stilmittel	Beispiel(e)	Wirkung
Klimax	› „Hunger / Schande / Tränen / und / Finsternis" (V. 13–17) › einreißen […] / wegfegen […] / vernichtend […]" (V. 41–43)	› untermalt Steigerung der Not › unterstreicht den sich zu kompletter Vernichtung steigernden Akt der Zerstörung
Wiederholung	„Verzweiflung" (V. 19, 20), „verzweifle" (V. 20)	wirkt eindringlich
asyndetische Reihung	„das viele Elend, / den Krankenstand, die Lebenskosten" (V. 21 f.)	erweckt den Eindruck einer endlosen Liste von Widrigkeiten
Hyperbel	„dreihundertnächtigem" (V. 40)	betont die Stärke der Qual

14. › Inhalt: Sinnlosigkeit von Sprachkunst
› Form: höchst kunstvoll: Metaphern („ausstaffieren" für schmücken, „Mandelblüte" für Ornament); Paradox (die Metapher – hier der abstrakte Begriff – soll geschmückt werden; i. d. R. dient eine Metapher – dann das konkrete Bild – als schmückendes Mittel); Alliteration, Enjambement, rhetorische Frage
› Verhältnis: Widerspruch zwischen Inhalt und Form

15. Nein, es kann sich grundsätzlich um einen weiblichen oder männlichen Sprecher handeln.

» Seite 58

16. Beide verfassen literarische Texte und problematisieren die Funktion der Dichtkunst.

17. In *Keine Delikatessen* rechnet das lyrische Ich mit der Dichtung ab. Diese Haltung nahm auch die Verfasserin des Gedichts gegen Ende ihrer lyrischen Produktion ein.

18. Folgende Zusammenhänge können z. B. hergestellt werden:

Inhalt/poetologische Lyrik und Gestaltungsmittel:
› Gestaltungsmittel, die Aussagen über Leid unterstreichen
› Zerfall des Gedichts gegen Ende in Einzelverse entspricht massiver Skepsis an Dichtung

Sprechsituation und Gestaltungsmittel:
› Verzweiflung des Sprechers manifestiert sich in expliziter Aussage und eindringlicher Wiederholung
› rhetorische Fragen und Aufforderungen signalisieren Entschlossenheit der Aussagen
› Kritik an den Kollegen, der „andern", vorgetragen mit Ausdruck von Wut („weißgott")

Form/Inhalt und biografischer Kontext:
› Bachmanns Bruch mit der Lyrik könnte als Konsequenz des Widerspruchs zwischen Form und Inhalt verstanden werden

» Seite 59

→ 3. Arbeitsschritt

3. Eine These könnte z. B. so ausfallen:

Das lyrische Ich erteilt der Poesie eine deutliche Absage, weil es findet, dass sie selbstgenügsam/artifiziell ist, die Realität beschönigt/verklärt und den Aussagegehalt gegenüber der Form vernachlässigt/zurückdrängt.

→ 4. Arbeitsschritt

1. Das Gedicht enthält keine Handlung und ist nicht nach Oppositionen oder steigerndem Prinzip aufgebaut, sondern variiert durchgehend dieselbe Reflexion.

» Seite 60

2. Die Gliederung könnte z. B. so ergänzt werden:

2. *Keine Delikatessen* als Absage an die Dichtung
   2.1 Ungenügen der Dichtkunst
      2.1.1 Verklärung der Wirklichkeit
      2.1.2 Selbstgenügsamkeit der poetischen Sprache
         Genusscharakter von Dichtung
         Einengung des Denkens
   2.2 Wirkung des Dichtens auf den Dichter
      2.2.1 Selbsthilfe bei den Dichterkollegen
      2.2.2 Fehlender Sinn für das lyrische Ich
   2.3 Verhältnis von Inhalt und Form
      2.3.1 Radikaler Bruch mit der Dichtung
      2.3.2 Poetische Darstellungsweise

→ 5. Arbeitsschritt

1. **a.** die Gesamtaussage wiedergeben

b. das Zusammenspiel zwischen Stilmitteln und dem Gehalt des Gedichts erläutern

c. erkennen, ob tradierte Formen vorliegen und daraus Schlüsse ziehen auf Vorbilder oder Abgrenzungen

d. eine Verbindung zwischen Form und Gehalt herstellen

e. die Biografie nur dann einbeziehen, wenn sich daraus wesentliche Hinweise für die Interpretation ergeben

f.–g. die Aussage und Form des Gedichts untersuchen und Behauptungen durch Textzitate belegen

2. › Stärken: Nennung der Textart, des Titels, der Autorin, des Entstehungsdatums und des Themas
   › Schwächen: Nennung der Lebensdaten der Autorin (ohne Belang für das Gedicht), Kurzbeschreibung der Form (gehört in den Hauptteil), Schwammigkeit der Beschreibung des Themas

Training 2: Vergleichende Erschließung und Interpretation zweier Gedichte

→ 2. Arbeitsschritt

» Seite 67

1. Titel/Thema

2.

Zwielicht	*Dämmerung*
Natur	Großstadt
Geborgenheit des Menschen (wenn auch Grauen)	Faszination und Irritation durch die Großstadt
innere Stimmungen des lyrischen Ichs	Blick von außen, Verzerrung
empfindsames Stimmungsgedicht	Komik, Groteske, Distanz
ein geschlossenes Bild	Momentaufnahmen ohne Zusammenhang
Appell an den Leser	keine Aufforderung zum Handeln

» Seite 68

→ 4. Arbeitsschritt

1. Beispiel einer aspektorientierten Gliederung des Hauptteils:

   2.1 Thematische Überschneidung
   2.2 Unterschiedliche Darstellungsweise
      2.2.1 Lebensraum des Sprechers
      2.2.2 Befindlichkeit des Sprechers
      2.2.3 Perspektive des Sprechers
      2.2.4 Wahrnehmungsweise des Sprechers
      2.2.5 Haltung des Sprechers

→ 5. Arbeitsschritt

1. Der folgende Lösungsvorschlag auf der Grundlage einer aspektorientierten Gliederung kann als Argumentationsgerüst dienen, das durch Begründungen und Textbelege noch vervollständigt werden kann:

Außer dem im Titel angesprochenen Zentralmotiv, der Dämmerung, scheinen die beiden Gedichte keine weiteren Gemeinsamkeiten zu haben. Was der jeweilige Dichter unter dieser Tageszeit versteht, mit welcher Bedeutung er sie versieht und welche Phänomene er wahrnimmt, liegt denkbar weit auseinander. Eichendorff, der Spätromantiker, spiegelt die Befindlichkeit des Menschen in der Natur. Noch scheint die Natur intakt und der Mensch in ihr geborgen, auch wenn das „Graun" (Z. 4) schon erkennbar ist. Lichtenstein, der in Berlin geborene Expressionist, nimmt eine Serie von Momentaufnahmen aus der Großstadt auf. War es ja besonders das großstädtische Leben, das die expressionistischen Dichter mit zwiespältigen Gefühlen darstellten: Einerseits waren sie fasziniert von den neuen, rasanten Ausdrucksformen der modernen Gesellschaft, andererseits waren sie irritiert von der drohenden Zerstörung des Individuums.

Eichendorff konzentriert sich ganz auf die Stimmungen des lyrischen Ichs und die Appelle an ein Du, Lichtenstein kennt weder ein Ich noch ein Du: Alles wird von außen gesehen und ins Groteske verzerrt. Während das spätromantische Gedicht eine in sich geschlossene Naturszenerie schildert, ein Bild malt, das in den folgenden Strophen ausgedeutet wird, sind die Eindrücke in Lichtensteins Gedicht ohne gedankliche oder bildlogische Verknüpfungen; sie bilden ein Sammelsurium von unstrukturierten Fragmenten. Die Wirklichkeitswahrnehmung ist also eine andere geworden: Der Einzelne ist nicht mehr imstande, seine Wahrnehmungen zu koordinieren und sich in seiner Welt heimisch zu fühlen. Eichendorff schließt mit einem Appell an den Leser, seine Welt zu ordnen, zeigt also noch Hoffnung; Lichtenstein will nicht zum Handeln aufrufen, sondern demonstriert in komischer Verzweiflung das Chaos der Wirklichkeit.

Jedoch: wenn es zunächst so aussah, als hätten die beiden „Dämmerungen" nichts gemeinsam, so erscheint bei genauerem Hinsehen Eichendorff doch überraschend modern: Auch er ist sich der Gefährdung des Menschen in einer Umbruchszeit bewusst. Er kennt das Gefühl, nicht mehr in überschaubaren Beziehungen (zu Freunden, zur Geliebten/Frau) geborgen zu sein, Melancholie und Zerrissenheit bedrohen ihn im „Zwielicht" – eine Situation, die sich im Expressionismus zur Anonymität des Ichs und zum Ich-Zerfall zuspitzt.

Sicherlich drückt Lichtensteins Gedicht ein Lebensgefühl aus, das dem heutigen Leser näher liegen mag als Eichendorffs spätromantische Stimmung. An Eichendorffs Gedicht beeindruckt mich aber besonders, wie es ihm gelingt, mit wenigen Sätzen und Bildern eine Atmosphäre zu erzeugen, die mit ihrer Unheimlichkeit und Bedrohlichkeit den Leser gefangen nimmt und ihn geradezu frösteln lässt. Das Bild vom grauen Riesenvogel Dämmerung ist imposant und ruft eine deutliche Vorstellung vom „Grauen" hervor, das entsteht, wenn die Welt im „Zwielicht" ihre klaren Konturen verliert. Romantik, das zeigt dieses Gedicht, besteht nicht darin, dass Frauen schmachtend am Fenster stehen, während Posthörner in der Ferne ertönen. Eichendorff hat die Gefahren einer falsch verstandenen Romantik durchschaut und gesehen, dass der Schlaf der Vernunft im Zwielicht Ungeheuer hervorbringt.

Abituraufgabe: Erwartungshorizont

» Seite 69

Erschließen und interpretieren Sie das Gedicht *Hochseil* von Peter Rühmkorf.

Die folgenden Wortfelder umreißen das Thema des Gedichts:

- Hochseilartistik: „Hochseil" (Titel), „turnen" (V. 1), „höchsten Höhen" (V. 1), „Sturzflug" (V. 8), „hoch" (V. 9), „schwebe" (V. 19), „graziös" (V. 19); im Gegensatz dazu: „Teppich" (V. 6), „Boden" (V. 9, 15)
- Dichtkunst: „selbstredend und selbstreimend" (V. 2), „Worten" (V. 4), „Lyrik" (V. 11), „Klavier" (V. 13), „vierfüßig" (V. 14), „Freund Heine" (V. 20)
- Todesgefahr: „Loreley" (V. 17), „Lebensgefahr" (V. 19), „Freund Hein" (V. 20)

Der Sprecher des Gedichts beschreibt die lyrische Dichtung als einen lebensgefährlichen Balanceakt auf dem Hochseil. Aus dieser Perspektive bietet sich ihm eine andere Sicht auf das restliche Geschehen.

Die Sprechsituation verdeutlicht das Selbstbild des Sprechers, sein Verhältnis zur Dichtkunst und zu den Mitmenschen:

- In den ersten beiden Strophen bezeichnet sich der Sprecher mit pluralem „wir" (V. 1) / „uns" (V. 5), ab der dritten Strophe auch mit „ich" (V. 11, 13, 19).
- Dazu passen zentrale, gesperrt gesetzte Wörter: „Individuum" (V. 3) – lateinisch: „das Ungeteilte", „vierfüßig" (V. 14) – also zwei Personen. Das lyrische Ich träumt von einem unteilbaren Wesen „aus nichts als Worten" (V. 4), jongliert aber selbst beständig zwischen verschiedenen Figuren: „wir" und „ich", Körper aus Geist („Astralleib", V. 13), dieser wiederum „vierfüßig" (V. 14) – also wie ein vierhebiger Vers – und „vierzigzehig" (V. 14), und es schwebt „zwischen Freund Hein und Freund Heine" (V. 20).
- Antagonisten des sprechenden Wir/Ich sind die nur indirekt genannten soliden Menschen, also die auf dem „Teppich" (V. 6) Gebliebenen, deren Leben zu „Verarmte[m]]/Verirrte[m]" (V. 10) herabgewürdigt wird.

Dem Künstler eröffnet sich aus seiner erhabenen Warte das Bild einer brüchigen, ungesunden Gesellschaft. Er selbst befindet sich sowohl nach Auffassung seiner Umwelt als auch nach eigener Auffassung nicht im Gleichgewicht, denn Lyriker gelten als „verrückt" (V. 11) oder „nicht mehr zurechnungsfähig" (V. 16).

Während er mit Worten und Klängen jongliert, ersehnt sich der Dichter ein vollkommenes Gedicht. Die Hoffnung auf das Erreichen dieses Ziels ist überhaupt die Motivation – das Warum und Wozu – für sein waghalsiges Unterfangen, das für die Außenwelt nicht nachvollziehbar ist. Tatsächlich befindet sich der Dichter immer in der Gefahr zu scheitern – verbildlicht durch den Absturz –, genauso aber besteht die Möglichkeit des Gelingens – der Identität mit Heine.

Erarbeiten Sie insbesondere die sich darin äußernde poetologische Haltung.

Lyrikschreiben bedeutet, sich am vorhandenen Motiv-, Klang- („Klavier"!) und Formenrepertoire zu bedienen und daraus etwas ganz Eigenes, Unverkennbares (ein „Individuum aus nichts als Worten") zu kreieren, ein Prozess, der eine ständige Gratwanderung darstellt. Bei allem Respekt vor den Ahnen und dem Gedichtgehalt gilt es aber vor allem, mit einem Augenzwinkern zu dichten und Gedichte gemäß der programmatischen Aussage zu rezipieren: „wer sie [die Lyrik] für wahr nimmt, wird es [verrückt]." (V. 12) Für diese Haltung könnte „Freund Heine" Pate stehen.

Die Poetik wird nicht nur dargelegt, sondern gleichzeitig durch Sprache, Klang und Form illustriert:

eklektischer Stil

- Fremdwörter („Individuum", V. 3, „Astralleib", V. 13, „graziös", V. 19)
- gewählte/antiquierte Sprache („Haar", V. 17 , „entblößt", V. 18, „Rheine", V. 18)
- moderner Jargon („Who-is-who", V. 7)
- Alltagssprache („herumturnen", V. 1, „verrückt", V. 11, „umgekippten", V. 18)
- Neologismen („selbstreimend", V. 2, „vierzigzehig", V. 14)

Klanggestalt
viele Alliterationen und Anaphern: „höchsten Höhen" (V. 1), „selbstredend und selbstreimend" (V. 2), „Was uns bewegt – warum? wozu?" (V. 5), „Verarmtes/Verirrtes" (V. 10); durchgehend Endreime

Form

- vierzeilige Strophen
- vierhebiger Versfuß, Füllungsfreiheit
- Kreuzreim mit abwechselnd stumpfer und klingender Kadenz, mehrere unreine Reime
- volksliedhaft

Zeigen Sie, ausgehend von Ihren Ergebnissen, wo sich Rühmkorf im Verhältnis zur Dichtungstradition und zur Lyrik seiner Zeitgenossen situiert.

- Zitat der **Romantik**, die ihrerseits auf ein vorhandenes Repertoire zurückgriff (Mittelalter, Volkslied), konkret in der Gestalt der Loreley, des Rheins und des „Freund[es] Hein", der auf den Dichter Matthias Claudius verweist.
- **Volksliedstrophe**: ermöglicht Klangspiele genauso wie unerwartete Unsinnsreime – ironische Brechungen
- **Loreley** als vielfach modelliertes Motiv - bei Clemens Brentano, ironisch zitiert von Heine, später von Erich Kästner
- **Rhein** als Inbegriff für deutschen Patriotismus und romantische Natur, auch in ihrer Bedrohlichkeit, wird in doppelter Hinsicht entmystifiziert durch das Attribut „umgekippt[en]" (V. 18): Wo früher die Strömung (bzw. die sich kämmende Loreley) die Schiffe zum Kentern brachte, verweist die Vokabel im Jahr 1975 auf ein prekäres Ökosystem und darauf, dass sich ein verklärend-romantischer Bezug auf die deutsche Nation nach dem Holocaust diskreditiert hat.
- **Heinrich Heine** wird – zwar in Analogie zu „Freund Hein", aber sicherlich zu Recht – ausdrücklich als „Freund" bezeichnet, also als Vorbild für den Dichter. Er kann wie das sprechende Ich in *Hochseil* als eine Doppelfigur gelten: zwischen Romantik und Vormärz, zwischen Engagement und Spiel, als Autor der kritischen Schrift *Die romantische Schule* einerseits, als Gegner von sog. „Tendenzpoesie" andererseits, verwendet ebenfalls die Volksliedstrophe mit pointierten Reimen (vgl. auch *Deutschland – ein Wintermärchen*). Heines bevorzugtes Stilmittel, insbesondere unter dem Druck der Zensur, ist wie bei Rühmkorf die Ironie.

- Indirekte Reaktion auf **Gottfried Benns** emphatisch-verklärten Lyrikbegriff (*Probleme der Lyrik*, 1951). Benn vergleicht das Dichten mit dem Seiltanzen und unterstellt, dieses sei ein erlernbares Handwerk, jenes aber eine geniale Gabe. Indem Rühmkorf einen dichterischen Balanceakt inszeniert, führt er vor, wie der Dichter gleich einem Äquilibristen Schritt für Schritt das Gleichgewicht durch einen unerwarteten Reim oder elegante Klang- und Wortspiele sucht – und findet.

Rühmkorf lässt sich damit gleichermaßen verorten außerhalb eines formal-ästhetischen Lyrik-Begriffs, wie er z. B. durch die Konkrete Poesie vertreten wurde, und außerhalb einer engagierten, politischen Dichtung im Zuge der Ereignisse um 1968, die den Kunstcharakter einer agitatorischen Absicht opfert. Er steht auch einer Poesie fern, die sich durch Chiffrengebrauch der missbrauchten Sprache, damit aber auch einem allgemeinen Zugang entzieht. Rühmkorf vertritt vielmehr eine Lyrik der Subjektivität, die ein über sich sprechendes Ich zulässt, die sich allerdings durch hohen künstlerischen Anspruch von Alltagslyrik unterscheidet.

Bemerkung: Es kann nicht erwartet werden, dass alle Einzelheiten präsent sind, doch kann vorausgesetzt werden, dass direkte oder indirekte Zitate der Romantik erkannt und benannt werden und dass ein Begriff besteht von Formen und Tendenzen der Lyrik nach 1945 bis in die 70-er-Jahre. Einige Gedichte und Positionen von Heinrich Heine und Gottfried Benn dürften aus dem Unterricht bekannt sein.

Erschließung und Interpretation dramatischer Texte

Aufgaben zur Selbsteinschätzung

» Seite 71

1. inszenatorischer Text: Z. 1–3, Z. 5/6, Z. 7 („lässt [...] zappeln"), Z. 16 („lässt [...] schwimmen"), Z. 17/18 , Z. 19/20 („Der Clown [...] schmeckt."), Z. 21 („aus dem Inneren des Clowns"), Z. 21/22 („Er treibt [...] zu schwimmen pflegte"), Z. 24 („im Inneren des Clowns"), Z. 25, Z. 26 („schwimmt [...] Maul")

» Seite 72

2. Beschreibung der Figuren und des Bühnenbildes; Handlungsanweisungen; Hinweise für stummes Spiel
3. Die ausgeprägte Gestik und der Dialekt lassen den Clown tölpelhaft erscheinen; im Kontrast dazu erscheint der Fisch eher als der elegantere und schlauere.
4. Der Clown erhält Eigenschaften des Fisches („wie ein Fisch am Ufer", Z. 2), umgekehrt bewegt sich der Fisch über die Bühne, „als sei sie sein Element" (Z. 3). Fisch und Clown, eigentlich Inbegriffe der Harmlosigkeit, werden hier als gemein und hinterhältig gezeichnet.
5. Zwiegespräch, Verhandlung: Einer versucht, den anderen zum eigenen Vorteil zu übertölpeln.
6.
   - Beim Clown fallen Sprechen und Handeln auseinander: Er lügt, betrügt und täuscht vor.
   - Der Fisch tut vordergründig genau das, was er sagt: Er ist quicklebendig, erfüllt sein Versprechen scheinbar, macht den Clown quicklebendig, tötet ihn aber letztlich eben dadurch. Seine List ist der direkten Lüge des Clowns überlegen.
7. Ein Versprechen, das nicht eingehalten wird, hat katastrophale Folgen.
8. Z. 1–4: Exposition; Z. 5–16: Steigerung; Z. 17–20: Höhepunkt; Z. 21–24: Retardation; Z. 25–26: Katastrophe/Lösung

Training: Erschließung und Interpretation einer Dramenszene

» Seite 78

→ 1. Arbeitsschritt

1.
   - Situation: Königlicher Garten; nach einer Unterredung zwischen der Königin und Don Karlos; das Gespräch, das von Marquis Posa vermittelt worden ist, fand verbotenerweise ohne Hofdamen statt.
   - Figuren/Anordnung im Raum: Der König tritt mit seinen engsten Vertrauten (Alba, Lerma, Domingo) auf. Mit ihm erscheinen einige Hofdamen und Granden, die jedoch im Hintergrund der Szene bleiben. Darin spiegelt sich das soziale Gefälle.
   - Gesprächsgegenstand: Gesprächsgegenstand ist die Frage, was der Königin (als Frau) erlaubt ist. Die Königin versucht, das gegenseitige Vertrauen zu thematisieren.
3. Im Zentrum der Szene steht das Problem der Freiheit in einem absolutistischen Staat. Die weiteren Themen, die zweifelsohne in der Szene angerissen werden, sind durch dieses Hauptproblem bestimmt. So stellt sich beispielsweise auch das Problem der Geschlechterhierarchie als ein Problem der Freiheit dar: Die Verteidigung von Emanzipation fällt für Elisabeth mit der Verteidigung von Freiheit zusammen.

→ 2. Arbeitsschritt

» Seite 79

1.

Hinsicht	*Charakterisierung*	*Textbeleg*
Auftreten	unerbittlich	„Von diesem unverzeihlichen Versehn / Soll man die strengste Rechenschaft mir geben" (V. 5 f.) „Ein schauerndes / Exempel soll die Irrenden bekehren" (V. 86 f.) „Dies Blutgericht soll ohne Beispiel sein" (V. 90)
	zynisch	„Deswegen / vergönn ich Ihnen zehen Jahre Zeit" (V. 17 f.)

innere Einstellung	überzeugt von der absoluten Monarchie und drakonischen Maßnahmen	„Es ist die höchste Zeit. Ein schauerndes / Exempel soll die Irrenden bekehren." (V. 86 f.) „Dies Blutgericht soll ohne Beispiel sein;" (V. 90)
	argwöhnisch	„Seid wachsam" (V. 69)
Beziehung zu anderen Personen	vertraut unter den Granden scheinbar nur dem Herzog Alba	„Des Königs Stütze wird der Herzog sein" (V. 81)
	liebt die Königin eifersüchtig	„Und sollt ich ängstlicher für meinen Thron / Als für die Gattin meines Herzens beben? / Für meine Völker haftet mir mein Schwert, / Dies Auge nur für meines Weibes Liebe" (V. 47 f.) „Hier ist die Stelle, wo ich sterblich bin." (V. 58)
	misstraut seinem Sohn	„Der Knabe / Don Karlos fängt an, mir fürchterlich zu werden." (V. 63 f.)
	sieht Hofdamen nur in ihrer Funktion	„Wen traf der Rang, sie heute zu bedienen?" (V. 8)

2.

Hinsicht	*Charakterisierung*	*Textbeleg*
Auftreten	demütig	„Mein gnädigster Gemahl" (V. 4) widersetzt sich dem Befehl des Königs nicht (V. 20 ff.)
	aber kritisch	„Bloß Zwang bewacht die Frauen Spaniens?" (V. 27) „In meinem Frankreich wars doch anders." (V. 38)
	vermittelnd	„ich selbst, / Ich bin die Schuldige" (V. 9 f.)
innere Einstellung	unglücklich	„O, muss michs ewig mahnen? / In meinem Frankreich wars doch anders." (V. 37 f.)
	fühlt sich eingesperrt	„Bloß Zwang bewacht die Frauen Spaniens?" (V. 27)
Beziehung zu anderen Personen	achtet und schätzt ihre Untergebenen	„ich bin / Es nicht gewohnt, die mir mit Freude dienten, / In Tränen zu entlassen." (V. 29 ff.)
	hält das Verhalten ihres Gemahls für ungerechtfertigt	„Den König haben Sie erzürnt – nicht mich" (V. 32) „Verdien ich diesen Argwohn, Sire?" (V. 51)

» Seite 80

3. › Hofstaat: wagt nicht zu widersprechen (mit Ausnahme von Graf Lerma); biedert sich an (Herzog Alba); nimmt Unrecht hin (Gräfin Mondekar)
› Königin: stellt die Handlungsweise des Königs infrage, widerspricht dem König ausdrücklich (bei Einhaltung der Etikette)

4.

König	*Königin*
Frauen müssen beschützt/bewacht werden. (vgl. V. 4 ff.)	Frauen haben einen eigenen Maßstab der Moral („Tugend"), der ihre Bewachung überflüssig macht. (vgl. V. 28, V. 51)
Untergebene dürfen willkürlich bestraft werden. (vgl. V. 17 ff.)	Untergebene müssen mit Respekt und Dankbarkeit behandelt werden. (vgl. V. 29 ff.)
Der König ist absoluter Herrscher. (vgl. V. 51 ff.)	Das Urteil des Königs gilt nicht absolut. (vgl. V. 35)
Gehorsam gegenüber dem König muss mit Gewalt durchgesetzt werden. (vgl. V. 83 ff.)	Das Handeln aufgrund eigener Urteile/eigener Moral soll an die Stelle eines Gehorsams aufgrund von Kontrolle/Furcht treten. (V. 27 f.)
Liebe lässt sich nicht mit Gewalt erzwingen. (vgl. V. 49 f.)	Treue lässt sich nicht durch Kontrolle erzwingen. (vgl. V. 27)
Der Aufstand in den Niederlanden muss unterdrückt werden. (vgl. V. 85 ff.)	Die Niederlande müssen befreit werden. (vgl. Info-Kasten, S. 77)

5. › Je ranghöher die Figuren, desto umfangreicher ihre Redeanteile und desto länger ihre einzelnen Äußerungen.
› An der Tatsache, dass beide Figuren monologartige Passagen sprechen, zeigt sich nicht nur, dass die Königin dem König formal fast ebenbürtig ist, sondern auch, dass ihre Aussagen von Bedeutung sind und einen starken Gegenpart zur Haltung des Königs darstellen.

» Seite 81/82

6. Zunächst ist allein der König derjenige, der Fragen stellt, alle anderen Personen müssen Rede und Antwort stehen, wobei der König ihnen nicht viel Redezeit vergönnt und sie teilweise auch unterbricht (vgl. V. 4, V. 17). Nur der Königin wird zugestanden, ebenfalls ausführlich Stellung zu nehmen und sogar ihrerseits Fragen an den König zu richten. Sobald sich Graf Lerma kritisch äußert, wird er umgehend in seine Schranken gewiesen (vgl. V. 80).

7. „KÖNIG *sieht mit Befremden umher und schweigt eine Zeit lang*" (vor V. 1): Machtdemonstration, Spannungserhöhung

„Die Marquise tritt mit weinenden Augen zurück. Allgemeines Schweigen." (nach V. 19): Ausdruck des Entsetzens und der Furcht; umso mutiger und eindringlicher erscheinen die anschließenden Worte der Königin.

„Wo ist Don Karlos, mein Infant? *Niemand antwortet.*" (V. 64): Ausdruck der Angst, der Verlegenheit und der Solidarität (der Eingeweihten) mit der Königin sowie der Ahnungslosigkeit (der Uneingeweihten).

8. König

Absichten	*Strategien*
will als starker König erscheinen	tritt schweigend auf, zeigt seinen Unwillen durch Blicke; stellt Fragen, fordert Antworten
will die Untergebenen einschüchtern	spricht zynisch, erteilt drakonische Strafen (vgl. V. 17 ff.)
will die Königin für sich gewinnen; will, dass die Königin ihn in seiner Eifersucht versteht	gesteht seine Eifersucht, seinen Argwohn ein; gibt zu, dass er in seiner eifersüchtigen Liebe verletzlich ist (vgl. V. 47 ff; V. 58)
will „Ruhe" in seinem Reich	droht mit „schauernde[n]" (V. 86) Strafen, mit einem „Blutgericht […] ohne Beispiel" (V. 90)

Königin

Absichten	*Strategien*
will den König besänftigen	spricht ihn demütig, zurückhaltend an (vgl. V. 4)
will ihre Hofdamen in Schutz nehmen	nimmt die Schuld auf sich (vgl. V. 9 ff.)
will dem König ihr Unverständnis zeigen	widerspricht ihm, macht Vorwürfe, grenzt sich bewusst von Philipps Verhalten ab (vgl. V. 20 ff.)

Graf Lerma

Absichten	*Strategien*
will beim König Gehör finden	bittet um die Erlaubnis zu sprechen (Vgl. V. 73 ff.)
will Don Karlos in Schutz nehmen	differenziert zwischen Don Karlos' „heißem Blut" (V. 78) und „seinem Herzen" (V. 79)

9. Schiller verwendet in seinem Drama den Blankvers (einen fünfhebigen Jambus ohne Endreim). Er setzt diese Versform konsequent ein, um die Redeanteile der Figuren so miteinander zu verknüpfen, dass Sinnfiguren entstehen. Als die Königin auf die Vorwürfe des Königs zum Beginn der Szene antworten will: „Mein gnädigster Gemahl" (V. 4), bricht der König die Rede der Königin ab (nach nur 3 Hebungen), indem er den zentralen Vorwurf formuliert: „Warum allein?" Der Blankvers wird erst mit diesem Vorwurf vollständig. Auf diese Weise werden schon hier die Zurückhaltung, ja Demut der Königin mit dem harschen Vorwurf des Königs kontrastiert. Ähnlich sinnvoll verzahnt ist die Rede zwischen der Gräfin Mondekar und dem König. Die Gräfin sagt: „Ich fühle, dass ich strafbar bin" (V. 17), und der König vollendet diesen Blankvers mit: „Deswegen …" Philipp greift das Schuldeingeständnis nicht nur auf, sondern verknüpft es mit der Strafe. Und so wird auch die Aufforderung Philipps: „Seid wachsam. Ich empfehl es euch" (V. 69) durch Alba dadurch aufgegriffen, dass er den Blankvers mit „Ich bins", vollendet. Alba wird so auch durch den Blankvers als der gehorsamste, dem König ergebenste Vasall charakterisiert.

→ **4. Arbeitsschritt**

» Seite 83/84

1. erste Gliederungsmöglichkeit: Der Vorteil besteht darin, dass die einzelnen Teile klar voneinander abgegrenzt werden können: Zunächst erfolgt die erste Charakterisierung, dann die zweite Charakterisierung, dann erst die vergleichende Kontrastierung. Der Nachteil ist, dass Wiederholungen nicht zu vermeiden sind.

zweite Gliederungsmöglichkeit: Der Vorteil besteht darin, dass vor dem Hintergrund der ersten Charakterisierung der Kontrast zur zweiten Charakterisierung deutlicher wird. Der Nachteil ist, dass die Unterschiede der beiden Figuren erst im zweiten Schritt herausgearbeitet werden.

dritte Gliederungsmöglichkeit: Der Vorteil besteht darin, dass die einzelnen Charakterzüge der Figuren sofort kontrastiert werden können. Der Nachteil ist, dass über der direkten Kontrastierung der einzelnen Eigenschaften der Figuren das Gesamtbild weniger deutlich wird.

2.

Kriterium	*König*	*Königin*
Art des Auftretens	als Herrscher, als König, dominant	als Ehefrau, als Vermittlerin, freundlich und verbindlich
Art des Sprechens	trifft Feststellungen, stellt Fragen, fordert Antworten	gibt Erklärungen, antwortet auf Fragen, gesteht Schuld ein
Umgang miteinander	misstrauisch, argwöhnisch, eifersüchtig	strategisch, im Kern um Offenheit bemüht
Kommunikation untereinander	fordert auf, unterstellt ihr Untreue, gesteht zugleich seine eifersüchtige Liebe	bittet um Verständnis, fordert Vertrauen

→ **5. Arbeitsschritt**

1. Ein Beispiel:

Im Jahr 1787 vollendete Friedrich Schiller sein Drama *Don Karlos* nach mehren Umarbeitungen. Während seine Jugenddramen noch ganz im Sturm und Drang verhaftet sind, ist der *Don Karlos* schon auf dem Weg in die Klassik. Die sechste Szene des ersten Aktes erfüllt zwar mehrere Zwecke, doch sind sie alle der dramaturgischen Funktion des 1. Aktes untergeordnet. Ganz im Sinne des klassischen Dramas werden nämlich im ersten Akt (der Exposition) die Figuren und die Konflikte des Dramas vorgestellt. So auch in der sechsten Szene: Der Argwohn und die blinde Eifersucht Philipps offenbaren sich ebenso wie die Motive, die Philipps Handeln und Denken bestimmen. Zudem wird der Vater-Sohn-Konflikt angedeutet: ein Konflikt, der noch typisch ist für den Sturm und Drang, aber hier nicht mehr nur privat, sondern auch politisch motiviert ist. Thema ist außerdem der Freiheitskampf der Niederlande sowie Philipps Absicht, diesen Kampf zu unterdrücken. Die absolutistische Machtausübung des spanischen Königs und ihre Folgen werden spürbar: das allumfassende Misstrauen des Königs, seine Einsamkeit sowie der Untertanengeist seiner Gefolgsleute. Besonders werden in dieser Szene jedoch zwei Protagonisten des Dramas, König Philipp II. und seine Frau, Elisabeth von Valois, in kontrastiver Weise charakterisiert.

» Seite 85

2. Ein Beispiel für den Anfang des Hauptteils:

Tritt Philipp in dieser Szene als absoluter Herrscher auf, der alles überwacht, kommandiert und bewertet, so erscheint die Königin dagegen zunächst zurückhaltend, ja demütig und konfliktscheu. Nach dem heimlichen Gespräch mit Don Karlos, das sie emotional aufgewühlt haben muss, ist sie überrumpelt von dem unerwarteten Auftauchen ihres Mannes. So übernimmt sie zunächst die Verantwortung für die Situation, bekennt sich als „Schuldige" und versucht durch eine Ausrede ihr Alleinsein zu erklären und die Situation zu entschärfen. Als der König jedoch der Gräfin Mondekar in zynischer Weise ihre Strafe verkündet, fordert die Königin ihren Mann heraus. Ganz im Unterschied zu den anderen Hofleuten widerspricht sie nun dem König offen und deutlich. In einer Regieanweisung verweist Schiller auf die besondere Bedeutung dieses Verhaltens: „Alle Umstehenden sehen bestürzt auf die Königin." Wie wichtig der Königin ein offener und fairer Umgang ist, kann man daran sehen, dass sie die Gräfin Mondekar in freundschaftlicher, fast liebevoller Weise zu trösten versucht. Gerade dieser Charakterzug Elisabeths kontrastiert entschieden mit Philipps Eigenschaften: Sucht die Königin die menschliche Nähe, so zeigt sich Philipp unnahbar, ja zynisch, wenn er seine Macht durchsetzen will.

3. Ein Beispiel, wie der Anfang des Schussteils fortgeführt werden könnte:

Die Königin ist nicht nur menschlich, sondern auch politisch moderner als ihr Ehemann. Sie steht der absoluten Herrschaft kritisch gegenüber und vertritt ein positives Menschenbild. Aber gerade dieses zwingt sie auch dazu, den König zu belügen. So kann sie als Beispiel dafür gelten, wie unter schlechten Verhältnissen ein guter Charakter zu Handlungen gezwungen wird, die im Widerspruch zu seinen Überzeugungen stehen.

Abituraufgabe: Erwartungshorizont

» Seite 86/87

Erschließen und interpretieren Sie den Dramenauszug. ...

Situation:
- Die beiden freundschaftlich miteinander verbundenen Wissenschaftler Galilei und Sagredo befinden sich in Galileis Studierzimmer, wo sie soeben beobachtet haben, dass sich um den Jupiter Monde drehen.
- Diese Beobachtung bestätigt Galileis Vermutung, dass der Jupiter nicht an einer Schale hängt, und steht im Widerspruch zum ptolemäischen Weltbild, zur Alltagsbeobachtung und zum damaligen Weltbild der katholischen Kirche.

Reaktionen:
- Galilei ist euphorisch.
- Sagredo fürchtet sich vor den Konsequenzen der Veröffentlichung.

... Arbeiten Sie dabei insbesondere die unterschiedlichen Positionen der Dialogpartner heraus ...

Galilei	*Sagredo*
lässt nur wissenschaftliche Beweise als tragfähige Grundlage von Behauptungen gelten	zweifelt an den der kirchlichen Doktrin widersprechenden Beobachtungen
befürwortet die Veröffentlichung seiner Beobachtungen	hält die Veröffentlichung der Beobachtungen für gefährlich
hat ein pantheistisches Gottesbild	hat das monotheistische Gottesbild der katholischen Kirche
vertraut auf die Vernunft der Menschen	zweifelt an der Vernunftbegabung der Menschen, fürchtet ihren Aberglauben

... und untersuchen Sie die sprachlichen und dialogtechnischen Gestaltungsmittel.

Dialog teilweise in Form eines wissenschaftlichen Disputs:
- Galilei: Anführung von Beobachtungen, Aufstellen von Hypothesen
- Sagredo: Einwände und Rückfragen

Verbaler Schlagabtausch (Z. 1–61), pointiert durch Repliken in Form von
- Antithesen und Parallelismen: „Beruhige dich!" (Z. 10) vs. „reg dich auf!" (Z. 11), „Galilei, du sollst dich beruhigen! " (Z. 17) vs. „Sagredo, du sollst dich aufregen!", „Willst du aufhören, wie ein Narr herumzubrüllen?" (Z. 19 f.) vs. „Willst du aufhören, wie ein Stockfisch dazustehen" (Z. 21)
- Wiederholungen: „Wie der Verbrannte gesagt hat?" (Z. 46), „Wie der Verbrannte gesagt hat!" (Z. 47)
- Ellipsen: „In uns oder nirgends!" (Z. 45) „Allen Unterschied!" (Z. 62)
- Galileis rhetorische Fragen: „Ja, wo ist sie jetzt?" (Z. 6), „Bin ich Theologe?" (Z. 42) – Ausdruck der Selbstsicherheit

- Sagredos zweifelnde Fragen: „Aber die Kristallschale, an die der Jupiter angeheftet ist?" (Z. 4 f.), „Wer? Die Kopernikaner?" (Z. 13), „Und wo ist dann Gott?" (Z. 34 f.) etc. – Ausdruck der Unsicherheit

Dezidierte Darlegung der Standpunkte bzgl. der menschlichen Vernunft (ab Z. 62)

Weitere Mittel zur Verdeutlichung der Erregung beider Figuren:
- kurze Sätze
- Ausrufesätze
- Fragesätze

Anmerkung: In Ihrer Ausführung sollte der Aspekt der Dialoggestaltung auf den Aspekt der unterschiedlichen Positionen bezogen werden und gezeigt werden, dass die Form der Dialogführung den Kontrast zwischen den beiden Figuren und ihren jeweiligen Positionen hervorhebt.

Zeigen Sie, ausgehend von den in den Texten B und C dargelegten Standpunkten Brechts, worin sich die Sinnlichkeit des Galileo Galilei in der vorliegenden Szene äußert ...

Diese Teilaufgabe lässt sich nahtlos an die Untersuchung der sprachlichen Mittel anfügen, denn in Galileis Sprache (s. o.) äußert sich u. a.:
- „die häufig rohe Art, wie er einen Menschen mit der Wahrheit konfrontiert", ebenso wie in der impulsiven Art, auf welche die Regieanweisungen schließen lassen: „Er läuft außer sich zur Tür und ruft hinaus" (Z. 16 f.) oder „zornig" (Z. 28).
- Dass er „auf sinnliche Weise *arbeitet*", zeigt sich an seiner Ausdrucksweise, wenn er Sagredo fragt, wie dieser „die Wissenschaft lieben" (Z. 77 f.) könne, sowie an der Behauptung: „Das Denken gehört zu den größten Vergnügungen der menschlichen Rasse." (Z. 99 f.)
- Auch sein pantheistisches Gottesbild ist sinnlich: Gott ist dort, wo der Mensch ihn mit seinen Sinnen wahrnehmen kann.

... und stellen Sie anhand selbst gewählter Beispiele aus Johann Wolfgang von Goethes *Faust I* dar, wie dort Sinnlichkeit im Sinne Brechts angelegt ist.

Wichtige Vorüberlegungen:
- Die Frage bezieht sich nicht auf die Figur Faust, sondern auf das gesamte Drama, also können alle Figuren in die Darstellung einbezogen werden.
- Die Frage muss ohne Textvorlage bearbeitet werden, Textstellen aus *Faust I* können also nur indirekt zitiert werden.
- Sinnlichkeit „im Sinne Brechts" äußert sich nicht allein in augenfälliger Genusssucht. Daher genügt es nicht, sich auf Liebesszenen oder das Trinkgelage „In Auerbachs Keller" zu konzentrieren, sondern es müssen zumindest auch subtilere Beispiele gewählt werden.

Denkbare Stellen, die darauf hinweisen,

dass das Drama nicht nur den Geist anspricht:
- Vorspiel auf dem Theater: lustige Person vertritt den Standpunkt, der Zuschauer solle auch Lustgewinn haben
- Eingangsmonolog des Faust: Motiv des Antagonismus zwischen Verstand und Sinnlichkeit

dass Faust „auf sinnliche Weise *arbeitet*":
- Übersetzung der Bibel: Faust zieht praktische Tat dem theoretischen Wort vor.
- im Vergleich zur Kontrastfigur Wagner: Faust schöpft aus Anschauung und Erfahrung, Wagner wünscht theoretische Unterweisung.

dass Faust in der Natur sinnliche Erfüllung findet:
- Kindheitserinnerungen, die ihn dem Selbstmord entreißen
- Begeisterung für die Natur beim Spaziergang mit Wagner („Zwey Seelen wohnen, ach! in meiner Brust")

dass die Figuren sinnlichen Erfahrungen zugeneigt sind:
- Fausts Bereitschaft zum Pakt mit Mephistopheles
- Margaretes Gefallen am Schmuck

dass die Figuren Freude an Sprachwitz und Unfug haben (bzw. der Zuschauer sich daran amüsieren soll):
- Mephistopheles' Täuschung des Schülers
- Dialog mit den Meerkatzen in der Hexenküche

Analyse und Erörterung von Sachtexten

Aufgaben zur Selbsteinschätzung

» Seite 89

1. Sachtextanalyse: a, c, e, f, h
   Sachtexterörterung: b, d, g, i

2. Der Sprecher argumentiert mithilfe eines deduktiven Schlussverfahrens, indem er aus Prämissen Schlussfolgerungen zieht:

   1. Prämisse: Alle Menschen sind, sofern sie unter gleichen (gesellschaftlichen) Verhältnissen geschaffen worden sind, gleich.
   2. Prämisse: Unterschiede sind durch die Natur entstanden.
   1. Schluss: Alle müssen die gleichen Rechte haben.
   2. Schluss: (Naturbedingte) Vorzüge sind erlaubt.

   Als fragwürdig könnte beurteilt werden:
   - Umgang mit den Prämissen: Sie werden nicht als Prämissen, also als zumindest an dieser Stelle nicht begründete Thesen ausgewiesen, sondern erscheinen als Selbstverständlichkeiten.
   - Erste Prämisse: Die erste Prämisse ist insofern nicht überzeugend, als z. B. gesellschaftliche Verhältnisse, in denen Herrschaft bestimmend ist, gesellschaftlich ungleiche Menschen hervorbringen.
   - Erster Schluss: Der Schluss ist insofern falsch, als aus einem als Faktum vorausgesetztem Zustand (alle Menschen sind, von naturbedingten Unterschieden abgesehen, gleich) eine Norm (alle Menschen sollen die gleichen Rechte haben) gefolgert wird. Normen sind grundsätzlich nicht mittels Tatsachen begründbar.

3. Verfahren der Veranschaulichung:
   - Vergegenwärtigung (schildernde Darstellung im Präsens): „veröffentlicht", „düpiert", „schäumt"
   - Dynamisierung (Beschleunigung): kurze Sätze, Ellipsen, asyndetische Reihung, Metonymie („Washington")

Mittel zur Abwertung der gegnerischen Position:

- fingiertes Zitat („Dürfen die das?"): Darstellung des Gegners als borniert-naiv
- Hyperbel („Abgrund an Landesverrat") und drastische Beispiele („Sie stellen Wikileaks auf eine Stufe mit Al Qaida und nennen [...] einen ‚Feind der liberalen Demokratie'."): Darstellung der gegnerischen Position als vollkommen überzogen
- umgangssprachliche Redewendung, elliptischer Ausruf („Starker Tobak!"): Darstellung des eigenen Urteils als konsensfähige Meinung

Training 1: Analyse einer Glosse

» Seite 96

→ 1. Arbeitsschritt

2. Die Güte der Tiere ist eine Legende. Kinder in der Dritten Welt verhungern, während gefährliche Tiere geliebt werden sollen. Raubtiere zu verniedlichen ist ein Fehler der Medien und der Erziehung.

3.
- Die Güte der Tiere ist eine Legende, die nicht ihrer Natur entspricht.
- Die Tierliebe der Menschen ist eine Form der Überkompensation fehlender Menschenliebe.
- Raubtiere zu verniedlichen ist ein Fehler der Medien und der Erziehung.

→ 2. Arbeitsschritt

1. 1. Einstieg
  1.1 Anlass: Zerfleischung zweier Kinder durch einen Eisbären im New Yorker Central Park
  1.2 Erste öffentliche Reaktion: Imponiergehabe von Unterschichtkindern
2. Argumentation
  2.1 Kommentare in der Öffentlichkeit/den Medien
    2.1.1 biologische (darwinistische) Argumente
    2.1.2 soziologische Argumente
  2.2 Reaktion und Stellungnahme Ecos: paradoxe Umkehrung der Klischees vom niedlichen Raubtier
    2.2.1 Widerlegung des gegnerischen Standpunkts
      - Gründe der Verniedlichung: Überkompensation der ursprünglichen Grausamkeit des Menschen gegenüber dem Tier
      - Grundfehler: Vermenschlichung der Tiere bei gleichzeitiger Vernachlässigung der Menschen
    2.2.2 Gegenargumentation Ecos:
      - Rückbesinnung auf die natürlichen Eigenschaften der Tiere
      - Forderung einer biologischen Betrachtung von Tieren statt Legendenbildung
3. Schlussfolgerung
  Übertriebene Tierliebe als Ursache des Eisbären-Unglücks

» Seite 97

2. gedanklich stringent, dialektisch, pointiert, z.T. narrativ, verallgemeinernd (am Schluss)

3.

	Argumentationsgegner: Medien/ Öffentlichkeit	*Eco*
These	Die Kinder sind dafür verantwortlich zu machen.	Die falsche, durch Erziehung und Medien vermittelte Tierliebe ist verantwortlich zu machen.
Argumente	1. Die Kinder wollten durch ein Bravourstück imponieren. 2. Wer so dumm ist, ist selbst schuld. 3. Die mangelhafte Erziehung und Bildung sind schuld.	1. Die übertriebene Tierliebe soll ehemalige Grausamkeit gegenüber Tieren wiedergutmachen. 2. Die Tiere werden fälschlicherweise mit menschlichen Charakterzügen versehen, um ihr Lebensrecht zu garantieren.
Beleg	Kein Beleg, sondern Vermutungen: Es handelt sich *vermutlich* um Puertoricaner, *also* um Einwandererkinder.	1. Die tatsächlichen Eigenschaften der Tiere sind evident. 2. Kinderbücher, Werbung, Filme vermitteln ein verharmlosendes Bild von Raubtieren.

4. Begründungsverfahren in Medien/Öffentlichkeit:

Die öffentliche Meinung wehrt den Vorfall entweder „zynisch" ab; verzichtet also durch eine betont subjektive Einschätzung von vornherein auf eine sachgerechte Beurteilung oder sie „interpretiert" den Vorfall, indem sie eine subjektive Theorie dem Einzelfall überstülpt.

Generell ist zu beachten: Der Leser kennt die Position der Argumentationsgegner nicht in ihrer objektiven Form, sondern nur durch die Vermittlung Ecos.

Begründungsverfahren Ecos:

Auch ohne konkrete Fälle zu nennen, beruft sich Eco im Wesentlichen auf **Fakten** (Hunger in der Dritten Welt, heile Tierwelt in Werbung, Film, Kinderbüchern) und **geschichtliche Tatsachen** (Ausrottung von Tierarten). Auf **Erfahrung** beruht ebenfalls – sieht man von der textsortenspezifischen Übertreibung ab – seine ‚Charakterisierung' der Tiere.

Statt sich auf allgemeingültige Normen und Wertvorstellungen zur Stärkung seiner Position zu beziehen, kritisiert er sie als Ausdruck eines „unglücklichen Bewusstseins".

» Seite 98

5.

Veranschaulichungs-verfahren	*sprachliche Mittel*	*Textstellen*
Dynamisierung	Ellipsen, kurze Sätze, Verzicht auf ausschmückende Beschreibung	Z. 1–26
Vergegenwärtigung	durchgehend Präsens	Z. 1–26
Versinnlichung	konkrete Beispiele, mitunter Häufung von Beispielen	Z. 36–49, 59–79

6. Eine mögliche Lösung:

Stilmittel	*Beispiel/Beleg*	*Funktion*
Ellipse	„Diverse Kommentare, alle eher streng […] Soziale Interpretation: große Armut, geringe Bildung" (Z. 19 ff.)	kurz gefasstes Resümee der gegnerischen Argumente – indirekte Abwertung des Gegners
Asyndeton	„die Medien, die Schule, die öffentlichen Institutionen" (Z. 41 f.) „Die Werbung, die Zeichentrickfilme, die Kinderbücher" (Z. 77 f.)	Suggestion von großer Zahl an Verantwortlichen
Hyperbel	„Niemand ist […] tückischer als eine Katze, […] stinkender als ein Ferkel, hysterischer als ein Pferd […]" (Z. 59 ff.)	Gegensatz zur übertriebenen Verniedlichung von Tieren
Antithese	„Man lässt die Kinder der Dritten Welt verhungern, aber man fordert die Kinder der Ersten Welt auf, […] auch Wale, Krokodile und Schlangen [zu respektieren.]" (Z. 45 ff.) „Die Legenden von ehedem übertrieben es mit dem bösen Wolf, die Legenden von heute übertreiben es mit den guten Wölfen." (Z. 68 ff.)	Gegenüberstellung des unmoralischen, „unglücklichen Bewusstseins" und Ecos Überzeugung
Akkumulation	„liebenswert, komisch, gutmütig, brav, geduldig und weise" (Z. 57 f.) „gutmütigen, kreuzbraven, kuschelweichen und beschützenden Bären" (Z. 78 f.)	Veranschaulichung der Fülle an übertriebenen Zuschreibungen

» Seite 99

8. Eigenschaften des Textes, die ihn als Glosse ausweisen:
- Kommentar, der einen aktuellen Anlass zum Ausgangspunkt für allgemeinere Reflexionen nimmt (Zerfleischung der Kinder durch den Eisbären – Verhältnis von Mensch und Natur)
- zielt auf Meinungsbildung (falsche Tierliebe als das Vergessen der Schlechtigkeit der Menschen)
- überraschende Pointe (die Kinder sind „aus Übermaß an Erziehung gestorben", Z. 81)
- polemisch-satirischer Stil

Abweichung von einer prototypischen Glosse:
Die stringente und recht ausführliche Argumentation sowie die Textlänge insgesamt sind für die Textart Glosse eher untypisch.

9. Eco hat ein gebildetes, intellektuelles, linksliberales Publikum vor Augen. *L'Espresso*, die Wochenzeitschrift, in der er seine Glosse zuerst veröffentlichte, erscheint im selben Verlag wie die gemäßigt linke Tageszeitung *La Repubblica*. Auch die ausgefeilte rhetorische Form und die Dialektik der Argumentation setzen einen urteilssicheren, kritischen Leser voraus. – Die Wochenzeitung *Die Zeit* richtet sich ebenfalls an ein gebildetes, liberales Publikum.

10. Informationen, die für die Analyse interessant sein könnten: Eco als Medienwissenschaftler, kritischer Kolumnist, Linksliberaler

11. „Bustine di Minerva" Bustine: Feuer, Licht, Aufklärung, zündende Ideen, intuitive Einsicht; Minerva: Weisheit, belehrende Tendenz

» Seite 100

→ 3. Arbeitsschritt

1. In ironischer Form kritisiert Eco die falsche Tierliebe in den reichen Gesellschaften der Ersten Welt: Angriffsverhalten gehöre zur Natur von Raubtieren, weshalb sie nicht vermenschlicht werden sollten. Die Verniedlichung der Raubtiere sei die Kehrseite und Kompensation fehlender Menschenliebe.

→ 4. Arbeitsschritt

1. Neben der Nennung von Autor, Titel, Publikationsort, Entstehungszeit und Thema sollten einbezogen werden:
- zentrale Aussageabsichten
- Textart

2. 1. These: Ecos Polemik gegen die Anthropomorphisierung von Tieren
2. Entfaltung der Argumentation bei Eco
   2.1 Erzählen eines Exemplums
   2.2 geraffte Darstellung der gegnerischen Position: Kritik des menschlichen Verhaltens
   2.3 Entfaltung der eigenen Position:
      2.3.1 Fehlentwicklungen im Verhalten des Menschen gegenüber Tieren
      2.3.2 Rückkehr zu einer natürlichen Einschätzung tierischen Verhaltens
3. Begründungsverfahren
   3.1 Formen des Begründungsverfahrens
   3.2 Art der didaktischen Vermittlung

4. Stil
   4.1 Satzstilistik
   4.2 rhetorische Figuren
   4.3 Textart der Glosse und ihre Mitteilungsfunktion
5. Kontexte: Autor und Publikum

» Seite 101/102

→ **5. Arbeitsschritt**

1. Stichworte für Einleitung und Überleitung zum Hauptteil

- Umberto Eco veröffentlicht 1987 in *L'Espresso* (deutsch in: *Die Zeit*) ironische Glosse, Titel: *Auch die Bären sind böse*
- Anlass: Zerfleischung zweier Kinder, die im Central Park mit Eisbären spielen wollen
- zunächst Skizzierung des Vorfalls, anschließend Zusammenfassung der öffentlichen Reaktion darauf
- Feststellen einer Fehlentwicklung im Verhalten des Menschen gegenüber Tieren
- Intention: Polemik gegen Anthropomorphisierung von Tieren, Forderung des Umdenkens in Fragen falscher, nicht naturgemäßer Tierliebe

2. Ein Vorschlag für den Hauptteil (bis zur Stilanalyse) in Stichworten:

Entfaltung der Argumentation: Eco zunächst in der Erzählerrolle, skizziert eine grausame Beispielerzählung als Eyecatcher, lässt durch Andeutungen den Schluss auf rassistische oder ausländerfeindliche Einschätzung durch die amerikanische Öffentlichkeit zu. Dann im Zeitraffer Zusammenfassung der Medienkommentare, deutet auch bei den Medien Vorurteile an und markiert deutlich deren Fehleinschätzung des Problems („narratio").

Setzt dagegen in scharfem Kontrast das Paradox, nicht die fehlende Bildung, sondern eine zwar ‚gute', doch falsche Bildung sei am Verhalten der Kinder schuld. Erklärt die falsche Erziehung als Kompensation permanenter Ausbeutung und Ausrottung der Tiere durch den Menschen. Nicht das Umdenken im Umgang mit Tieren sei das Problem, sondern die übertriebene Aufwertung der Tiere, ihre Verniedlichung und Vermenschlichung (= Widerlegung des gegnerischen Standpunktes, „refutatio"), setzt dagegen die Forderung, mit der Legendenbildung in Kinderliteratur, Medien und Erziehung Schluss zu machen und die Tiere zu respektieren, ohne ihre Natur zu verfälschen (= Begründung des eigenen Standpunktes, „argumentatio").

Schlussfolgerung: Tod der Kinder Folge falscher Stereotypenbildung. Tier – und Mensch – sind nach wie vor ‚böse'.

Das Begründungsverfahren: geradezu schulmäßiges, klassisches Argumentationsverfahren, vom Konkreten zum Allgemeinen, nimmt Bezug auf allgemeine Erfahrungen und Fakten; stringenter Aufbau wie in der antiken Gerichtsrede: konkreter Fall, Sachlage – Auffassungen der Gegner – Widerlegung der Gegner – Darlegung des eigenen Standpunkts – Schlussfolgerung. Eco nutzt die Möglichkeiten, den Leser durch Konkretisierung, Vergegenwärtigung und Dynamisierung in den Bann zu schlagen.

3. Die Lösung **a.** bildet einen geeigneten Ausgangspunkt für die Stilanalyse. Der Autor von Lösungsvorschlag **b.** hat die Intention Ecos missverstanden: Er hält seine Verniedlichungen der Tierwelt für ernst und übersieht die Ironie. Der Verfasser von Lösung **c.** reiht einzelne rhetorische Figuren aneinander, bestimmt nur teilweise ihre Funktion und benennt unnötigerweise rhetorische Mittel, die Eco *nicht* benutzt.

4. Weitere Ausführungen zum Stil könnten vor allem der Ironie der Glosse gewidmet sein:

Eco kritisiert grundsätzlich in ironischer Form. Er stellt sowohl die Meinung und Haltung der Medienöffentlichkeit ironisch dar als auch die falsche Erziehung: Indem er dem Bären gehäuft Attribute aus dem Bereich des Niedlichen und Gemütlichen zulegt – „voll von gutmütigen, kreuzbraven, kuschelweichen und beschützenden Bären" (Z. 78 f.) –, entlarvt er das falsche Bild vom Raubtier als Anthropomorphismus. Umgekehrt wirkt die Häufung der Negativattribute – „niemand ist […] einfallsloser als eine Nachtigall" (Z. 59 ff.) – als ironische Hyperbel, die durch den Gegensatz zur übertriebenen Verniedlichung dem Leser die Augen öffnen soll für die Gefahren von Pauschalurteilen.

Wenn Sie einen Bezug zum Autor herstellen wollen, könnte dies z. B. so aussehen:

Umberto Eco ist kein wirklichkeitsferner Dichter und auch kein weltfremder Wissenschaftler, der sich im Elfenbeinturm verbarrikadiert hat. Als politisch aktiver, gesellschaftskritischer Bürger greift er immer wieder ins politische Alltagsgeschäft ein, indem er es mit seiner spitzen Feder kommentiert und glossiert. Nicht zuletzt mit seinem Widerstand gegen die populistische Regierung Berlusconis hat er den Medienmonopolen und der Korruption den Kampf angesagt. Seine Glosse allerdings lässt ein eher pessimistisches Menschenbild und eine Skepsis gegenüber dem Fortschritt und der Höherentwicklung des Menschen erkennen. Offensichtlich zählt Eco zu denen, die trotz ihres Zweifels an der Wirkungsmacht der Vernunft den Dienst an der Aufklärung nicht aufgeben.

Training 2: Materialgestützte Erörterung

» Seite 104

→ **1. Arbeitsschritt**

1. Die Überschrift macht darauf aufmerksam, dass rechtsgerichtetes Gedankengut keine Randerscheinung ist, sondern dass es in mehr oder weniger latenter Ausprägung jeden einzelnen betrifft.

2. Es soll nicht gegen eine vermeintliche Randgruppe angegangen werden; vielmehr soll jeder ein Bewusstsein über das eigene menschenfeindliche Denken erlangen.

» Seite 105

→ **2. Arbeitsschritt**

1. a. Die Form der Inszenierung deckt bei jedem Beteiligten rassistische, ausgrenzende Regungen auf.

b. Theater kann nicht direkt an die Menschen herantreten, die es erreichen möchte, sondern spricht nur diejenigen an, die von sich aus das Theater aufsuchen.

c. Der Zuschauer ist durch das Dargestellte innerlich betroffen, was ihm das Gefühl moralischer Überlegenheit gegenüber den gezeigten Tätern verschafft. Dieses Gefühl verhindert jedoch, dass der Zuschauer sich ähnlicher Verhaltensweisen bei sich selbst bewusst wird.

d. Auch die professionellen Schauspieler kennen die wirklichen Missstände nicht aus eigener Anschauung, sondern stellen die Wirklichkeit so dar, wie sie sie sich vorstellen.

Abituraufgabe: Erwartungshorizont

›› Seite 108/109

Analysieren Sie den Text hinsichtlich seiner Argumentation ...

Problemaufriss:
Abschreckung der Jugend durch Unzeitgemäßheit des zeitgenössischen Theaters (vgl. Untertitel)

Darlegung der Ursachen:
- Schmähung aktueller Stücke durch etablierte Regisseure
- Vertrauensvorschuss bekannter Dramatiker und Regisseure beim Publikum
- Vorliebe der Deutschen für wertende gegenüber bloß problematisierender Darstellung
- Anspruch an Dramenautoren auf Zeitlosigkeit der Stücke
- Zurückschrecken der älteren Generation vor der Darstellung von Gewalt

zentrale Forderung (These):
Stärkere Repräsentation der Interessen, Themen und Inhalte der jungen Generation auf dem Theater

Vorschläge zur Lösung des Problems (Argumente):
- Berücksichtigung des Rezeptionsverhaltens Jugendlicher; Praxisbeweis: Zuspruch junger Zuschauer zur direkten Darstellungsweise dreier britischer Stücke (Z. 135 ff.)
- Schaffung eines jugendgerechten Rahmens / einer „Corporate Identity"; Praxisbeweis: Akzeptanz neuartiger Raumkonzepte im Stil von Clubs (Z. 137 ff.)
- Thematisierung aktueller Probleme; Praxisbeweis: Anziehungskraft von Stücken mit realitätsnaher Thematik (Z. 156 ff.)

➛ Jonigk begründet seine Forderungen jeweils mit dem Verweis auf seine Erfahrungen am Theater. Er überzeugt durch Anschaulichkeit und Glaubwürdigkeit der Belege.

Eingehen auf hypothetische Gegenpositionen durch Einräumungen:
- „Ich verlange nicht [...]" (Z. 12 f.)
- „Ich will mich nicht [...]" (Z. 22 f.)
- „Es mag Ausnahmeregisseure geben, [...]" (Z. 44 f.)
- „Natürlich ist das Problem [...] nicht von außen zu verändern." (Z. 56 f.)
- Es ist schwer [...]" (Z. 93 f.)

➛ Indem Jonigk mögliche Einwände der Leser/innen aufgreift, stellt er seine Position nicht bloß anderen entgegen, wodurch der Text an Überzeugungskraft gewinnt.

... und seiner Darstellungsweise.

Darstellungsweise	*Beispiele*	*Funktion*
Ich-Perspektive	durchgehend	Subjektivität, signalisiert persönliche Betroffenheit
bestimmter, überzeugter Tonfall	„Ich verlange [...]" (Z. 14), „Schluss mit [...] Hin zur [...]" (Z. 28 ff.), „Raus aus [...], hinein [...]" (Z. 34 f.), „Stücke gehören [...] gespielt" (Z. 53 f.)	signalisiert Engagement
z. T. flapsige Formulierungen	„in der Luft zerrissen" (Z. 20), „aus dem Boden stampfen" (Z. 26)	signalisieren Jugendlichkeit
Fremdwörter und gewählter Ausdruck	„Opulenz" (Z. 2), „ausmehren" (Z. 22 f.), „manierierten" (Z. 29), „Defizit" (Z. 32), „Utopie" (Z. 34), „selbiges" (Z. 39), „symptomatischerweise" (Z. 47), „ambitionierten" (Z. 50) etc.	signalisieren Seriosität
Nennung von Autoren, Regisseuren, Stücken und konkreten Inszenierungserfahrungen	besonders Z. 125 ff.	signalisiert Sachkompetenz
Polemik	„Ich verlange nicht von einem älteren Autor, zum Autor der Themen meiner Generation zu werden. Das wäre grotesk." (Z. 12 ff.), „wie aktuell *Nathan der Weise* gerade heute wieder ist" (Z. 24 f.), „Regisseure[], die alles tun, damit es um nichts geht" (Z. 30)	signalisiert Engagement
Aufzählungen	ganz besonders Z. 64 ff.	betonen Wichtigkeit des Anliegens und untermauern seine Legitimität

Erörtern Sie die Frage, ob die Rezeption von Klassikern früherer Jahrhunderte für junge Menschen heute noch lohnend ist. Beziehen Sie neben den Thesen Jonigks auch Ihre eigenen Theater-Erfahrungen mit ein.

Einleitung:
Zusammenfassung von Jonigks Plädoyer für zeitgenössische Stücke mit aktuellen Inhalten und zeitgemäßer Inszenierung

Seine Kritik an Inszenierungen älterer Stücke:
- Fokus auf Äußerlichkeiten (Ausstattung, Besetzung) wegen der Ausrichtung auf Öffentlichkeitswirksamkeit
- inhaltliche Belanglosigkeiten aus Angst vor Drastik
- fehlende Konkretheit wegen des Anspruchs auf Zeitlosigkeit
- Konventionalität wegen der Orientierung an traditionellem Abonnementpublikum

Erläuterung und Bewertung zentraler Themen ausgewählter Klassiker hinsichtlich ihres Gegenwartsbezugs, z. B.:
- Autoritätsproblematik
- Generationenkonflikt
- Geschlechterproblematik
- Spannung zwischen gesellschaftlichen Normen und persönlichen Bedürfnissen
- Recht und Gerechtigkeit

Beurteilung von Inszenierungen ausgewählter Klassiker hinsichtlich:
- des Ausstattungsaufwands
- des Aufführungsrahmens
- der Aktualisierung des Stoffes

Darstellung der Themen junger Menschen auf gesellschaftlich-kulturellem Gebiet

Begründete, aber wertende Stellungnahme (Zustimmung, Ablehnung oder Abwägung)

Adressatenbezogenes Schreiben

Aufgaben zur Selbsteinschätzung

» Seite 111/112

1. a. Brief; erkannt an: (vertrauliche) Anrede; persönliche Ansprache; vertrauensvolle Schilderung äußerst subjektiver Eindrücke

b. Rede; erkannt an: direkte, appellative Ansprache; überwiegend einfache Syntax; plakative Aussagen

c. Essay; erkannt an: pointierte Aussagen, geschliffener Stil, zugespitzte Argumentation („Wie sollte er nicht frei sein")

d. Buchbesprechung; erkannt an: Verbindung von Beschreibung der Handlung und des Stils mit Wertung

e. Glosse; erkannt an: teilweise saloppe Sprache; satirisch überspitzte Behandlung eines Themas auf scheinbar leichte, humorvolle Weise

3. a. Parataxen bilden: Komplexe Satzgefüge sind in einer Rede schwer nachzuvollziehen, da sie vom Publikum nur gehört und nicht gelesen werden.

b. Möglichst frei reden: Wenn zu sehr abgelesen wird, entsteht kein lebendiger Kontakt zum Publikum.

c. Anschaulich sprechen und Detailinformationen vermeiden: Der Hörer kann sich sonst nur schwer ein Bild machen, da er den Text nicht vor Augen hat.

d. Sich kurz fassen: Passives Zuhören erfordert viel Konzentration, die nach einer gewissen Zeit deutlich schwindet.

e. Authentisch auftreten: Der Gesamteindruck entscheidet darüber, ob das Publikum die Botschaft annimmt.

f. Auf Überflüssiges verzichten: Was einen selbst nicht überzeugt, wird auch bei anderen kaum Gefallen finden.

Training: Verfassen einer Rede

» Seite 116

→ 1. Arbeitsschritt

2. ironisch, teilweise salopp

→ 2. Arbeitsschritt

1. Die Anekdote spielt darauf an, dass systemkritische DDR-Schriftsteller keinesfalls in den Verdacht geraten wollten, systemkonforme Literatur zu verfassen, weshalb Auszeichnungen vonseiten des Staates - trotz des Preisgeldes - keine Ehrung für sie darstellen konnten.

2. Henscheid sorgt damit sicherlich für Heiterkeit, da die der DDR-Vergangenheit entnommene Anekdote verschiedene Parallelen zu seiner Situation aufweist (Entgegennahme eines Preises für Literatur, kritisch-satirischer Schriftsteller, Ehrung durch den Staat) und dadurch seine Systemkonformität suggeriert wird.

» Seite 117

3. Die Anekdote hat die Funktion, den Anlass der Rede zu thematisieren. Die indirekte ironische Selbstbezichtigung als systemkonform einerseits, andererseits die anschließende, ebenso ironische Betonung des Unterschieds der erzählten Situation zu seiner eigenen (letztere sei eine wahre Ehre), erlauben es ihm, den Preisgebern und dem Namensgeber Jean Paul zu schmeicheln, sich aber gleichzeitig von dem Preis auch in gewissem Maße zu distanzieren.

4.
- Gemeint ist der Teil seiner Rede, in der er sich „widerstandslos-friedsam" (Z. 19) gibt, d. h. keine kritischen Bemerkungen an die Adresse der Anwesenden bzw. der Preisverleiher richtet.
- Insbesondere im dritten Absatz äußert sich Henscheid kritisch zum Phänomen der Literaturpreise.

Das Motiv des „gemütlichen Teils" verdeutlicht also die Struktur der Rede:
1. Einleitende Worte (Z. 1–20)
2. „ungemütlicher Teil" = Kritik (Z. 21–49)
3. Überleitung (Z. 50–55)
4. „gemütlicher Teil" = Bezug auf Jean Paul (ab Z. 56)

5. Henscheid stößt sich daran, dass der sog. Literaturbetrieb mittlerweile von Preisverleihungen dominiert wird, dass die Auszeichnungen inflationär geworden sind und dass die Qualität eines Werkes allein an der Summe seiner Auszeichnungen bemessen wird.

6.

Gemeinsamkeit/Ähnlichkeit	Wirkung
„künstlerisch[e] und gesinnungsmäßig[e]" Nähe (Z. 16)	Distanzierung durch Quellenangabe
„gewisse poetologische Affinitäten" (Z. 61)	Distanzierung durch Quellenangabe und Ironisierung durch folgende Angaben zur Herkunft
Herkunft: Oberfranken und Oberpfalz (vgl. Z. 58 ff.)	rein äußerliche Verbindung ohne Aussagegehalt über Persönlichkeit oder Werk
Umfang der Romane (vgl. Z. 68 ff.)	Selbstironie: Seitenzahl ist kein Qualitätskriterium
Erfolg bei weiblichen Lesern (vgl. Z. 78 ff.)	Ironisierung durch den Neologismus „Frauenzimmerbezirkssektor" (Z. 82 f.), durch das Betrunkensein der entzückten „Blondine" (vgl. Z. 88 ff.) und durch den schiefen Vergleich – zahlreiche anonyme Leserinnen der Romane Jean Pauls vs. eine konkrete Zuhörerin bei der Lesung Henscheids
Fazit: Henscheid gestaltet den Vergleich als Understatement – Gemeinsamkeiten existieren nur an der Oberfläche. Er rühmt sich keiner schriftstellerischen Leistung.	

» Seite 118

7. Bescheidenheit gegenüber dem Freistaat Bayern als Preisgeber und Jean Paul als Namensgeber

8. Selbstironie: übertriebener, poetisch anmutender Duktus bei der Begründung für die Annahme des Preises („Unwiderstehlichkeit", Z. 12, „und so zögerte auch ich […]", Z. 12 f.) in Verbindung mit Umgangssprache („so oder so", Z. 7, „kann von Schande eh keine Rede sein", Z. 11); Kritik am „Literaturpreiswesen und -gewese" (Z. 24 f.)

9.
› „und damit könnten wir […]" (Z. 17 ff.)
› „Ich bitte Sie, mal in Zukunft drauf zu achten" (Z. 34 f.)
› „aber lassen wir das" (Z. 50)
› „ich teile Ihnen hier eine zweite intime Wahrheit mit" (Z. 93 f.)

10. die Adverbien „hier" (Z. 18, 20, 66, 84) und „jetzt" (Z. 89)

11. Sprachebene
› Umgangssprache: „so oder so" (Z. 7, 91 f.), „eh" (Z. 11, 54), „ich's" (Z. 20), „mal" (Z. 21, 66), „angezwitschert" (Z. 91)
› Redensarten und Phraseologismen: „möge […] Gott allein da nachhelfen" (Z. 50 f.), „sich […] aus dem Teufelskreis wieder herausmogeln" (Z. 52 f.), „Umgekehrt wird eher ein Schuh draus" (Z. 63), „Nägel mit Köpfen […] machen" (Z. 66 f.), „wie gesagt" (Z. 53), „wie es so schön heißt/hieß" (Z. 33 f., 50 f.)

Syntax
› inkorrekter Satzbau: „[…] eines literarischen Lebenswerks. Das es sozusagen gar nicht gäbe […]" (Z. 29 f.) – der zweite Satz müsste als Relativsatz angeschlossen werden
› Partikelhäufung: „Jean Paul also mal vorübergehend beiseite" (Z. 21), „skandal- und/oder hype- und eben vor allem preisfixiert" (Z. 47 f.) „um hier mal gleich Nägel mit Köpfen zu machen" (Z. 66 f.)
› Redundanz: „Es gibt ein Foto […], ein Foto […]" (Z. 83 f.)
› Selbstkorrektur: „bei diesem Literaturfest leicht, nein stark angezwitschert" (Z. 90 f.)
› Ellipsen: „Jean Paul also mal vorübergehend beiseite" (Z. 21), „obwohl:" (Z. 45)

Interpunktion
› Doppelpunkte kündigen Sprechpause vor anschließender bedeutungsvoller Bemerkung an, z. B. „nicht […] als Schande empfinden: […]" (Z. 8 f.), „obwohl: […]" (Z. 45), „um auf jenen Jean Paul zurückzukommen: […]" (Z. 56 f.), „um hier mal gleich Nägel mit Köpfen zu machen: […]" (Z. 66 f.), „ich teile Ihnen hier eine zweite intime Wahrheit mit: […]" (Z. 93 f.)
› Gedankenstriche signalisieren Rhythmisierung bei Einschüben, Einschränkungen oder Kausalzusammenhängen, z. B. „– aber mindestens –" (Z. 44), „– aber lassen wir das" (Z. 50), „– und mit Goethe teile ich also den Neid" (Z. 75 f.), „– die Dame war zwar […]" (Z. 89 f.), „– und immerhin" (Z. 93 f.)

» Seite 119

12.
› „nicht einmal mehr 1,8 Prozent der Nutznießenden" (Z. 8 f.) = verschwindend geringer Teil
› „nach meinen aktuellen Unterlagen 92,8 Prozent" (Z. 27 f.) = fast vollständig
› „im Großunglücksfall […] mit momentan 287 Preisen behängt" (Z. 31 f.) = extrem hohe Zahl an Auszeichnungen
› „bei ca. 87,4 Prozent aller Autoren" (Z. 39) = recht hoher Anteil; die Kopplung einer Zahl mit Angaben nach dem Komma und dem Ausdruck „ca." ist sinnwidrig, da das eine Präzision, das andere Vagheit bedeutet.
› ebenso: „approximativ bloß 17,5 Kilometer" (Z. 64 f.)
› „die 800 Seiten […] wie nichts Gutes weglasen" (Z. 80 f.) = hohe Seitenzahl kontrastiert mit Geschwindigkeit des Lektüre

Fazit: Henscheid gibt keine tatsächlichen Zahlenwerte an, sondern verschafft eine Vorstellung von den Dimensionen. Gleichzeitig macht er sich lustig über die Aussagekraft von Statistiken und die Faktengläubigkeit vieler Leser/Zuhörer, indem er bloße Schätzungen als formal verifizierte Daten aussehen lässt (vgl. die Stellen hinter dem Komma).

13.

Stilmittel	Beispiele	Wirkung
Neologismen/ Wortzusammensetzungen (vor allem im Bereich des Literaturbetriebs)	„Preisverteilerwesen" (Z. 8), „Mainstreamigkeit" (Z. 22), „Selbstvermehrungsautomatik" (Z. 23), „Literaturpreiswesen und -gewese" (Z. 24 f.), „dummdeutsch" (Z. 33), „Medienmunde" (Z. 34), „Hanauer Hoffnungspreis" (+ Alliteration,	abwertend

	Z. 37), „Regensburger Resignationspreis“ (+ Alliteration, Z. 37 f.), „Preisbehängung“ (Z. 41 f.), „Vergessenwerdensgarantie“ (Z. 42), „TV-Literaturquatsch“ (Z. 78)	
Wortspiele und Antithesen	„ziemlich, ja unziemlich ethikfrei“ (Z. 49), „Gott allein da nachhelfen oder jeder einzelne […] aus dem Teufelskreis“ (Z. 51 f.)	untermalen Distanz zu beschriebenem Verhalten
Hyperbeln	„wild durcheinandergeworfen“ (Z. 59), „haushoch“ (Z. 69), „unermessliche Heerscharen“ (Z. 78 f.)	veranschaulichen die Dimensionen
Metaphern	„haushoch“ (Z. 69), „gierig verschlungen“ (Z. 73), „epische Felsgebirge oder auch Einöden“ (Z. 75), „Heerscharen“ (Z. 78)	helfen dem Zuhörer bei der Vorstellung

Beachte: Über die rhetorische Wirkung der sprachlichen Mittel hinaus geht es hier auch um die Selbstdarstellung des für seinen satirischen Stil bekannten (und geehrten!) Schriftstellers Henscheid.

14. mögliche Wirkung bei einseitigem Schwerpunkt
- auf den Redner: selbstgefällig, monologisch, distanzlos
- auf die Sache: trocken, langweilig, distanziert
- auf den Hörer: manipulativ, anbiedernd, aggressiv

» Seite 120

15. Er spricht zwar über sich und äußert dezidiert seine Meinung zum „Preisverteilerwesen“, dabei argumentiert er aber in der Sache und seine eigene Wichtigkeit relativiert er durchgehend durch den Vergleich mit Jean Paul. Das Publikum behält er immer im Blick, indem er es direkt anspricht, ihm durch einen mündlichen Duktus, anschauliche Sprache und Humor das Zuhören erleichtert. Er erweist einerseits den Gastgebern seine Reverenz, biedert sich aber nicht an, sondern versucht, sich selbst treu zu bleiben, indem er auch kritische Worte findet.

→ 3. Arbeitsschritt

1. Als Besonderheiten könnten z. B. genannt werden:
- Der Lesende teilt den Leseeindruck unmittelbar mit anderen; das bietet die Möglichkeit zu gemeinsamer Reflexion, Kommentierung, Unterhaltung etc.
- Der Lesende kann seine Lieblingsstellen anderen vorstellen.
- Der Zuhörer bekommt Auszüge vorgelesen, die Neugier wecken.
- Durch die Möglichkeiten der Stimme kann die Handlung lebendiger gestaltet werden (verschiedene Stimmlagen, Sprechtempo, Lautstärke, Rhythmisierung).
- Der Lesende schult seine stimmlichen Möglichkeiten und seine Artikulation.

Abituraufgabe: Erwartungshorizont

» Seite 123

Analysieren Sie den Artikel hinsichtlich Inhalt, …

Plädoyer für literarisches Lesen als zweckfreie Beschäftigung

Problembeschreibung:
- Fehlendes Interesse der Deutschen an Belletristik trotz demokratischen Zugangs

Ursachen:
- stetige Senkung des Niveaus durch Verantwortliche in Verlagen und Medien aufgrund von kommerziellen Gesichtspunkten
- fehlende Förderung der Kinder durch ihre Eltern aus Nachlässigkeit
- verbreitete utilitaristische Auffassung von Lesen als sozialem Distinktionsmerkmal, als Lebenshilfe oder zum Kompetenzerwerb

Lösung:
- Rezeption von Belletristik um ihrer selbst Willen

Leistungen der schönen Literatur:
- Horizonterweiterung
- Empathievermittlung
- Eröffnung weiterer Realitätsebenen
- ästhetische Bildung
- Sensibilisierung des Intellekts

Wirkung der schönen Literatur:
- Vermittlung eines Glücksgefühls

… Aufbau …

- Z. 1–10: historische Anekdote als Einleitung – Hinführung zum Thema
- Z. 11–38 (bis „nur der Kinder.“): Situationsbeschreibung – Problemaufriss
- Z. 38–50 („Was soll man […] wenig bewirkt.“): Beschreibung nicht wirksamer Lösungen
- Z. 50–75 („In Wirklichkeit […] großes Glück.“): Angebot einer wirksamen Lösung
- Z. 75 („Nimm und lies!“): Wiederaufgreifen der historischen Anekdote – Schlussappell

… und sprachlicher Gestaltung …

Gestaltungsmittel	*Belege*	*Funktion*
Anführung von Autoritäten	„der Herr“ (Z. 2), „Augustinus“ (Z. 5)	Legitimierung des Anliegens
ironische Brechung	„Stiftung Lesen“ (Z. 1)	Bezug zur Gegenwart, Wecken des Leserinteresses
Kontrastierung von aufwertenden und abwertenden Bezeichnungen	› aufwertend: „großen Liebe“ (Z. 9), „weltumstürzenden Wunder“ (Z. 9 f.), „großartige Idee“ (Z. 33), „echte Alternative“ (Z. 54), „großes Glück“ (Z. 75 f.)	Überhöhung des literarischen Lesens

	› abwertend: „Müll" (Z. 36), „primitiven Wegwerfbüchern" (Z. 37), „Phrasen eines sprachdebilen Medienkapitalismus" (Z. 71 f.)	
auch in Form der Alliteration	„Kleist" vs. „Kerner" (Z. 21), „Wieland" vs. „Wickert" (Z. 21 f.)	Diskreditierung der heutigen Mediengesellschaft
Wiederholung von Leitbegriffen	› „Wunder" (Titel, Z. 10, 11, 25) › „Welt" (Z. 9, 11, 25, 65, 73) › „Lesen/Lektüre" und Wortfamilie (Z. 1, 3, 4, 7, 9, 12, 18, 25, 38, 39, 41, 45, 50, 70, 72, 76) › „gute Bücher/Literatur" (Untertitel, 51, 57, 62, 65, 75)	Suggestion der Wichtigkeit des Anliegens
Klimax	„Wirklichkeit" – „Gegenwirklichkeit" – „eigentliche Wirklichkeit" (Z. 55 f.)	Überhöhung der Leistungen von Literatur
polemischer Stil durch › rhetorische Fragen › extreme, plastische Beispiele	› Z. 11–14, Z. 38–46, Z. 60–64 › „ein Verleger, der lieber Bücher über Steuertricks als Gedichte verlegt" (Z. 28 f.), „Eltern, die ihr Automobil zwar vorbildlich parken, ihre Kinder aber blindlings vor dem Fernseher absetzen" (Z. 30 ff.)	Vermeidung von Angreifbarkeit
direkte oder indirekte Anspielungen	„Tolle, lege" (Augustinus, Z. 3), „Bildungsapokalypse" (die Bibel, Z. 17), „Untergang des Abendlandes" (Oswald Spengler, Z. 17 f.), „Thomas Mann mit dem Rosenrot im griechischen Götterhimmel" (Tod in Venedig, Z. 43 f.), „Tolstoj" (Z. 70)	Berücksichtigung der Zielgruppe: Leser der Zeitung „Die Zeit"
1. Person Plural	„wir", „uns", „unser/en" (Z. 58, 59, 61, 65, 66, 67, 69, 73)	Vereinnahmung des Lesers für die eigene Absicht

. . . und beurteilen Sie die Argumentation.

Lächerlichmachen gegnerischer Positionen:
› ironisierende Überspitzung („mit dem Rosenrot im griechischen Götterhimmel vergleichen", Z. 43 f.; „um seine Eheprobleme zu lösen", Z. 45)
› abwertende Wortwahl („Lebenswirklichkeiten nachzuplappern", Z. 52).

Aufzählung von Argumenten ohne Belege:
› „kippen Fernseh- und Rundfunkintendanten ihre Kultursendungen haufenweise auf den Müll" (Z. 34 ff.)
› „steigt die Produktion von primitiven Wegwerfbüchern von Jahr zu Jahr" (Z. 36 f.)
› „sinkt die sogenannte Lesekompetenz nicht nur der Kinder" (Z. 37 f.)

Aneinanderreihungen apodiktischer Behauptungen/Thesen (z. T. anaphorisch und in Form des Parallelismus):
› „Literatur kann nur durch sich selbst überzeugen. Sie ist nicht dazu da, Lebenswirklichkeiten nachzuplappern, zu überhöhen oder Berufskarrieren zu begründen. Sie ist etwas Ernsteres." (Z. 51 ff.)
› „Sie ist eine echte Alternative, keine Flucht vor der Wirklichkeit, sondern eine Gegenwirklichkeit, mancher sagt: die eigentliche Wirklichkeit. Nur in großer Literatur sind vergangene Zeiten gegenwärtig, nur hier ist das Innere eines anderen für uns erfahrbar, nur hier können wir uns selbst als Fremde begegnen, nur hier sind Anarchie und Subjektivität wirklich zu Hause." (Z. 54 ff.)
› „Gute Bücher erklären und öffnen uns die Welt, wie niemand sonst es vermag. Sie schärfen unseren Möglichkeitssinn, verfeinern unser Gehör, bilden unseren Geschmack. Sie zerreißen den Panzer aus Konvention und Banalität, der uns umgibt. Gut geschrieben ist immer auch gut gedacht: Niemand, der heute Tolstoj gelesen hat, wird sich morgen mit den Phrasen eines sprachdebilen Medienkapitalismus abspeisen lassen." (Z. 65 ff.)

rhetorische Mittel:
Einsetzung rhetorischer Mittel (s. o.) anstelle differenzierter Argumentation

Prämissen:
Bücher als kulturell wertvolle Erzeugnisse, Fernsehen als kulturlose, rein wirtschaftlich orientierte Einrichtung („Die schlimme Nachricht heißt: Nur noch sechs Prozent aller Deutschen greifen abends lieber zum Buch als zur TV-Fernbedienung.", Z. 14 ff.; „ihre Kinder aber blindlings vor dem Fernseher absetzen", Z. 31 f.; „Phrasen eines sprachdebilen Medienkapitalismus", Z. 71 f.)

Fazit:
Radisch stützt sich kaum auf eine inhaltlich elaborierte Argumentation, sondern nutzt Überredungsstrategien, rhetorische Mittel und Prämissen, um suggestiv auf den Leser einzuwirken.

An Ihrer Schule findet ein Literaturwettbewerb statt. Verfassen Sie zu diesem Anlass eine Eröffnungsrede, . . .

Berücksichtigung
› der Textsorte: mündlich vor Publikum vorgetragener Text – direkte Ansprache, kurze Sätze, Anschaulichkeit, Verzicht auf detaillierte Fakten,
› des Anlasses: Literaturwettbewerb – Berechtigung von schöner Literatur impliziert, Ankündigung erwartbarer Produkte/Texte,

› der Adressaten: literaturinteressiertes Publikum – einvernehmliche Haltung, hoher Anspruch an sprachliche Gestaltung, gute Kenntnisse der Literatur und Literaturgeschichte.

... in der Sie die Leistungen von Literatur unter Berücksichtigung zentraler von Iris Radisch angeführter Aspekte erörtern ...

Denkbare „Gegenwirklichkeiten" (jeweils mit Illustration durch geeignetes, möglichst bekanntes Beispiel aus der Literatur):

› Darstellung oder Diskussion alternativer Konzepte von Gesellschaft, politischem System, Rechtssystem, Familie, Liebe, Freundschaft, Geschlechterrollen etc.
› perspektivische Darstellung von Geschehnissen und Empfindungen
› Darstellung von Träumen, Unterbewusstem, Übersinnlichem
› historische Romane/Stücke
› fremdkulturelle Literatur
› fantastische Literatur

Textquellen

S. 1: Alberto Manguel: Lesen lernen. In: Alberto Manguel: Eine Geschichte des Lesens. Übersetzt von Chris Hirte. Reinbek bei Hamburg: Rowohlt Taschenbuch 2000, S. 89–96.

S. 2: Arthur Schopenhauer: Selbstdenken. In: Arthur Schopenhauer. Sämtliche Werke. Band 2. Hrsg. von Arthur Hübscher. Wiesbaden: Brockhaus 1972, S. 524 f.

S. 2 f.: Gabriele Wohmann: Flitterwochen, dritter Tag. In: Gabriele Wohmann: Ländliches Fest. Erzählungen. Darmstadt und Neuwied: Luchterhand 1975, S. 61 f.

S. 3: Johann Christian Günther: Als er der Phillis einen Ring mit einem Totenkopfe überreichte. In: Günthers Werke in einem Band. Berlin/Weimar: Aufbau Verlag 1966, S. 250.

S. 9–10: Franz Kafka: Die Verwandlung. In: Franz Kafka: Die Verwandlung. Ein Bericht für eine Akademie. Editionen mit Materialien. Stuttgart: Klett 2007, S. 35 ff.

S. 11: Ulf Abraham: Franz Kafka. Die Verwandlung. Frankfurt a. M.: Diesterweg 1993, S. 44 f.

S. 14: Günter Waldmann: Produktiver Umgang mit Lyrik. Eine systematische Einführung in die Lyrik, ihre produktive Erfahrung und ihr Schreiben. Baltmannsweiler: Schneider Verlag Hohengehren 1996, S. 90.

S. 14 f.: Ingeborg Bachmann: Keine Delikatessen. In: Ingeborg Bachmann: Werke. Band 1. Hrsg. von Christine Koschel, Inge von Weidenbaum, Clemens Münster. 4. Auflage. München u. a.: Piper 1993, S. 172 f.

→ Lösungsheft S. 28–30

ECKHARD HENSCHEID (* 1941)

Dankrede zur Verleihung des Jean-Paul-Preises[1]

Aus Ex-DDR-Kreisen wird im Zusammenhang mit Literatur- und Kulturpreisen und ähnlichen Segnungen die Pointe erzählt: Gegen das schöne Geld wäre ja nichts zu sagen, aber – die Schande!

So weit würde selbst ich, ein ziemlich notorischer Preisskeptiker und Preisverweigerer, nicht ganz gehen. Aber so oder so und ganz abgesehen davon, dass dies Preisverteilerwesen nicht einmal mehr 1,8 Prozent der Nutznießenden als Schande empfinden: Wenn Bayern und Jean Paul gemeinsam als Preisgeber und Preisname auftreten, dann kann von Schande eh keine Rede sein, sondern schon mehr von Unwiderstehlichkeit; und so zögerte auch ich gerade mal eine Nacht und vier Stunden und gab dann mein d'accord[2]; zumal, wie ich der Tages- und Fachpresse entnehme, wenige dem Wunsiedel-Bayreuther Amtskollegen künstlerisch und gesinnungsmäßig so nahestehen wie mein Werk und sogar ich – und damit könnten wir eigentlich hier schon zum geselligen und gemütlichen Teil übergehen – aber so widerstandslos-friedsam möchte ich's hier nun auch wieder nicht machen.

Jean Paul also mal vorübergehend beiseite: Gegen das kurrente[3], im Zuge seiner Mainstreamigkeit wohl als Selbstvermehrungsautomatik weiter expandierende, ja wie ex- und zugleich implodierende Literaturpreiswesen und -gewese wäre viel weniger vorzubringen und geltend zu machen, beherrschte sein Zentrum, die Preise, nicht inzwischen nach meinen aktuellen Unterlagen 92,8 Prozent von Literatur und Literaturbetrieb, alle Wertmaßstäbe und Einschätzung eines literarischen Lebenswerks. Das es sozusagen gar nicht gäbe, wäre es nicht mit mindestens fünf, im Großunglücksfall eines bekannten Danziger Kollegen[4] mit momentan 287 Preisen behängt. Ich bin „preisgekrönt", wie es so schön dummdeutsch[5] in aller Medienmunde heißt, also bin ich. „Preisgekrönt": Ich bitte Sie, mal in Zukunft drauf zu achten – „preisgekrönt" im vollen gottlosen Ernst sind für manche noch die Gewinner des Hanauer Hoffnungspreises und des Regensburger Resignationspreises! Die Illusion ist gleichwohl eine strotzende, denn bei ca. 87,4 Prozent aller Autoren stirbt das Werk spätestens mit dem Exitus seines Autors stantepede[6] und restlos dahin – aus diesem Teufelskreis von Preisbehängung und Vergessenwerdensgarantie wieder herauszufinden, ist der einzelne Autor heute schon zu schwach, da wäre spätestens 2009 der – aber mindestens – deutsche Ethikrat zu seiner Unterstützung aufgerufen; obwohl: dass der Kultur- und speziell Literaturbetrieb im übermäßigen Maße skandal- und/oder hype- und eben vor allem preisfixiert ist bis zur Selbstverblendung, das wissen ja alle, die ihm da ziemlich, ja unziemlich ethikfrei dienen – – aber lassen wir das, möge, wie es früher immer so schön hieß, Gott allein da nachhelfen oder jeder einzelne sich möglichst fesch aus dem Teufelskreis wieder herausmogeln – und bei Jean Paul, Bayern und mir ist, wie gesagt eh alles anders und ethischer, und damit endlich und endgültig zum gemütlichen Teil.

Allerdings, um auf jenen Jean Paul zurückzukommen: Schon von der Mainlinie ab nordwärts werden ja Oberfranken und meine Heimat, die Oberpfalz, meist wild durcheinandergeworfen – ein Literaturredakteur der Frankfurter Rundschau erwärmte mich zwar mehrfach mit dem Hinweis auf gewisse poetologische Affinitäten zu Jean Paul, beharrte aber noch zäher darauf, dass auch ich Oberfranke sei. Umgekehrt wird eher ein Schuh draus: Jean Paul Richters Geburtsort Wunsiedel ist approximativ bloß 17,5 Kilometer von der nördlichen Oberpfalz entfernt – aber, um hier mal gleich Nägel mit Köpfen zu machen: Bei mancher Kongruenz und Nähe und manchmal ähnlich dicken Romanen: Als Konstrukteur solch dicker Romane bin ich dem Wunsiedler haushoch überlegen und begreife umgekehrt im Grunde gar nicht, wie solche komplex und zuweilen auch reichlich verworren angelegte Dickepen von *Hesperus* über *Titan* bis zu *Siebenkäs* einst gierig verschlungene Bestseller werden konnten, weit auflagenstärker als, vom *Werther* mal abgesehen, Goethes epische Felsgebirge oder auch Einöden – und mit Goethe teile ich also den Neid, dass es damals und also lang vor dem Großfeuilleton, dem Rundfunk und dem walkenden TV-Literaturquatsch unermessliche Heerscharen williger, ja süchtiger Frauen waren, die dem davon auch selber überraschten Berliner Wunsiedler die 800 Seiten *Hesperus* wie nichts Gutes weglasen. Mein Neid wird immerhin gemildert – ganz erfolglos war auch ich auf dem Frauenzimmerbezirkssektor nicht: Es gibt ein Foto (und ich habe es hier aus Beweisgründen mitgebracht), ein Foto aus dem Jahr 1979, das mich zeigt, wie ich die leidlich berühmte Pfarrer-Sommerauer-Passage aus meinem Trilogieroman vorlese – zu meinen Füßen aber lagert eine bildschöne Blondine und reißt vor Lachen entzückt, ja wie entrückt den Mund auf – die Dame war zwar, ich bekenne jetzt die ganze Wahrheit, bei diesem Literaturfest leicht, nein stark angezwitschert – aber das Foto hat mir jedenfalls so oder so bei seiner Reklameverwendung viel Geld und Ruhm eingebracht – und immerhin, ich teile Ihnen hier eine zweite intime Wahrheit mit: Drei meiner fünf besten Leser sind Leserinnen.

(2009)

1 **Jean Paul:** eigentlich Johann Paul Friedrich Richter, Schriftsteller (1763–1825); zu seinen Ehren vergibt der Freistaat Bayern alle zwei Jahre einen mit 15.000 € dotierten Literaturpreis an einen deutschsprachigen Autor.

2 **d'accord:** (frz.) einverstanden, hier: Einverständnis

3 **kurrent:** derzeit gängig

4 **Danziger Kollege:** gemeint ist der Schriftsteller Günter Grass

5 **dummdeutsch:** ein von E. Henscheid geprägter Begriff, mit dem er seine regelmäßig erscheinenden Wörterbücher betitelt und welcher nach seiner Aussage „an-sich ‚Dummes', strukturell ‚dummes' Wortmaterial ebenso umgreift wie solches, das erst per fortgesetzte Inflation, gedankenlose Entleerung oder auch bloße Verwendung durch die garantiert falschen Menschen es […] geworden ist."

6 **stante pede:** (lat.): „stehenden Fußes", sofort

› **Analysieren Sie den vorliegenden Anfang der Rede des Schriftstellers und Satirikers Eckhard Henscheid. Arbeiten Sie dabei insbesondere Merkmale der Textart, des Anlasses und des persönlichen Redestils heraus.**

› **An Ihrer Schule findet für die Schülerinnen und Schüler der 6. Jahrgangsstufe ein Vorlesewettbewerb statt. Als Mitglied der Jury halten Sie die Einführungsrede. Verfassen Sie hierfür einen Text, in dessen Mittelpunkt die Bedeutung des Vorlesens steht. Orientieren Sie sich an einem Umfang von etwa 900 Wörtern.**

1. Verstehenshypothese formulieren → 2. Text aspektorientiert untersuchen → 3. Gestaltungsideen entwickeln → 4. Gliederung erstellen → 5. Klausur schreiben → 6. Klausur überarbeiten

1. Formulieren Sie Ihren ersten Leseeindruck zu dem Auszug aus Henscheids Dankrede.

2. Welche Begriffe scheinen Ihnen zur Charakterisierung des Stils in diesem Text besonders treffend zu sein?

☐ bildhaft	☐ wissenschaftlich	☐ geschliffen	☐ ironisch
☐ appellativ	☐ salopp	☐ sachlich	☐ redundant

1. Verstehenshypothese formulieren → **2. Text aspektorientiert untersuchen** → 3. Gestaltungsideen entwickeln → 4. Gliederung erstellen → 5. Klausur schreiben → 6. Klausur überarbeiten

Aspekt: Aufbau

1. Erläutern Sie die eingangs erzählte Anekdote.

2. Welche Wirkung erzielt der Redner dadurch, dass er mit dieser kurzen Anekdote einsteigt?

3. Zeigen Sie, wie und wozu Henscheid die Anekdote in der Folge nutzt.

4. An zwei Stellen nimmt Henscheid Bezug auf den „gemütlichen Teil" (Z. 19, Z. 57).

› Was meint er damit in diesem Zusammenhang?

› Welcher Absatz könnte entsprechend als „ungemütlicher Teil" bezeichnet werden? Weshalb?

Aspekt: Inhalt

5. Woran äußert Henscheid Kritik?

6. Henscheid zieht verschiedene Vergleiche zwischen sich und Jean Paul, bei denen er vor allem Gemeinsamkeiten bzw. Ähnlichkeiten benennt. Wie wirken diese Vergleiche in ihren jeweiligen Kontexten?

Gemeinsamkeit/Ähnlichkeit	*Wirkung*
Fazit:	

Aspekt: Anlass

INFO

Je nach Anlass unterscheiden sich Reden nicht nur deutlich in inhaltlicher Hinsicht, sondern auch in Ton und Haltung des Redners. Die politische Rede ist beispielsweise eher appellativ, werbend, kämpferisch, zuweilen auch polemisch, die Preisrede oder Laudatio hingegen wohlwollend, zustimmend, ja sogar huldigend. Darüber hinaus bestehen so viele verschiedene Redeformen, wie es Redeanlässe gibt.

7. Welche Haltung nimmt Henscheid bei seiner Dankrede ein?

8. Mit welchem Gestus versucht er, der im ersten Absatz angedeuteten Situation gerecht zu werden?

Aspekt: Textart

9. Wenngleich beim Vortrag nur einer spricht, ist die Rede doch ein Dialog, eine Zwiesprache mit dem Publikum. Unterstreichen Sie in Henscheids Rede alle dialogischen Formulierungen.

10. Unterstreichen Sie in einer anderen Farbe weitere Wörter, die auf die Sprechsituation des Redevortrags verweisen.

11. Notieren Sie Kennzeichen mündlicher Sprache und führen Sie Beispiele aus Henscheids Rede an.

Sprachebene:

Syntax:

Interpunktion:

Aspekt: stilistische Mittel

12. Untersuchen Sie die Stellen, an denen Henscheid Zahlen anführt, und beurteilen Sie diese Belege. Welche Wirkung erzielt Henscheid dadurch?

13. Welche weiteren Stilmittel setzt Henscheid in diesem Redeauszug überwiegend ein? Beschreiben Sie deren Wirkung.

Stilmittel	*Beispiele*	*Wirkung*
Neologismen / Wortzusammen-setzungen		
	„wild durcheinandergeworfen" (Z. 60 f.), „haushoch" (Z. 71 f.), „unermessliche Heer-scharen" (Z. 80 f.)	
Metaphern		helfen dem Zuhörer bei der Vorstellung

Zusammenführung der Aspekte

TIPP

Bei der Vorbereitung einer Rede sollte man drei Faktoren im Blick haben, die es angemessen zu gewichten gilt, damit die Rede ein Erfolg wird:

- **den Redner: Je nach Anlass gehört auch eine Prise Selbstdarstellung dazu.**
- **die Sache: das eigentliche Thema der Rede**
- **die Hörer: Nicht nur mit Mitteln wie Auflockerungen, Humor und Anschaulichkeit etc. kann die Aufmerksamkeit der Hörer gebunden werden, sondern auch durch ihr explizites Einbeziehen – auf inhaltlicher und/oder sprachlicher Ebene.**

14. Wie wirkt eine Rede auf die Zuhörer, wenn der Schwerpunkt einseitig

- auf den Redner gesetzt wird?
- auf die Sache gesetzt wird?
- auf die Hörer gesetzt wird?

15. Zeigen Sie, inwiefern Henscheid in seiner Rede einen Ausgleich zwischen diesen drei Faktoren schafft.

1. Verstehens-hypothese formulieren →	2. Text aspekt-orientiert untersuchen →	**3. Gestaltungs-ideen entwickeln** →	4. Gliederung erstellen →	5. Klausur schreiben →	6. Klausur überarbeiten

Inhalt

1. Worin besteht für Sie das Besondere des Vorlesens (im Gegensatz zum leisen Lesen)?

2. In welchen alltäglichen Situationen kommt es vor, dass

   › Sie selbst anderen vorlesen?

   › Ihnen vorgelesen wird?

3. In welchen besonderen Situationen

   › haben Sie schon anderen vorgelesen?

   › ist Ihnen vorgelesen worden?

4. Welche der notierten Situationen könnten für Schülerinnen und Schüler der 6. Jahrgangsstufe besonders reizvoll oder einleuchtend sein? Inwiefern?

Gestaltung

5. Reflektieren Sie Ihre Gestaltungsentscheidungen, indem Sie stichwortartig folgende Fragen beantworten:

Welchen Ton will ich wählen und warum? ______

Siehe
Ton
→ S. 114

TIPP

Ironie ist zwar eine häufig genutzte Stilvariante, weil sie das Publikum amüsiert und – im Falle der Selbstironie – den Redner bescheiden und sympathisch wirken lässt. Wenn jedoch Ironie nicht als solche erkannt wird, erzielt sie den gegenteiligen Effekt. Daher sollte sie vor einer eher unbekannten Hörerschaft sehr überlegt eingesetzt werden. Kinder können Ironie häufig nicht erkennen; im Dialog mit ihnen sollte besser ganz darauf verzichtet werden. Hier bietet sich der Humor dagegen an.

Worauf möchte ich angesichts der Zielgruppe besonders achten? ______

Worauf möchte ich angesichts der Textart (mündlicher Vortrag!) besonders achten? ______

Worauf möchte ich angesichts des Anlasses (Wettbewerb) besonders achten? ______

TIPP

Damit der Vortrag nicht trocken wird, kann sich der Redner neben formaler Auflockerungen wie Zitaten, rhetorischer Fragen oder Anreden des Publikums vor allem auch einer anschaulichen Sprache bedienen.

- **Schilderung: Wenn Sie Situationen beschreiben, versuchen Sie vor allem die Sinneseindrücke vorstellbar werden zu lassen.**
- **Vergleiche und Metaphern: Nutzen Sie, um Sachverhalte verständlich zu machen, die Analogie von Bildern. Ein Bild kann sich auch wie ein roter Faden durch die gesamte Rede ziehen.**

6. Malen Sie auf einem Blatt die Situation, in der ein Kind eine Geschichte vorgelesen bekommt, als anschauliche Szene aus, in der die besondere Stimmung durch die Möglichkeiten der Stimme erzielt wird. Wenn Sie möchten, können Sie diese Passage später in Ihre Rede übernehmen.

7. Formulieren Sie auf einem Blatt einen Vergleich zwischen dem Vorlesen und einem anderen gemeinschaftlich erlebten Ereignis (Kino, Ausflug etc.), indem Sie die jeweiligen Möglichkeiten, über das gemeinsam Erlebte zu sprechen, zu lachen oder zu reflektieren, herausstellen. Wenn Sie möchten, können Sie diese Passage später in Ihre Rede übernehmen.

1. Verstehenshypothese formulieren → 2. Text aspektorientiert untersuchen → 3. Gestaltungsideen entwickeln → **4. Gliederung erstellen** → 5. Klausur schreiben → 6. Klausur überarbeiten

Die beiden Teilaufgaben werden unabhängig voneinander bearbeitet. Sie müssen daher für jeden Aufgabenteil eine separate Gliederung bzw. einen separaten Schreibplan entwerfen.

Textanalyse

1. Entwerfen Sie eine Gliederung zur ersten Teilaufgabe. Als Gliederungspunkte könnten Sie z. B. die in der Aufgabenstellung genannten Aspekte **Textart**, **Anlass** und **persönlicher Stil** zugrunde legen. Entscheiden Sie, welche Befunde Sie diesen Aspekten zuordnen möchten.

Eigener Redeentwurf

ABI

Bei dieser Aufgabenstellung empfiehlt sich eine sehr planvolle Vorgehensweise, weil keine längeren Absätze hinzugefügt oder gestrichen werden können, ohne gegen die Vorgabe der Wörterzahl zu verstoßen. Legen Sie deshalb am besten bereits beim Erstellen der Gliederung fest, wie lang die einzelnen Passagen Ihrer Ausführung in etwa werden sollen.

Die Vorgabe des Umfangs entspricht übrigens der Praxis bei vielen Veranstaltungen: Mit der Anfrage für einen Redebeitrag teilen die Veranstalter mit, wie viel Redezeit den Vortragenden zur Verfügung steht.

2. Entwerfen Sie einen Schreibplan für die Rede und legen Sie dabei bereits in etwa den Umfang der einzelnen Partien fest.

1. Erstes Textverständnis festhalten → 2. Text aspektorientiert untersuchen → 3. Gestaltungsideen entwickeln → 4. Gliederung erstellen → **5. Klausur schreiben** → 6. Klausur überarbeiten

1. Formulieren Sie auf eigenem Papier – entsprechend Ihrer Gliederung mit Notizen – beide Teile der Klausur.

ABI

Aus der antiken Rhetorik stammt der Begriff der Captatio Benevolentiae (lat. Haschen nach Wohlwollen), der das Werben um die Gunst und Aufmerksamkeit des Zuhörers bezeichnet. Viele professionelle Redenschreiber beginnen – wie auch Henscheid – ihre Texte mit einer amüsanten oder lehrreichen Anekdote oder mit einem Zitat. Allerdings stehen ihnen im Allgemeinen nicht nur mehr Zeit, sondern vor allem sämtliche Recherchemöglichkeiten zur Verfügung.

In der Klausursituation ist es eher unwahrscheinlich, dass Ihnen zu einem vorgegebenen Thema spontan ein passendes Zitat oder eine Anekdote einfällt. Bemühen Sie sich um solch einen Einstieg dann nicht zwanghaft. Sie laufen sonst Gefahr, dass der Zusammenhang nicht stimmig erscheint oder dass der Aufhänger zu allgemein und abgegriffen wirkt. Als alternative Möglichkeiten bieten sich an:

- **der Verweis auf ein aktuelles Ereignis**
- **der Kurzbericht einer Begebenheit aus dem eigenen Erfahrungsbereich**
- **das Aufwerfen einer Scheinfrage, die Sie im Laufe des Vortrags beantworten**
- **eine freundliche Begrüßung und Kurzbeschreibung des Anlasses**

Abituraufgabe

→ Lösungsheft S. 30–32

IRIS RADISCH (* 1959)

Zeichen und Wunder

Gute Bücher bilden nicht nur Herz und Verstand: Sie machen auch glücklich

Früher, als es die Stiftung Lesen noch nicht gab, schickte der Herr ab und zu eine Botschaft aus dem Himmel, um die Erdbewohner zur Lektüre anzuhalten. Tolle, lege – Nimm und lies!, ermahnte eine rätselhafte Stimme den jungen Philosophen Augustinus, als dieser, zerknirscht wegen seiner Sünden, weinend unterm Feigenbaum saß. Augustinus stand auf und las. Augenblicklich durchflutete das Licht der Zuversicht sein Herz. Es war der Anfang einer großen Liebe. Das stille Lesen, eines der großen weltumstürzenden Wunder.

Doch was taugt ein Weltwunder, das heute niemand mehr will? Was taugt eine Liebe, zu der man Leser, Bildungsreformer und Meinungsmacher inzwischen ermahnen und antreiben muss wie lahme Esel? Die schlimme Nachricht heißt: Nur noch sechs Prozent aller Deutschen greifen abends lieber zum Buch als zur TV-Fernbedienung. Das klingt zwar nach Bildungsapokalypse und Untergang des Abendlandes. Allerdings: Viel mehr Leser werden es zu Augustinus' Zeiten auch nicht gewesen sein. Die Probleme, die uns heute beschäftigen, sind nicht ganz neu. Kerner beliebter als Kleist? Wickert bekannter als Wieland? Auch damals wird es irgendeinen drahtigen Ansager gegeben haben, der die stammesfürstlichen Bulletins ausschrie. Und auch ihn wird man heftig verehrt haben.

Das Weltwunder Lesen war immer etwas für wenige. Bis die Aufklärung kam und eine grandiose Idee hatte: Gleichheit, Brüderlichkeit, Freiheit für alle – auch in der Erziehung. Folgt man der Idee, ist ein Verleger, der lieber Bücher über Steuertricks als Gedichte verlegt, ein kulturloser Geschäftemacher und sind Eltern, die ihr Automobil zwar vorbildlich parken, ihre Kinder aber blindlings vor dem Fernseher absetzen, gewissenlose Kinderverderber. Wie gesagt, eine großartige Idee.

Leider versagt sie in der Praxis. Denn in ihr kippen Fernseh- und Rundfunkintendanten ihre Kultursendungen haufenweise auf den Müll, steigt die Produktion von primitiven Wegwerfbüchern von Jahr zu Jahr, [...] sinkt die sogenannte Lesekompetenz nicht nur der Kinder. [...] Was soll man machen? Lesen kann man nicht befehlen, nicht mit erhobenem Zeigefinger und auch nicht mit Appellen. Wie sollten die denn aussehen? Soll man lesen, um dem Kulturbürgertum anzugehören und einen Sonnenaufgang brav im Stil von Thomas Mann mit dem Rosenrot im griechischen Götterhimmel vergleichen zu können? Soll man lesen, um seine Eheprobleme zu lösen oder gar um in der multimedialen Gesellschaft mitzuhalten? Das alles wird nicht verfangen.

Sowohl die bildungsbürgerliche wie die alltagspsychologische und die medienkompetente Aufforderung zum Lesen haben wenig bewirkt. In Wirklichkeit gilt: Literatur kann nur durch sich selbst überzeugen. Sie ist nicht dazu da, Lebenswirklichkeiten nachzuplappern, zu überhöhen oder Berufskarrieren zu begründen. Sie ist etwas Ernsteres. Sie ist eine echte Alternative, keine Flucht vor der Wirklichkeit, sondern eine Gegenwirklichkeit, mancher sagt: die eigentliche Wirklichkeit. Nur in großer Literatur sind vergangene Zeiten gegenwärtig, nur hier ist das Innere eines anderen für uns erfahrbar, nur hier können wir uns selbst als Fremde begegnen, nur hier sind Anarchie und Subjektivität wirklich zu Hause. Was wüssten wir vom Judentum, was vom Christentum oder den anderen Religionen ohne Literatur? Und wo kann man noch immer unendlich viel mehr über die Liebe erfahren als im elenden Nachtprogramm von RTL?

Gute Bücher erklären und öffnen uns die Welt, wie niemand sonst es vermag. Sie schärfen unseren Möglichkeitssinn, verfeinern unser Gehör, bilden unseren Geschmack. Sie zerreißen den Panzer aus Konvention und Banalität, der uns umgibt. Gut geschrieben ist immer auch gut gedacht: Niemand, der heute Tolstoj gelesen hat, wird sich morgen mit den Phrasen eines sprachdebilen Medienkapitalismus abspeisen lassen. [...] Lesend können wir die Welt erkennen. Die andere Welt. Die, in der nicht alle Zeiger auf Geld gestellt sind. Und das ist – obwohl die meisten guten Bücher schlecht ausgehen – ein großes Glück. *Nimm und lies!*

(2003)

- **Analysieren Sie den Artikel hinsichtlich Inhalt, Aufbau und sprachlicher Gestaltung und beurteilen Sie die Argumentation.**
- **An Ihrer Schule findet ein Literaturwettbewerb statt. Verfassen Sie eine Eröffnungsrede, in der Sie die Leistungen von Literatur unter Berücksichtigung zentraler von Iris Radisch angeführter Aspekte erörtern und dabei insbesondere auf ihre Funktion als „Gegenwirklichkeit" (Z. 55) eingehen. Vorgegeben ist ein Umfang von etwa 900 Wörtern.[1]**

1 Das Publikum der Eröffnungsveranstaltung setzt sich zusammen aus Schülerinnen und Schülern der Oberstufe und ihren Lehrern sowie weiteren interessierten Teilnehmern.

Tipps zur Abiturvorbereitung

Es ist eine uralte Erfahrung, dass der Mensch dazu neigt, unangenehme Dinge zu verdrängen oder Anstrengendes, vielleicht auch Beängstigendes vor sich herzuschieben. Vor allem im Vorfeld von Prüfungen bevorzugt er die Vogel-Strauß-Taktik: den Kopf in den Sand zu stecken und zu hoffen, dass sich das Problem schon ‚irgendwie' von selbst löst.

Jeder hat natürlich seinen eigenen Arbeitsrhythmus. Deshalb können die folgenden Ratschläge zur Arbeitsorganisation nur ganz individuell beherzigt und umgesetzt werden.

Eines gilt aber für jeden: Eine kurze, wenn auch noch so intensive „Paukphase" unmittelbar vor der Prüfung ist ineffektiv. Der Prüfungsstoff ist für ein solches Verfahren einfach zu umfangreich. Das strategisch Klügste dürfte eine mittelfristig angelegte Vorbereitungsphase sein. Stürzen Sie sich nun aber nicht Hals über Kopf in die Wiederholung, sondern gehen Sie planmäßig vor:

- Machen Sie eine **Bestandsaufnahme**.
- Informieren Sie sich über die **Prüfungsmodalitäten**.
- Verschaffen Sie sich Klarheit über Ihr **Zeitmanagement**.

Bestandsaufnahme

Grundlage der Abiturprüfung ist der Lehrplan der gesamten Oberstufe. Alle bayerischen Lehrpläne sind veröffentlicht auf der Homepage des Staatsinstituts für Schulqualität und Bildungsforschung München (ISB) unter www.isb.bayern.de. Hier können Sie sich nochmals einen Überblick verschaffen über alle Aufgabentypen und literarischen Epochen, die in der Oberstufe behandelt und im Abitur vorausgesetzt werden. Falls Sie Ihr Lektürespektrum erweitern möchten, finden Sie an dieser Stelle auch Lektürevorschläge zu den verschiedenen Gattungen und Epochen sowie zu philosophischen, literatur- und sprachtheoretischen Texten.

Grundsätzlich stehen in der schriftlichen Abiturprüfung Aufgaben zu den literarischen Gattungen Lyrik, Drama und Epik zur Auswahl. Darüber hinaus Aufgabenstellungen zu Sachtexten.

1. Ermitteln Sie Ihre Kenntnisse bezüglich Themen und Schreibformen und tragen Sie sie in die folgende Tabelle ein.

	kenne und beherrsche ich	*kenne ich nur oberflächlich*	*muss ich noch erarbeiten*
Epoche (mit Lektürevorschlägen):			
Schreibformen:			

Womöglich haben Sie bestimmte Vorlieben, was die Gattung oder die Textart betrifft. Legen Sie sich aber nicht schon vor der Prüfung auf einen Aufgabentyp fest. Sie gehen ein großes Risiko ein, wenn Sie sich Ihrer Auswahlmöglichkeiten berauben. Trauen Sie sich vielmehr zu, jeden vorgeschlagenen Text durch sorgfältige Untersuchung zu erfassen, ganz gleich, ob es sich dabei um ein Drama, eine Erzählung oder einen journalistischen Text handelt.

Prüfungsmodalitäten

Wie schnell muss ich mich für eine Aufgabe entscheiden?

In der Prüfung bleibt Ihnen nicht genügend Zeit, um sich eingehend mit jeder Aufgabe auseinanderzusetzen. Verschaffen Sie sich einen kursorischen Überblick über die Texte und ermitteln Sie durch ein kurzes Brainstorming zu den infrage kommenden Aufgaben, ob Sie über ausreichende Sachkenntnisse, Ideen und Argumente auch für die weiterführenden Aufgaben (z. B. Vergleich mit selbst gewählten Texten, Verfassen eines adressatenbezogenen Textes, Stellungnahme) verfügen. Nach 15 Minuten sollten Sie sich für ein Thema entschieden haben. Noch wichtiger aber ist: Ändern Sie diese Entscheidung nicht mehr, wenn Sie mit der Bearbeitung eines Themas begonnen haben!

Welche Hilfsmittel sind erlaubt?

Zugelassen ist ausschließlich ein Wörterbuch der deutschen Rechtschreibung. Während der Klausur bleibt jedoch allenfalls Zeit dafür, einige Zweifelsfälle zu prüfen. Vor allem dient das Lexikon dazu, Ihnen unbekannte Wörter nachzuschlagen. Wörter, die nicht in den gängigen Rechtschreibwörterbüchern aufgelistet sind, werden in der Regel von den Aufgabenstellern mit einer Anmerkung versehen.

Wird der Entwurf mitbewertet?

Beurteilt wird ausschließlich die Reinschrift. Nur wenn die Reinschrift unvollständig bleibt, kann auch das Konzept berücksichtigt werden. Achten Sie also genau darauf, Konzept und Reinschrift deutlich voneinander zu trennen. Von den Prüfern kann nicht erwartet werden, dass sie sich die einzelnen Bestandteile zusammensuchen.

Wie viel muss ich schreiben?

Wenn nicht ausdrücklich ein Wortumfang vorgegeben ist, gibt es hierzu keinen Richtwert. Vielmehr gilt: Wenn die Aufgabenstellung erfüllt ist, können Sie Ihre Ausführung beenden. Sofern noch Zeit bleibt, sollten Sie diese eher dazu nutzen, Ihren Aufsatz durchzulesen und kleine Veränderungen vorzunehmen. Noch weiterzuschreiben schadet oft nur der Qualität der Arbeit!

Zeitmanagement in der Vorbereitungsphase

ABI

Sie sollten sich frühzeitig überlegen, wann Sie spätestens mit Vorbereitungen und Wiederholungen für das Abitur im Fach Deutsch anfangen müssen. Wichtig ist auch, dass Sie feste Lernzeiten ansetzen, damit die Vorbereitung zu einer alltäglichen und gewohnheitsmäßigen Aufgabe wird. Setzen Sie sich aber auch Limits und legen Sie gezielt Pausen ein!

1. Erstellen Sie einen mittelfristigen Zeitplan:

zu erledigende Aufgabe	*Arbeitsgrundlage in diesem Heft auf Seite*	*realistische Zeiteinschätzung*	*Datum der Vorbereitung*

Stichwortverzeichnis

Autorenverzeichnis

Textquellen

Vorderer Umschlag: Staatsinstitut für Schulqualität und Bildungsforschung München (Hrsg.): Neues Schreiben. Kompetenzorientierte Schreibformen im Deutschunterricht. Eine Handreichung für das Gymnasium. Band 1. 2. Auflage. Wolnzach: Kastner 2010, S. 79.

S. 6: http://www.zwischensinn.de/3_4_konzeption.htm

S. 8/9: Alberto Manguel: Lesen lernen. In: Alberto Manguel: Eine Geschichte des Lesens. Übersetzt von Chris Hirte. Reinbek bei Hamburg: Rowohlt Taschenbuch 2000, S. 89–96.

S. 9: Arthur Schopenhauer: Selbstdenken. In: Arthur Schopenhauer. Sämtliche Werke. Band 2. Hrsg. von Arthur Hübscher. Wiesbaden: Brockhaus 1972, S. 524 f.

S. 11: Gabriele Wohmann: Flitterwochen, dritter Tag. In: Gabriele Wohmann: Ländliches Fest. Erzählungen. Darmstadt und Neuwied: Luchterhand 1975, S. 61 f.

S. 12: Johann Christian Günther: Als er der Phillis einen Ring mit einem Totenkopfe überreichte. In: Günthers Werke in einem Band. Berlin/Weimar: Aufbau Verlag 1966, S. 250.

S. 21: Günter Grass: Die Blechtrommel. Roman. Darmstadt: Luchterhand 1988, S. 10.

S. 22: a–c: Thomas Mann: Buddenbrooks. Verfall einer Familie. Gesammelte Werke in dreizehn Bänden. Band 1. Frankfurt a. M.: S. Fischer Verlag 1974, S. 257, 13, 14.
d: Arthur Schnitzler: Leutnant Gustl. Das erzählerische Werk. Frankfurt a. M.: Fischer Taschenbuch Verlag 1977. Bd. II, S. 207.
e: Franz Kafka: Der Proceß. Roman. Frankfurt a. M.: Fischer Taschenbuch Verlag 1994, S. 12.
f. James Joyce: Ulysses. Übersetzt von Hans Wollschläger. Frankfurter Ausgabe der Werke James Joyces. Bd. 3.2. Frankfurt a. M.: Suhrkamp 1975, S. 968.

S. 28/30: Arthur Schopenhauer: [Parabel von den Stachelschweinen]. In: Arthur Schopenhauer: Sämtliche Werke. Band 2. Hrsg. von Arthur Hübscher. Wiesbaden: Brockhaus 1972, S. 690 f.

S. 29: Eintrag: Parabel: http://de.wikipedia.org/wiki/Parabel_%28Sprache%29, abgerufen am 20.06.2011.

S. 35/36: Franz Kafka: Die Verwandlung. In: Franz Kafka: Die Verwandlung. Ein Bericht für eine Akademie. Editionen mit Materialien. Stuttgart: Klett 2007, S. 35 ff.

S. 39: Reinhard Meurer: Franz Kafka: Erzählungen: Interpretation. München. Oldenbourg Verlag 1988, S. 88. Heinz Politzer: Franz Kafka. Der Künstler. Frankfurt a. M.: Suhrkamp Taschenbuch 1978, S. 122.

S. 41: Franz Kafka: Briefe an Felice und andere Korrespondenz aus der Verlobungszeit. Hrsg. von Erich Heller und Jürgen Born. Frankfurt a. M.: Fischer Taschenbuch Verlag 1976, S. 101 f., S. 112; Franz Kafka: Brief an den Vater. In: Zur Frage der Gesetze und andere Schriften aus dem Nachlass. Frankfurt a. M.: Fischer Taschenbuch Verlag 1994, S. 23 f., S. 59 ff.

S. 44–45: Abituraufgabe Bayern 2001, Leistungskurs; Thomas Mann: Bekenntnisse des Hochstaplers Felix Krull. Der Memoiren erster Teil. Erstes Buch, zweites Kapitel. In: Thomas Mann: Gesammelte Werke in dreizehn Bänden. Frankfurt a. M.: S. Fischer Verlag 1974, Bd. VII, S. 269–273.

S. 47: Alfred Lichtenstein: Die Dämmerung (3. Strophe). In: Menschheitsdämmerung. Ein Dokument des Expressionismus. Neu hrsg. von Kurt Pinthus. Hamburg: Rowohlt Verlag 1969, S. 47.

S. 48: Rolf Dieter Brinkmann: Einen jener klassischen. In: Rolf Dieter Brinkmann: Westwärts 1 & 2. Gedichte. Reinbek bei Hamburg: Rowohlt Taschenbuch Verlag 1975, S. 25.

S. 53: Ingeborg Bachmann: Keine Delikatessen. In: Ingeborg Bachmann: Werke. Band 1. Hrsg. von Christine Koschel, Inge von Weidenbaum, Clemens Münster. 4. Auflage. München u. a.: Piper 1993, S. 172 f.

S. 56: Theodor W. Adorno: Engagement. In: Theodor W. Adorno: Gesammelte Schriften, Band 11: Noten zur Literatur. Hrsg. von Rolf Tiedemann. Frankfurt a. M.: Suhrkamp 2003 S. 423 f.

S. 57: Ingeborg Bachmann: Die Wahrheit ist dem Menschen zumutbar: Essays, Reden, Kleinere Schriften. München: Piper 1981, S. 75.

S. 63: Joseph von Eichendorff: Zwielicht. In: Joseph von Eichendorff: Werke. München: Carl Hanser Verlag 1971, S. 11 f. Alfred Lichtenstein: Die Dämmerung. In: Menschheitsdämmerung. Ein Dokument des Expressionismus. Neu hrsg. von Kurt Pinthus. Hamburg: Rowohlt Verlag 1969, S. 47.

S. 66: Jakob van Hoddis: Weltende. In: Menschheitsdämmerung. Ein Dokument des Expressionismus. Neu hrsg. von Kurt Pinthus. Hamburg: Rowohlt Verlag 1969, S. 39.

S. 69: Peter Rühmkorf: Hochseil. In: Peter Rühmkorf: Walther von der Vogelweide, Klopstock und ich. Reinbek bei Hamburg: Rowohlt 1975, S. 178.

S. 71: Friedrich Karl Waechter: Der Fisch. In: MiniDramen. Hrsg. von Karlheinz Braun. Frankfurt a. M.: Verlag der Autoren 1987, S. 240 f.

S. 76/77: Friedrich Schiller: Don Karlos. Infant von Spanien. Ein dramatisches Gedicht. Editionen mit Materialien. Stuttgart: Klett 2007, S. 31–34.

S. 82: Schillerzitat im Info-Kasten: Friedrich Schiller: Sämtliche Werke. Band 2. München: Deutscher Taschenbuch-Verlag 1958, S. 222. Zitiert nach: Friedrich Schiller: Don Karlos. Infant von Spanien. Ein dramatisches Gedicht. Editionen mit Materialien. Stuttgart: Klett 2007, S. 220.

S. 86/87: Bertolt Brecht: Leben des Galilei. 3. Bild. In: Bertolt Brecht. Stücke 8. Stücke aus dem Exil. 3. Band. Suhrkamp: Frankfurt a. M. 1957. Bertolt Brecht: Das Sinnliche in Galilei. In: Werner Hecht (Hrsg.): Materialien zu Brechts „Leben des Galilei". Frankfurt a. M.: Suhrkamp 1963, S. 28. Bertolt Brecht: Sinn und Sinnlichkeit. In: Werner Hecht (Hrsg.): Materialien zu Brechts „Leben des Galilei". Frankfurt a. M.: Suhrkamp 1963, S. 76.

S. 89: Stefan Tomik: Nichts verschweigen. In: Frankfurter Allgemeine Sonntagszeitung. Nr. 49. 12.12.2010, S. 1.

S. 92: Manipulationstechniken. Nach: Peter Jansen, Friedhelm Dilk, Otto Fenske. Text – Erfahrung – Reflexion. Heft 4: Werk und Autor. Bochum 1979, S. 163.

S. 95: Umberto Eco: Auch die Bären sind böse. In: Umberto Eco: Streichholzbriefe. Übersetzt von Burkhart Kroeber. München/Wien: Hanser 1990, S. 21.

S. 99: Klappentext zu Umberto Eco: Streichholzbriefe. Übersetzt von Burkhart Kroeber. München/Wien: Hanser 1990.

S. 103/104: Die Rechten sind nicht nur die anderen. In: Theater heute. Heft 2/2008. Berlin: Friedrich Verlag, S. 12 f.

S. 109: Thomas Jonigk: Corporate Identity. In: Theater der Zeit. Heft 11/12/1998. Berlin: Theater der Zeit, S. 30–32.

S. 111: a: Johann Wolfgang von Goethe: Die Leiden des jungen Werther. Brieffroman. In: Johann Wolfgang von Goethe: Die Leiden des jungen Werther. Goethes Werke. Band 4, S. 9. Frankfurt a. M.: Insel 1966, S. 9.
b: Bundespräsident Christian Wulff anlässlich seines Antrittsbesuchs in Bayern. Bayerischer Landtag, München, 22.02.2011. http://www.bundespraesident.de/Reden-und-Interviews-,11057.672186/Bundespraesident-Christian-Wul.htm?global.back=/-%2c11057%2c1/Reden-und-Interviews.htm%3flink%3dbpr_liste (abgerufen am 06.05.2011).
c: Rüdiger Safranski: Friedrich Schiller oder die Erfindung des Deutschen Idealismus. München: Hanser 2004, S. 252.
d: Pia Reinacher: Untherapierbar. In: Literaturen. Nr. 1/2011, S. 71.

S. 112 e: Gerda Scholz: Kuhwarm. Badische Zeitung. 24.11.1973. Zitiert nach: Formen literarischer Gebrauchstexte. Textauswahl besorgt von Peter Wasmer. Freiburg: Herder 1975, S. 44.
Kurt Tucholsky: Ratschläge für einen guten Redner. In: Kurt Tucholsky: Gesammelte Werke in 10 Bänden. Band 8. Hrsg. von Mary Gerold-Tucholsky, Fritz J. Raddatz. Reinbek bei Hamburg: Rowohlt 1975, S. 292.

S. 115: Eckhard Henscheid: Satiren sind aber selber nur Girlanden aus Dornen. Dankrede zur Verleihung des Jean-Paul-Preises. In: aviso. Heft 4. 2009, S. 36 f.

S. 123: Iris Radisch: Zeichen und Wunder. In: Die Zeit. Nr. 51/11. Dezember 2003.